憲法から始める
法学入門

城野一憲［著］

ミネルヴァ書房

憲法から始める法学入門

目　次

序　章　憲法は難しい …………………………………………… 1

    1　法とは何か　1

    2　憲法と他の法分野との関わり　3

    3　ルールの衝突と調整　4

    4　本書について　6

    コラム①　法の衝突と優先順位　7

第1章　権利 ……………………………………………………… 9

    1　法と権利　9

    2　権利の主体と帰属　10

    3　権利と責務　13

    4　法的関係としての権利　14

    5　権利の構造　20

    コラム②　権利能力と行為能力　23

第2章　権利章典 ………………………………………………… 24

    1　権利を書き込む　24

    2　包括的基本権と「新しい人権」　27

    3　自己決定権　29

    4　憲法が保障している権利と免除権　33

    5　「公共の福祉」と司法審査　35

    コラム③　前段・後段・但書　38

第3章　平等 ……………………………………………………… 39

    1　法の下の平等　39

    2　身分制度と差別の禁止　40

    3　合理的な差別と平等の基準　42

    4　親子関係と平等　45

目　次

　　　⑤　投票価値の平等　48
　　　⑥　平等と権利　51
　　　コラム④　法における「推定」　53

第4章　選挙 …………………………………………………………… 54
　　　①　「公選」の議会　54
　　　②　制限選挙の時代　56
　　　③　日本国憲法における選挙権　58
　　　④　選挙権の制限　60
　　　⑤　選挙権の行使　64
　　　コラム⑤　成年後見制度　68

第5章　思想と良心 …………………………………………………… 69
　　　①　思想・良心の自由の保障の意義　69
　　　②　内心と行為　72
　　　③　内心の告白の強制　75
　　　④　内心に基づく不利益の付与　77
　　　⑤　法義務との衝突　79
　　　コラム⑥　憲法と皇室典範　81

第6章　信仰と宗教 …………………………………………………… 82
　　　①　信教の自由の機能　82
　　　②　宗教的行為と刑事罰　84
　　　③　宗教団体と宗教法人　88
　　　④　国家と宗教の分離　90
　　　⑤　政教分離と司法審査　92
　　　コラム⑦　裁判の審級　96

第 **7** 章　表現 ……………………………………………………… 97

- 1 表現の自由の重要性　97
- 2 検閲の禁止　99
- 3 表現規制の理由　102
- 4 集会の自由　106
- 5 パブリック・フォーラムと公の施設　108
- コラム⑧　「条の 2」　111

第 **8** 章　メディア ……………………………………………… 112

- 1 「知る権利」　112
- 2 メディアの自由　115
- 3 取材・報道の自由　116
- 4 放送の自由　119
- 5 メディアの「特権」　121
- 6 ソーシャル・メディアと表現の自由　124
- コラム⑨　権利救済のための権利　127

第 **9** 章　職業と経済活動 ………………………………………… 128

- 1 精神的自由権と経済的自由権　128
- 2 経済活動の規制　130
- 3 職業選択の自由　133
- 4 薬事法違憲判決　135
- 5 立法裁量と立法事実　139
- コラム⑩　「パンのための学問」　141

第**10**章　結婚 …………………………………………………… 143

- 1 婚姻とは何か　143
- 2 婚姻の要件　146

③ 婚姻と夫婦同氏制　149

④ 夫婦同氏制と氏名権　152

⑤ 家族と立法裁量　155

コラム⑪　「看做す」規定　157

第11章　人間らしい生活 ………………………………………………… 158

① 自由権と参政権と社会権　158

② 日本国憲法の社会権条項　161

③ 生存権の権利性　163

④ 生存権の法的性格　167

⑤ 生存権訴訟の展開　169

コラム⑫　法学と比較法研究　172

第12章　所有と財産 ……………………………………………………… 173

① 財産の所有　173

② 所有権の基礎付け　175

③ 私有財産の制度　178

④ 財産権の内容　180

⑤ 収用と補償　183

コラム⑬　予防接種禍と損失補償　187

第13章　刑事手続 ………………………………………………………… 188

① 時代劇の中の刑事手続　188

② 令状主義　190

③ 被疑者・被告人の権利　191

④ 「残虐な刑罰」の禁止　194

⑤ 法定手続の保障　198

コラム⑭　法の不遡及の例外　202

第**14**章　統治のための諸権利 ································· 204

 1　権力の分立　204

 2　国会と議員　207

 3　内閣と国務大臣　209

 4　裁判官と裁判員　212

 5　国民と住民　216

 コラム⑮　権利には義務が伴う？　218

主要参考文献　220

あとがき　221

資料　日本国憲法（条文）　224

判例一覧　233

索　　引　235

凡　　例

1　法令について

　現行の法令の規定は，「e-Gov 法令検索」(https://elaws.e-gov.go.jp/) の表記に従っている。ただし，条や項などの番号や，条文中の漢数字は，すべて算用数字に置き換えている。一部の法令の名称は，同ウェブサイトの「略称法令名一覧」(https://elaws.e-gov.go.jp/abb/) の表記に従っているが，正式な名称をカギ括弧で併記しているものもある。制定された年と公布された順番を示す法令番号は，すべて省略している。改廃された法令の過去の規定は，「日本法令索引」(https://hourei.ndl.go.jp/) を利用して確認している。

　日本国憲法や一部の法令の条文には，現在の仮名遣いとは異なる表記（「わたつて（わたって）」「あつて（あって）」「思ふ（思う）」「いづれの（いずれの）」など）があるが，いずれもそのままにしている。ただし，旧漢字の表記（「國民（国民）」「主權（主権）」「全體（全体）」など）は，「e-Gov 法令検索」やほとんどの法令集に則り，当用漢字に置き換えている。

　2022年の刑法改正によって，従来の懲役と禁錮が「拘禁刑」に一本化された。改正法の施行は，2025年6月1日に予定されている。現行法について言及するときには，すべて「拘禁（刑）」と表記するようにしている。

2　判例について

　法学論文や判例評釈の中で判例を引用するときは，判示された年（和暦）月日と掲載された判例集（例えば，「民集（最高裁判所民事判例集）」「判時（判例時報）」「判タ（判例タイムズ）」など）とその掲載巻や号，頁を示すことになっているが，本書では，判示された年月日のみを示している。また，和暦と西暦を併記している。

判例を引用するときの略語としては、最高裁判所によるものについては、「最大判（最高裁判所大法廷判決）」「最3小決（最高裁判所第3小法廷決定）」などが、高等裁判所や地方裁判所などの下級裁判所によるものについては、「東京高判（東京高等裁判所判決）」「広島地判（広島地方裁判所判決）」「神戸簡判（神戸簡易裁判所判決）」などがある。

「昭和45年（あ）第1310号」「昭和43年（行ツ）第120号」など、判決に付されている事件番号は、本書ではすべて省略している。有名な判例には、「尊属殺重罰規定判決」「薬事法違憲判決」などの通称が付けられていることがある。また、裁判や事件全体の経過を総称するために「チャタレイ事件」「朝日訴訟」などの通称が用いられることもある。本書で用いている判例や事件の通称は、原則として、長谷部恭男・石川健治・宍戸常寿編『憲法判例百選Ⅰ・Ⅱ（第7版）』（有斐閣、2019年）の表記に従っているが、事件の概要や判旨をイメージしやすいように説明を補っていることもある。なお、本文中で触れた判例は、巻末の「判例一覧」にすべて掲載している。

3　外国法について

外国の憲法の訳文は、初宿正典・辻村みよ子編『新解説世界憲法集（第5版）』（三省堂、2020年）を参考にしている。また、英米法の概念の訳や説明については、田中英夫編集代表『英米法辞典』（東京大学出版会、1991年）に従っている。

4　引用と中略について

憲法や法令、判決文などの引用箇所のうち、「［　］」の部分は、筆者による補足である。また、中略は「［……］」で示している。

序　章	憲法は難しい

①　法とは何か

　私は，憲法の研究と教育を主な仕事にしています。よほど体調が悪い日を除けば，憲法のことを考えない日はありません。それでも，「憲法は難しい」と感じながら，いつも仕事に取り組んでいます。20年以上も憲法について勉強し続けているのに，いまだに「憲法は難しい」と私が感じているのは，なぜなのでしょうか。その理由について，自問自答をしてみたいと思います。

　憲法は，法の一種です。法は，水や星，雲のように，手で直接触れたり，目で見たりすることができるものではありません。法は，私たちが社会生活の中で従っているルールや決まりごと，規範の一つとして，私たちの頭の中にあるものです。「法とは何か」ということを説明するときには，なにか形や質量のあるものを指し示して「これが法だ」と言うことはできません。「これが法だ」と私たちが考えているものを，基本的には言葉で，なるべく論理的に，丁寧に説明するしかないのです。

　このように言うと，ウェブサイトや『六法』などの法令集に掲載されている日本国憲法の条文を私たちは目で見ることができる，条文のテキストを読み上げれば耳で聞くこともできると反論をする人もいるかもしれません。確かに，私たちは，視覚や聴覚によって，日本国憲法や民法，刑法のテキストを認識することができます。現代社会では，ほとんどすべての国家が，憲法というルールを文章で記述したもの，憲法を成文化した法典，成文憲法をもちます。これを憲法典と呼びます。

　しかし，『六法』やウェブサイトに掲載されているテキスト，言葉や文章は，

あくまで，法が書かれたもの，法の内容が文章化されたものに過ぎません。もし，法の実体が，文章やそれが掲載されている書類や書籍，電子データであるとすると，法を作ったり，変えたり，廃止したりするためには，そうした文章を書いたり，消したりすればよいということになります。国立公文書館の書庫に保管されている，昭和天皇の「御名御璽」と国務大臣の署名が入った日本国憲法の「原本」を赤ペンで修正したり，『六法』の中の日本国憲法のページを切り刻んだりしても，私たちの憲法が変わるわけではありません。

　法の実体は，それが文章として書き込まれている紙や電子データではなく，言葉や文章で表現されている，あるいは，表現することが試みられている，何かしらのルールの内容，中身の方にあります。見ることや触れることのできないものを，私たちの頭の中にある言葉や概念を使って理解したり，論理的に説明したりすることには，相応の難しさがあると思います。

　もちろん，憲法典のテキストは，私たちが憲法というルールの内容を理解するための重要なヒントを提供してくれています。いくつかのルールは，憲法典を読めば，その内容をかなりの程度まで理解することができます。例えば，日本国憲法45条と46条のテキストを読めば，参議院議員の任期が6年間であり，衆議院議員の任期は衆議院の解散がなければ4年間であるということを容易に知ることができます。

　もっとも，憲法典の中には，非常に抽象的な言葉が含まれている条文がいくつもあります。例えば，「思想及び良心の自由は，これを侵してはならない」「すべて国民は，健康で文化的な最低限度の生活を営む権利を有する」「国会は，国権の最高機関であつて，国の唯一の立法機関である」などです。こうした条文が記述しようとしているルールの内容を，条文のテキストだけを頼りに理解することが，果たして可能でしょうか。可能だと考える人もいるかもしれません。しかし，私は，憲法というルールの内容を理解するためには，憲法典のテキスト以外にも目を向ける必要があると考えています。この条文はなぜ作られたのか，どのような場面でこの条文は必要とされてきたのか，裁判所や研究者はこの条文をどのように解釈してきたのか，といった事柄です。

序　章　憲法は難しい

　なお，抽象的な言葉は，民法や刑法，会社法などの法典のテキストの中にも
見つけることができます。「私権の享有は，出生に始まる」「法令又は正当な業
務による行為は，罰しない」「会社は，法人とする」などです。成文法は，そ
もそも，なるべく多くの人や出来事に適用することができるように，抽象的に
書かれています。条文を読むだけでは法の内容について十分に理解することは
できないということは，憲法だけではなく，民法や刑法などについても当ては
まるはずです。

② 憲法と他の法分野との関わり

　大学の法学部では，たいていは，入学してすぐの1年生のときに，憲法につ
いて学ぶことになります。大学だけではなく，高等学校や中学校，小学校でも
憲法について学ぶ機会があります。学校教育の階梯は，通常は，単純なものか
ら複雑なものへと，基礎的なものから応用的なものへと進んでいきます。小学
生でも知っている憲法は，大学で学習する会社法や訴訟法，国際法などと比べ
ると，易しいものであると考えている人もいるかもしれません。

　子どもから大人まで，なるべく多くの人がその内容を知っておくべきもので
あるという意味では，憲法は，基礎的で，初歩的なルールです。ただし，憲法
というルールの内容や，現代社会における憲法の働きを十分に理解していくた
めには，憲法以外の法分野についてもある程度学んでおく必要があります。

　日本国憲法14条第1項は，人種や信条，性別などを理由とした差別は許され
ないというルールを定めています。この平等原則が争点になった裁判は，これ
まで数多くありますが，その中でも特に重要と考えられている事例をいくつか
挙げてみましょう。例えば，女性は離婚した後に一定の期間を空けないと再婚
をすることができないという民法の女子再婚禁止期間が不当な差別に当たるか
どうかが問題になったことがあります。また，選挙区の区割りを定めた公職選
挙法の規定が投票価値の平等を損なっていることが，長年問題になっています。
国籍法の規定が，日本人である父親と外国人である母親との間に生まれた子ど

3

もについて，両親が結婚をしている場合とそうではない場合とでは日本国籍の付与の条件を異なるものにしていたことが憲法違反とされた事例があります。父母や祖父母を殺害した被告人には死刑か無期懲役という非常に重い刑罰のみを科すことにしていた刑法の尊属殺重罰規定は，憲法に違反するとされ，現在では削除されています。

　どの事例も，民法や刑法，公職選挙法，国籍法といった，憲法以外の法分野とも関わっています。そして，こうした問題は，いずれも裁判を通じて争われています。したがって，憲法についてよりよく理解するためには，憲法だけではなく，民法や刑法などの法令にも目を向ける必要があります。また，裁判の仕組みについても，ある程度学んでおかなければなりません。こうした点でも，「憲法は難しい」と言えそうです。

③　ルールの衝突と調整

　さらに，憲法が争点となっている事例では，憲法が規定しているルールと憲法以外の法的ルールが共存をすることができずに，両者が衝突をしているように見えることがあります。

　例えば，2023年に最高裁判所は，戸籍上の性別の変更についてのルールを定めている「性同一性障害者の性別の取扱いの特例に関する法律」の規定の一部が日本国憲法13条に違反して無効であると判断しました（最大決令和5（2023）年10月25日）。性同一性障害特例法3条第1項第4号は，性同一性障害，性別不合を有している人が戸籍上の性別を変更するためには生殖能力を失っていなければならないというルールを定めていました。裁判所によれば，このルールは，戸籍上の性別の変更を望むトランスジェンダーの人に対して実質的に外科手術を受けることを求めている点で，憲法によって保障されている「自己の意思に反して身体への侵襲を受けない自由」を制限するものです。

　ここでは，人間の身体は本人の意思に反して傷つけられてはならないというルールと，性別を変更するためには身体への侵襲を伴う手術を受けなければな

らないというルールが，部分的に衝突をしています。もし後者のルールに従うことが徹底されるのであれば，本心では望んでいない外科手術を性別の変更のために受けなければならない人が出てきます。

　日本国憲法98条第1項は，「この憲法は，国の最高法規であつて，その条規に反する法律，命令，詔勅及び国務に関するその他の行為の全部又は一部は，その効力を有しない」と定めています。憲法が「最高法規」であるのなら，憲法が定めているルールは法律が定めているルールに常に優先すると考えればよいのでしょうか。ところが，最高裁判所は，2019年の時点では，性同一性障害特例法の定めるルールの方を優先させていました（最2小決平成31（2019）年1月23日）。法律が定めているルールと憲法が定めているルールのどちらが優先するべきなのかということは，一刀両断に決められるものではないようです。

　憲法の平等原則についても，ほぼ同様のことが言えます。男女差別を含めて，あらゆる区別や差別が許されないわけではありません。最高裁判所の言葉を借りれば，憲法の平等原則のもとで許されないのは，「不合理な差別」だけです。本書の第10章でも詳しく見ていくように，2015年に最高裁判所は，民法の定める女子再婚禁止期間の一部が日本国憲法14条第1項に違反すると判断しました（最大判平成27（2015）年12月16日）。再婚禁止期間ルールのもとでは，女性は，男性と比べて，明らかに不利な扱いを受けていました。男性は，再婚禁止期間がなく，離婚後すぐにでも再婚をすることができたからです。2015年の判決は，100日を超える再婚禁止期間を定めることは憲法に違反すると判断しました。したがって，再婚禁止期間ルールのすべてが違憲で無効であるとされたわけではありません。男女平等ルールが再婚禁止期間ルールに部分的に譲歩しており，後者が前者に優先することもあるとされていたのです。

　憲法が定めている自由や平等のルールと，法律が定めているルールとの関係を，私たちはどのように考えていくべきでしょうか。本書では，憲法はもちろん，他の様々な法的ルールの役割にも目を向けながら，この問いについて考えていきたいと思います。

④ 本書について

　現代社会における多くの憲法問題は，民法や刑法，行政法，訴訟法などの法的ルールと関わっています。また，そうしたルールと憲法のルールの調整も争点となっています。したがって，憲法について学ぶ過程で，私たちは，他の様々な法的ルールについても必然的に学んでいくことになります。こうした事情は，憲法を難しいものにしている一方で，憲法を学ぶことのメリットにもつながっていると私は考えています。

　本書では，憲法問題を扱うときに，なるべく，法や法学の基礎的な用語や概念，論点にも触れるように努めました。もちろん，民法には民法の，刑法には刑法の理論や歴史，役割があります。法に関する基礎的な論点を扱う法哲学，法理学と呼ばれる分野もあります。本格的な勉強をするためには，それぞれ専門のテキストを使った学習に取り組むことをお勧めします。それでも，憲法について学ぶことを通じて，皆さんが，私と同じように，法学の入口に立つことができれば，私としては大変うれしく思います。本書のタイトルの「憲法から始める法学入門」には，このような私の気持ちも込めています。

　私の専門は，憲法です。その中でも，人権の領域を主な研究対象にしています。憲法は，私たちに様々な権利を保障していますが，そうした権利の性質や構造について，特に強い関心があります。基本的人権や憲法上の権利について扱う教科書や参考書は数多くありますが，本書では，法的権利をある種の社会的な状態，関係の一種であると考える立場から，憲法が保障する様々な権利の性質や構造を分析していきます。

　憲法上の権利や基本的人権を扱うという点で，本書の内容は，大学の法学部や法学科における「憲法（人権）」や「人権論」などの講義や教科書と対応しています。ただし，請願権や国家賠償請求権，外国移住の権利，学問の自由，教育を受ける権利，労働基本権など，本書では十分に扱うことができていない論点やトピックスも数多くあります。

序　章　憲法は難しい

　また，現代日本の大学における憲法の講義は，主に基本的人権の保障に関わるものと，国の政治の仕組み，統治機構に関わるものとに分けられていることが一般的です。国会や議院，内閣，行政組織，裁判所，司法審査，地方自治，財政，憲法改正などの論点は，通常は「憲法（統治）」や「統治機構論」といった科目や教科書の中で扱われています。本書では，私たちの権利の保障のためにどのような働きをしているのかという点に限定して，統治機構に触れています。また，本書の第14章では，統治のための権利，権限の分配について考える中で，統治機構に関わるいくつかの論点を扱っています。

　社会契約論や自然法思想，主権，代表概念，民主主義論，尊厳，公正，正義といった，国家や憲法の基礎付けを提供するような思想や理論について，本書ではほとんど検討することができていません。こうした事柄は，純粋な法学というよりは，政治哲学や思想の問題であると考える人もいます。それでも，なぜ私たちは憲法によって様々な権利を保障される・べきなのか，という規範の問題を考えるときには，国家や憲法を基礎付けている思想や理論にも目を向ける必要があると，私も考えています。

　そういうわけで，本書は，皆さんにとっての「憲法入門」「法学入門」でもあると同時に，私にとっても「入門」の本でもあります。憲法学と法学の入口に立ち，そこから広大で深遠な学問の領域に，少しでも立ち入ることを試みる。このようなイメージで，本書を読み進めてもらいたいと思います。

☑コラム①　法の衝突と優先順位

　法的ルールの優先順位，優劣の関係を形式的に決めることができる場合もあります。例えば，「特別法は一般法に優先する」という原則があります。一般原則を定めているルールである一般法と，特定の主体や場面に特化したルールである特別法がある場合には，後者が前者に優先するというものです。会社法や労働基準法は，民法の特別法です。

　「後法は前法を破る」という原則もあります。法の効力は，制定された順序，順番に従うという意味です。新しく作られたルールは古いルールを上書きしてい

くと言うこともできます。この原則は，新旧の法令の整合性や矛盾を気にせずに，次々と新しい法令を作っていくような場合には役に立ちます。ただし，日本の立法実務は，法令同士の整合性をなるべく維持するようにしています。新しく作る法令の規定と矛盾するような内容の既存の法令の規定は，通常は，その都度改められたり，削除されたりしています。

第1章	権利

① 法と権利

　1776年のアメリカ独立宣言によれば，人々が政府を組織するのは，「生命，自由および幸福の追求を含む不可侵の権利」を確保するためです。1789年の人および市民の権利宣言，いわゆるフランス人権宣言は，「権利の保障が確保されず，権力の分立が定められていないすべての社会は，憲法をもたない」と述べています。

　権利の保障と権力の抑制のために憲法というルールを用いることは，現在では，近代立憲主義と呼ばれています。政府や権力者の行動を法によって拘束しようとする「法の支配（Rule of Law）」の原理と，人が生まれながらにしてもつとされる基本的な権利の保障とを接続させたところに，近代立憲主義の画期性があります。日本国憲法は，近代立憲主義の憲法を成文化したものです。

　人びとの権利の保障は，憲法だけではなく，法一般に備わった重要な役割の一つです。民法709条は，「故意又は過失によって他人の権利又は法律上保護される利益を侵害した者は，これによって生じた損害を賠償する責任を負う」と定めています。私たちは，自分のもつ権利を不当に侵害されたときには，それによって生じた損害の賠償を求めることができます。刑事訴訟法は，犯罪の容疑をかけられて警察官に拘束された人に，取り調べで沈黙を保つ権利や，弁護士と面会し相談をする権利などを保障しています。行政手続法は，国や地方公共団体から不利益処分を受ける人に，聴聞の場で意見を述べたり，質問をしたりする権利を与えています。日本国憲法によると，私たちは，「健康で文化的な最低限度の生活を営む権利」や「裁判所において裁判を受ける権利」をもち

ます。

　民法によれば，私たちは，権利を「行使」したり，「有し」たりすることができます。また，権利は，「消滅」したり，「確定」されたりすることもあります。もっとも，憲法典を含めた成文法の中で，そもそも権利（Rights）とは何かという，権利一般の定義についての直接的な説明がなされている例を，私は知りません。

　本書では，憲法が保障している様々な権利を分析しています。権利一般の定義についてあれこれ悩むよりも，法によって保障されている様々な権利について一つずつ丁寧に学ぶ方が，法的権利をよりよく理解する上では有用であると思います。それでも，近代立憲主義の憲法が，人々の権利を保障するためのルールであるというのであれば，権利という概念によって私たちがどのような現象や事柄をあらわそうとしているのかということを，まずは確認しておくべきでしょう。

② 権利の主体と帰属

　法的権利をもつことができるのは，「人」です。権利の主体になることができるのは「人」だけであると言い換えてもよいでしょう。この「人」という範疇，カテゴリーには，私たちのような生物としての人間，「自然人」だけではなく，会社や学校，非営利団体などの「法人」も含まれています。

　現代社会では，非常に多くのタイプの法人が活動しています。ある団体が権利の主体になることができる法人になるためには，団体の意思決定の方法や団体の運営に関する役職を決め，団体の活動の基礎になる財産を揃えることが必要です。株式会社を設立するときには，会社の目的や名称，所在地，発起人などについて記載された「定款」を作成しておかなければなりません。法人の中には，法律によって設立されているものもあります。例えば，日本放送協会，NHKは，放送法によって設立された特殊な法人です。

　なお，国や地方公共団体も，非常に多くの人々が集まって作っている団体，

第 1 章　権利

法人の一種だと考えることもできます。このように考えるとき，憲法典は，国家という法人の定款のようなものであるということになります。

　生物としての人間は，受精から出産に至るまでの段階的な発生のプロセスを経て，この世界の片隅に生まれてきます。民法 3 条第 1 項は，「私権の享有は，出生に始まる」と定めていますが，この条文は，民法典の中の「権利能力」の節に置かれています。いったん生まれた人間は，死ぬまで，権利の主体になる能力，権利能力をもち続けます。例外はありません。

　なお，人間以外の生物は，法的権利をもつことができるのでしょうか。哲学や倫理学には，「動物の権利」という論点があります。目で見たり手で触れたりすることのできない国家や株式会社のような存在や，ベッドや布団で寝てばかりいる生まれたての赤ちゃんが法的権利の主体になることができるのであれば，動物や植物，あるいは生態系などにも，法的権利を帰属させることは，技術的には十分に可能であると思います。ただし，現在の日本の法令の下では，動物や生態系は法的権利をもつことはできないと考えられています。

　「人」は，何かしらの権利をもつことができます。ある権利を誰がもつのかということ，つまり，権利の帰属は，色々な方法で決められています。例えば，私は，大学生のとき，あるアパートのオーナーとの間で結んだ不動産賃貸借契約に基づいて，そのアパートの一室に居住する権利をもっていました。また，現在は，ローンを組んで購入したマンションの一室を所有する権利をもっています。以前の所有者と不動産売買契約を結ぶことによって，私はこの区分所有権を手に入れました。

　私たちの日常生活と関わる様々な法的権利は，人と人との間の約束や合意，契約によって，その帰属する主体を変えていくこともあります。使い終えた教科書や，読み終えた漫画本をフリーマーケットアプリを利用して売却すれば，所有権の主体は次々と移っていきます。就職や転勤のために，それまで住んでいたアパートやマンションに住む必要がなくなったときには，賃貸借契約を終了させたり，不動産売買契約を結んだりして，権利を手放せばよいのです。法的権利は，「譲渡」や「放棄」をすることもできます。

11

憲法が保障している権利は，日本国憲法では，「国民」「何人」「各人」のもつ権利であると定められています。近代立憲主義の憲法の基礎には，人間は生まれながらにして，人間であるということのみを理由として一群の権利をもつという，「人権（Human Rights）」という考え方，人権思想があります。

　また，人権は，他者から譲り渡されたり，取り上げられたりするようなものではないと考えられています。現在でも有効な憲法典の中ではもっとも古いものに属している1776年のアメリカのヴァージニア権利章典には，「すべて人は，生まれながらにして等しく自由かつ独立した存在であり，一定の固有の権利を有する」という記述があります。日本国憲法11条前段によれば，「国民は，すべての基本的人権の享有を妨げられない」とされています。憲法は，契約や身分には左右されない，不可譲かつ固有の権利である基本的人権を，私たちに保障していると言えます。

　ただし，日本国憲法に規定されている権利の中には，あらゆる人間に保障されているわけではないと考えられているものがあります。裁判所によれば，選挙権や被選挙権といった参政権は，「国民」には保障されているけれども，「外国人」には保障されていません。特定の家系，血筋の人間，具体的には，天皇や皇族には，参政権や職業選択の自由などは保障されないと考えられています。

　人権思想の歴史はそれなりに長いものですが，そうした思想に立脚した憲法が常にあらゆる人間の権利を実際に保障していたとも言えません。フランス人権宣言や，アメリカ独立宣言は，「人」や「市民」の権利の保障を高らかに宣言していましたが，子どもや女性に成人男性と同等の権利が当時から認められていたわけではありません。さらに，アメリカ合衆国では，18世紀後半の建国の後も，約半世紀以上にわたって，奴隷である黒人は，「人間」ではなく，「財産」として扱われていました。奴隷は，農耕のために用いられる牛馬のように，つまり，動物のように扱われることもありました。当時の奴隷売買のための広告を見ると，若い男性や，子どもを産むことができる女性の奴隷には，他の奴隷よりも高い値段がつけられていたことがわかります。

第1章 権利

③ 権利と責務

　ある人が法的権利をもっているとき，その権利とは表と裏の関係にある何かしらの責務を誰かが負っていると考えることができます。なお，「義務」という言葉の方が，権利と対応する概念としては，馴染み深いものかもしれません。ただ，本書では，義務という言葉を，日常生活で私たちが使っている「義務」という言葉とはやや異なる，もう少し限定された意味，専門用語として使うようにしています。

　アパートのオーナーである大家と，賃借人である居住者との間の不動産賃貸借の関係を例にして，権利と責務が表と裏の関係にあるということの意味を考えてみます。賃借人がもっている法的権利として，その部屋に居住することができるようにしてもらう権利があります。部屋に備えつけられている給湯器や水道の設備，電気系統などが故障したままでは，その部屋を住居として利用することは困難です。賃借人は，賃貸人であるオーナーに対して，故障した設備の修理をすることを求める権利をもちます。これをオーナーの側から見てみると，賃貸人であるオーナーは，賃借人である居住者に対して，故障した設備の修理をする責務を負っているということになります。ここでの借主の権利と貸主の責務は，それぞれが独立して存在しているというよりは，ある特定の状態を異なる視点から説明しているものです。

　日本国憲法がある種の法的権利を保障しているとすると，これらの法的権利に対応した責務をもつ主体がどこかにいるはずです。憲法学では，原則として，国や地方公共団体などの公権力の主体が，憲法が保障している権利に対応した責務の帰属する主体であると考えています。なお，国や地方公共団体は，人間のように自ら意思表示をしたり，行為をしたりすることはできません。実質的には，国や地方公共団体のために仕事をしている警察官や行政官などの公務員が，憲法上の権利に対応した憲法上の責務を負うことになります。

　憲法が国や地方公共団体のような公権力の主体や，その担い手である公務員

13

に対して一定の責務を課しているという見方は，近代立憲主義の考え方とも調和します。私たちは，よりよい生活をするために国家や政府という仕組みを作り，それを維持しています。自然災害に備え，集団の内部の秩序を守り，攻撃してくる外敵から身を守るためには，一人ひとりがバラバラに行動するよりも，統一されたルールに従い，リーダーの下でまとまった方が，よりよい対応ができる場合がほとんどです。他方で，国家や政府のために働く人々，国会議員や国務大臣，裁判官，行政官，警察官，自衛官などの公務員には，秩序の維持や社会の防衛のための絶大な権力が与えられています。租税を課すことによって，国民から多額の金銭を強制的に集めることができます。そうして集めた金銭の使用目的を決めることもできます。自分の指示に従わない人々を処罰することもできます。武器の携帯や使用が許されていることもあります。もし公務員が自身のもつ絶大な権力を濫用するようになると，国家や政府を作ったことによる利点の多くは，かえって失われてしまうかもしれません。

憲法が保障している権利の中には，人間の固有の権利であり，これを奪うことは許されないものが含まれています。日本国憲法11条後段によれば，「この憲法が国民に保障する基本的人権は，侵すことのできない永久の権利として，現在及び将来の国民に与へられる」とされています。これから生まれてくる子どもたちも，私たちと同じように，生まれながらにして，一定の権利をもちます。したがって，近代立憲主義の憲法がある社会では，公権力は，私たちと対峙するときに，常に一定の責務を負い続けるのです。

④ 法的関係としての権利

権利とは何かという問いに対して，法学者は，長年にわたって様々な回答を試みてきています。とりわけ現代社会では，「権利」という言葉そのものに，非常に強い力，インパクトが備わっています。政府や社会を動かしていくためのスローガンとして「権利」という言葉が掲げられることは，決して稀ではありません。「水への権利」「出自を知る権利」「忘れられる権利」「育休を取る権

利」など，新たに提唱されたり，強調されたりするようになった「権利」は数多くあります。「プライバシーの権利（Right to Privacy）」「市民権（Civil Rights）」「結婚する権利（Right to Marry）」などのように，権利を擁護する試みが実を結び，今では教科書にも掲載されている法的権利もあるのです。

　私は，権利とは，人と人との間で発生する関係の一種だと考えています。もう少し詳しく言うと，私たちが法的権利と呼んでいるものは，権利の帰属する主体となる人と，責務の帰属する主体となる人との間に存在している，法によって規律されている関係の一種として捉えることができるのではないか，ということになります。

　どのような法的関係が，権利と呼ばれているのでしょうか。20世紀のはじめに，法学者のウェスリー・ホーフェルドは，法学者や裁判官が法の解釈や分析に取り組んでいるときに，「権利」という言葉は，①請求権（Claim），②特権（Privilege），③権能（Power），④免除権（Immunity）という4つの意味で用いられていることを指摘しました。ホーフェルドが示してみせた権利についての説明は，私たちが権利と呼ぶものをシンプルに記述している点で，現代でも一定の説得力を維持していると考えられています。以下では，Aという当事者と，Bという当事者との間の法的関係を例にして，①から④までについて，順番に説明していきます。

　まず，Aが請求権（Claim）をもつとき，Aは，Bに対して，特定の行為や給付をするように求めることができます。Aにはアパートの賃借人，Bにはアパートの賃貸人を当てはめてみましょう。Aは，Bに対して，部屋に備え付けられている給湯器を修理するよう求めることができます。もちろん，たいていは，実際に修理をするのはB自身ではなく，ガスや電子機器に詳しい専門業者のCになると思います。このような場合も，Cは，Bに頼まれて，Bの負担で修理をするのであれば，実質的にはBが修理をすると考えても問題はありません。

　また，Aは，契約を終えて部屋から退去するときには，敷金から必要な経費を差し引いた残額をAの指定する銀行口座に振り込むこと，つまり，Aに対して金銭を給付することをBに求めることもできます。ここでも，実際に振り込

みをするのは，多数の賃貸物件を抱えていて多忙なＢではなく，定年退職後に暇を持て余している，Ｂの夫であるＤかもしれません。それでも，Ｂのために，Ｂの口座から，Ａに対する振り込みをしているのであれば，ここではＤの存在や行為を省略したとしても，ＡとＢとの間の法的関係を説明することは可能です。

　Ａが権利をもつとき，Ｂは，その権利に対応している責務をもちます。Ａのもつ請求権という権利と表と裏の関係にあるＢの責務は，義務（Duty）と呼ばれます。ここでの義務という言葉は，普段私たちが何気なく使っている一般的な意味ではなく，請求権と表と裏の関係にある責務を指し示すためのものであることに注意をしてください。

　Ａは，居住しているアパートの部屋の中でどのような生活をするのかを，ある程度は自分で決めることができます。布団で寝てもよいです。ベッドで寝てもよいです。テレビを置いてもよく，置かなくてもよいです。このように，Ａに対して，「こうしなければならない」「こうしてはならない」といった義務が課されていないとき，Ａは特権（Privilege）をもちます。

　このような状態のとき，Ａには，「布団で寝る自由」や「テレビを置かない自由」があるとも言えます。特権は，「自由（Liberty）」と言い換えられることもあります。現代の法学の教科書では，特権よりも，「自由」という言葉が用いられていることが多いようです。もっとも，本書では，思想の自由や言論の自由など，憲法が保障している様々な自由を扱います。こうした自由と，特権としての「自由」をいちいち区別していると煩雑になってしまうので，本書では，義務のない状態のことを特権と呼ぶことにします。

　ところで，ある人が特権をもつということは，当事者間の法的関係の一種と言えるのでしょうか。寝る場所や寝具をＡが「自由」に決めているときに，Ａは他の誰かと何かの法的関係にあると言えるのでしょうか。

　特権と表と裏の関係にある責務について考えてみることで，この点についての理解がしやすくなります。なお，ホーフェルドは，権利と責務が表と裏の関係にあることを，「相関」という言葉を使って説明しました。例えば，請求権

の「法的相関項（Jural Correlative）」には義務があるとされています。本書で
はここまで，表と裏の関係にある，対応しているといった言い方をしてきまし
たが，ここからは，相関している，相関すると言うようにします。

特権に相関するのは，無請求権（No-right）です。Aが特権をもつとき，B
は無請求権をもちます。無請求権は，聞きなれない言葉ですが，請求権をもた
ないということを意味しています。BがAに対して請求権をもたないというこ
とは，AはBに対して義務をもたないということです。基本的には，何かしら
の義務を誰からも課されていないときに，私たちは特権，つまり「自由」をも
つのです。

アパートの賃貸借を例にして考えてみましょう。Aは以前，ペットの飼育が
禁止されているアパート「不自由荘」に住んでいました。Aは，犬や猫を飼わ
ないことを「不自由荘」のオーナーから求められていました。つまり，居住す
る部屋の中で動物を飼育しない義務を負っていたということになります。一人
暮らし用の賃貸住宅では，こうした義務が賃貸借契約の中に盛り込まれている
ことは稀ではありません。Aは，猫を飼いたくなったので，ペットの飼育が禁
止されていない現在のB所有のアパートに引っ越してきました。Aは，Bとの
関係では，猫を飼育しない義務を負っていません。猫を飼ってもよいし，もち
ろん飼わなくても構いません。Aは，Bとの関係では，居住しているアパート
で猫を飼う特権と飼わない特権をもつといえます。

私たちが一般的に「権利」や「義務」と呼んでいるものの多くは，請求権や
特権と，これらに相関する義務や無請求権に分類されます。これらに加えて，
権能（Power）と免除権（Immunity）という法的権利も存在します。

権能は，他人や自分のもつ請求権や特権を変動させる権利です。請求権や特
権を変動させるときには，同時に，それに相関する義務や無請求権も変動させ
ていることになります。一般的には，権限という言い方が馴染み深いかもしれ
ません。

権能，権限というと，何か特別な地位に就いている人だけが，例えば，大臣
や高級官僚，大企業の経営者だけがもつ特殊な権利であるかのように感じるか

もしれません。確かに，こうした人たちには様々な権能が与えられています。同時に，私たちもまた，日常的に権能をもち，それを行使しています。

アパートの居住者であるＡとオーナーであるＢとの間の法的関係は，ＡとＢが結んだ不動産賃貸借契約に基づいて発生しています。Ａがもつ請求権や特権を，Ａは，Ｂとの契約によって作り出したということになります。Ａは，契約を終了させて，自分やオーナーのもつ権利を消滅させることもできます。ここで注意するべき点としては，Ａがもつ権能は，自分だけではなく，他人がもつ権利や責務も変動させることができるということです。

不動産賃貸借のような法的関係は，基本的には，オーナーと居住者の間の合意で決まります。ここでは，権利や責務が，当事者が納得して合意をすることによって，発生したり，消滅したり，継続したりしています。これに対して，国や地方公共団体は，法律や条例を制定したり，法の解釈を変更したりすることによって，国民や住民の権利や責務を一方的に変動させることもできます。私たちは，所得に応じて税金や社会保険料を支払う義務を負っていますが，これは国が勝手に決めたことで，そこに私たちの意思や同意が介在する余地はありません。「問答無用」で課されている義務です。

権能に相関する責務のことを，責任（Liability）と呼びます。企業の経営者や学校の校長も，団体に所属しているメンバーの請求権や特権を一方的に変動させる権能を行使することができます。従業員や生徒は，経営者や校長のもつ権能に服する責任を負っています。もしこうした権能をもてば，相手の気持ちや意向とは関係なく，その権利や責務を変動させることができるようになります。

もし絶対的な権能をもつ権力者がいるとすれば，それは万能の支配者ということになるのかもしれません。神話やフィクションの世界には，こうした存在が登場することもあります。この世にも万能の支配者が存在する，あるいは存在するべきだと考えられていた時代もありますが，現代社会では，絶対的な権能というものは認められるべきではないと考えられています。企業の経営者が従業員の様々な権利や責務を変動させることができるとしても，それはあくま

で，企業の活動の遂行に関わる範囲に限られます。中学校の校長は，学校指定の制服という仕組みによって，生徒のもつ「服装の自由」を制限することができます。だからといって，週末や放課後に着用する服を決める特権を生徒から奪うことまで認めるべきではありません。

　アパートのオーナーが，それまで動物の飼育を認めていたにもかかわらず，突然，猫の飼育は禁止だと言い出したとしましょう。アパートの所有権をもつオーナーは，賃貸人の権利や責務を決める権能をもちます。しかし，既に飼い猫と家族のように暮らしている人にとっては，猫を飼う特権を取り上げられ，動物を飼育しない義務を課されることは，耐えがたいものになるでしょう。「猫は窓を開けておけば出て行って勝手に生きていく」「猫はたくましいから大丈夫」という考え方は，飼い猫にとっても，つまり，「動物の権利」や動物愛護の観点からも問題があります。こうしたトラブルがもし裁判所に持ち込まれた場合に裁判官がどのような判断をするのか，はっきりしないところもあるのですが，現在飼育している猫については，引き続きそれを飼い続けることが認められるのではないかと思います。

　国や地方公共団体のもつ権能も，絶対的なものではありません。例えば，どのような場所に居住するのか，どのような仕事をするのか，どのような相手と結婚をするのか，どのような本を読むのかいった事柄について，私たちは自由に決める権利，特権をもっています。そして，憲法が居住・移転の自由や職業選択の自由，婚姻の自由，言論の自由を保障しているとき，国家は，こうした特権を私たちから一方的に奪うことはできません。このとき，国家は，国民の権利や責務を変動させる権能をもたない状態であり，無能力（Disability）であると言えます。

　無能力と相関する権利，つまり，自分のもっている権利や責務を他者によって一方的に取り上げられたり，変動させられたりすることを拒む権利は，免除権（Immunity）です。本書の第2章以下でも見ていくように，憲法が保障している権利の多くは，免除権の要素を備えています。私たちは，国家との関係でも，無制限の責任を負っているわけではありません。

表1　ホーフェルドの権利図式

法的相関項	請求権	特権	権能	免除権
	義務	無請求権	責任	無能力
法的反対項	請求権	特権	権能	免除権
	無請求権	義務	無能力	責任

（出所）Wesley Newcomb Hohfeld, Fundamental Legal Conceptions as Applied in Judicial Reasoning, 26 Yale L. J. 710 (1917) at 710.

　ちなみに，ホーフェルドは，ここまで述べてきた権利と責務の関係を示すために，表1のような図式を用いました。これは，ホーフェルドの権利図式と呼ばれています。

　「相関」については，すでに説明をした通り，AがBに対して請求権，特権，権能，免除権をもつとき，BはAに対する義務，無請求権，責任，無能力をもつという意味です。「反対」は，矛盾や否定，両立しないという意味だと考えてください。もしあなたがあることをする特権をもつとすれば，対応した内容の義務をあなたはもちません。ホーフェルドの言葉を借りると，両者は，「法的反対項（Jural Opposite）」にあります。

⑤　権利の構造

　ホーフェルドの権利図式は，法的権利を当事者の間の関係の一種として，つまり，社会的な状態や現象として把握するものであると言えます。この考え方に従えば，私たちは，人々の振る舞いや，社会で起きている出来事をよく観察することによって，権利という現象を分析し，理解することができます。

　法学という学問は，私たち人間が作っている社会の様々な現象を分析する学問，社会科学の一分野です。政治学や経済学，現代の主流の歴史学などは，社会科学の中に含まれます。決まりごとや正しさの判断基準，処罰や強制といった，法と関連した事柄は，人間の社会とは切っても切り離せないものです。そもそも，社会や国家そのものが，共通のルールに皆が従っているという，ある

種の法的な状態であると考えることもできます。

　法哲学者のライフ・ウェナーによれば，私たちが法的権利と呼ぶものの多くは，ホーフェルドの権利図式における請求権や特権，権能，免除権という法的要素が組み合わされた複合的な構造を備えています。ウェナーは，権利が複合的な構造をもち得ることを，「分子（Molecular）」に例えて説明しています。

　ウェナーの見解をふまえつつ，いくつかの権利の構造について考えてみましょう。日本国憲法38条第1項は，「何人も，自己に不利益な供述を強要されない」と定めています。あなたが警察官に逮捕されたとき，供述をする義務（Duty）を課されていないという意味で，あなたは供述をしない特権（Privilege）をもちます。さらに，あなたは，警察官に対して，供述を強要しないように求める請求権（Claim）をもちます。もし警察官が，あなたに「自白」をさせるために，あなたを拷問したとしたらどうでしょうか。拷問によって供述を強要されているような状況でも，あなたは供述をしなければならないわけではありませんが，苦痛に耐えかねて「自白」してしまうかもしれません。冤罪や不当な取り調べから私たちを保護するためには，供述をしない特権を保障するだけではなく，供述を強要するような行為を警察官にさせないための請求権を認めることも必要です。憲法36条は，「公務員による拷問及び残虐な刑罰は，絶対にこれを禁ずる」とも定めています。拷問をした警察官や検察官は，刑法によって特別に重く処罰されます。警察官は，あなたに供述を強要しない義務をもつと言えそうです。

　警察官に拘束されたあなたのもつ権利の「分子」の構造は，ウェナーの見解に従うと，供述をしない特権と，供述を強要させない請求権が組み合わされたものになります。これは，一般に黙秘権と呼ばれる権利で，近代立憲主義の憲法をもつ国家では，たいていは成文法によって保護されている権利の一つです。なお，日本国憲法が黙秘権を明文で保障していることをふまえると，特権と請求権だけではなく，免除権（Immunity）の要素を加えてもよいかもしれません。

　ところで，もし警察官が「自白」を得るためにあなたを拷問にかけたとすると，その警察官は供述を強要しないという義務に違反したことになり，あなた

の請求権は侵害されます。拷問を試みようとする警察官を殴り倒したり，あなたの仲間たちが警察署を襲撃して，拘束されているあなたを救出したりすることによっても，あなたが供述を強要されないという状態を回復することはできます。しかし，こうした実力行使は，正当防衛や緊急避難などの例外的な場合を除いて，それ自体が違法な行為になりかねません。近代以降の社会では，「自力救済」は原則として禁止されています。

　その代わりに，私たちは，自分のもつ権利が侵害されたり，制限されたりしているとき，相手方が義務を履行していないときには，裁判所に訴え出ることが認められています。裁判所の重要な役割の一つが，法的に保護された権利の救済です。日本を含む多くの近代立憲主義の国家は，憲法が保障している権利を裁判所が救済するための仕組みを設けています。私たちは，憲法が保障している権利や自由が不当に制限されていると考えたときには，そうした制限をやめるように命じることを求める訴訟を起こすことができます。

　本書の序章でも触れたように，最高裁判所は，性別不合を有している人が戸籍上の性別を変更するために実質的に外科手術を受けることを求められているのは，「自己の意思に反して身体への侵襲を受けない自由」の制限であると述べています（最大決令和5（2023）年10月25日）。この「自由」は，自分の意思に反して自分の身体を傷つける義務をもたないこと，ある種の特権であると考えることができそうです。

　こうした内容の特権は，戸籍上の性別の変更を望むトランスジェンダーの人たちだけのものではありません。私たちは，例えば，大人になった証として，前髪をそり落として月代を作ったり，抜歯をしたり，背中や肩に刺青を彫ったりする義務を負っていません。さらに，裁判所は，「自己の意思に反して身体への侵襲を受けない自由」は，「人格的生存に関わる重要な権利として，〔日本国憲法13〕条によって保障されていることは明らかである」と述べています。私たちは，自己の身体についての権利をもち，この権利は，自己の身体を傷つけない権利である特権と，この特権を放棄させられない憲法上の免除権を組み合わせたものであると言えそうです。

22

第1章　権利

　なお，自己の身体についての権利の中には，自らの意思で身体に傷をつける権利，例えば，ピアスの穴をあける権利や，タトゥーを彫る権利が含まれていると考えることもできます。こうした権利をもつのであれば，私たちは，自らの身体を自由に処分することができると考えるべきでしょうか。脳死状態に陥ったときの臓器提供の意思表示カードは，「自己の意思に反して身体への侵襲を受けない自由」をあらかじめ放棄しておくための権能（Power）が私たちに与えられていることをうかがわせます。

☑コラム②　権利能力と行為能力

　権利の主体になる能力，権利能力に対して，単独で契約をすることができる能力のことを，行為能力と呼びます。行為能力を制限されている人は，制限行為能力者と呼ばれます。民法は，未成年者が契約などの法律行為をするときは親権者などの同意を得なければならないこと，同意を得ずにした契約はあとから取り消すこともできることなどを定めています。民法上の未成年者，18歳未満の者は，制限行為能力者です。

23

<table>
<tr><td>第2章</td><td>権利章典</td></tr>
</table>

1 権利を書き込む

　憲法の権利章典（Bill of Rights）には，様々な権利が書き込まれています。権利が列挙されたカタログのようなものです。日本国憲法では，第3章の「国民の権利及び義務」が，これに当たります。アメリカ合衆国憲法には，制定された当初は権利章典が備わっていませんでしたが，その後の憲法改正によって，何度かに分けて，権利を規定する条文が追加されていきました。例えば，「宗教的行為の自由（free exercise of religion）」や「言論の自由（freedom of speech）」は，1791年に追加された "First Amendment" の中に定められています。ちなみに，この条文の名称は，「第1修正」や「修正1条」と訳されることが一般的です。

　アメリカ合衆国憲法の "Ninth Amendment"，修正9条は，「この憲法に一定の権利を列挙したことをもって，人民の保有する他の諸権利を否定し，または，軽視したものと解釈してはならない」と述べています。ある特定の内容の権利や自由が憲法典に列挙されているということは，その他の内容の権利や自由を憲法が保障していないことを必ずしも意味しません。

　そもそも憲法は，私たち人間が生まれながらにしてもつべきとされる権利を保障しています。生命や自由，財産，自己決定に関する権利を私たちは生まれながらにしてもつべきであるけれども，しばしば，そうした権利は不当に侵害されてきたので，そうならないように，憲法典に列挙しているのです。多くの国の憲法典が信教の自由や表現の自由を明記しているのは，こうした自由や権利が国家によって侵害されることが多かったからであると言えます。

24

また，憲法典は，ある時点で，その時代に生きている人々が合意や投票など
を通じて定めたものです。憲法典が制定された時代には存在していなかった事
柄や，十分に認識されていなかった権利は，憲法典の中には書き込まれていま
せん。憲法典の文案を起草し，それを確定するプロセスに加わることができな
かったり，そこから排除されていたりした人々の地位や権利についても同様で
す。アメリカ合衆国憲法やフランス人権宣言が作られた18世紀の後半の時点で
は，女性や子ども，性的マイノリティ，障害をもつ人々への関心は，今よりも
希薄でした。プライバシーの権利や環境権といった概念も，まだ登場していま
せんでした。

1870年に制定された，アメリカ合衆国憲法の修正15条は，白人だけではなく，
黒人や元奴隷も含めたすべての市民に投票権が保障されると定めています。フ
ランスの憲法の一部となっている2004年のフランス環境憲章1条は，「各人は，
均衡がとれ，かつ健康が尊重される環境の中で生きる権利をもつ」と定めてい
ます。大日本帝国憲法が日本国憲法に改正されたことによって，男女の平等や，
公務員を選挙によって選ぶ権利，健康で文化的な生活をする権利，刑事手続に
関する諸権利などが，権利章典に新たに追加されました。このように，憲法改
正によって新たな権利が創設されたり，承認されたりすることもあります。

もっとも，憲法改正のハードルはどこの国でも高いものです。日本国憲法96
条第1項前段は，「この憲法の改正は，各議院の総議員の3分の2以上の賛成
で，国会が，これを発議し，国民に提案してその承認を経なければならない」
と定めています。法律の制定に必要な，定足数のうちの単純多数，つまり過半
数の賛成と比べると，かなり厳しい要件です。3分の2以上や5分の3以上と
いった特別多数の賛成や，国民投票による特別の承認が改正の要件となってい
る憲法のことを，硬性憲法と呼びます。連邦制国家では，連邦を構成している
州や邦の賛成が憲法改正の要件とされていることもあります。アメリカ合衆国
の場合は，連邦を構成する50個の州のうち，4分の3以上の州の議会が改正を
承認することが，憲法改正の要件となっています。

社会の変化に素早く応じることができるように，憲法改正の要件を緩和して，

権利の追加を容易にするべきであるという主張があります。しかし，権利の追加が容易であれば，権利の削除も容易ということになりかねません。民主主義国家における権力は，より多くの有権者の支持を得た人々が握っています。多数決によって憲法上の権利の追加や削除が容易にできるようになると，少数派の人々が必要としている権利の保護が十分になされなくなるかもしれません。

　権利章典の条文は，憲法典の中でもとりわけ抽象的な言葉で書かれているため，様々な解釈を受け入れることができる，開かれたものであると言えます。条文を適切に解釈することによって，憲法典の制定以降の社会の変化に対応していくこともできます。

　例えば，日本国憲法21条第2項後段は，「通信の秘密は，これを侵してはならない」と定めています。私たちは，伝達される情報の内容や性質，存在などを秘密にしたまま他者とコミュニケーションをする特権（Privilege）をもつと言えます。日本国憲法の制定の時点で，「通信」として想定されていたのは，封筒や便箋，はがきを用いた郵便による信書のやり取りや，電信を用いた電報や電話でした。現在では，憲法による通信の秘密の保障は，電子メールなどのインターネットを介した情報伝達にも及ぶと考えられています。

　もっとも，ルールの解釈は，ときとして，ルールの意味を変えてしまうこともできます。例えば，ある公園に「ここで犬を走らせてはいけません」という注意書きがあったとします。あなたがペットのポニーを連れて公園に来ているときに，犬を走らせるのは禁止されているけれども，それ以外の動物なら走らせてもよいだろうという反対解釈をするべきでしょうか。それとも，犬がダメならポニーもダメだろうという類推解釈をするべきでしょうか。

　おそらく，一般的な公園であれば，「ここで犬を走らせてはいけません」という文章で記述されているルールは，動物が走り回ることによって幼い子どもやその保護者が不安を感じる可能性があることや，動物の糞尿によって植生や衛生の問題が起きるということを懸念して設けられていると思います。そうであるならば，犬だけではなく，ポニーのような動物も走らせてはダメでしょう。しかし，公園に隣接する住宅に住み，公園の用地を提供している地主が，犬に

26

対して非常に強い恐怖心を抱いているために，こうしたルールがあえて設けられている可能性も否定できません。

基本的には，法の解釈という作業は，法が制定されたときの目的や事情も考慮して行う必要があります。憲法の条文を解釈するときにも，憲法典が制定された理由や，憲法が保障している権利がどのような機能を担うことが期待されているのかという，憲法や権利の基礎付けに関する問題についてもよく考えておかなければなりません。

② 包括的基本権と「新しい人権」

日本国憲法13条前段は，「すべて国民は，個人として尊重される」，同条後段は，「生命，自由及び幸福追求に対する国民の権利については，公共の福祉に反しない限り，立法その他の国政の上で，最大の尊重を必要とする」と定めています。憲法学は，後段の「幸福追求に対する国民の権利」という，包括的で抽象的な文言にも着目して，権利章典の他の条文ではカバーされていない権利であっても，私たち一人ひとりが独立した人格を備えた「個人」として尊重され，幸福を追求していくために必要な権利であるならば，憲法による保護の対象になると考えてきました。そのため，幸福追求権は，包括的基本権と呼ばれることもあります。

包括的基本権による保護の対象になる権利として，人格権があります。名誉権は人格権の一種です。人間は，人と人とが交わる社会の中で生活しています。あなたに対する隣人や同僚からの評価は，あなたという人間がどのような人間であるのか，いかなる人格であるのかを決定している側面があります。他者からどのように称賛され，あるいは批判されようともまったく気にしない，気にならないという人もいます。しかし，ほとんどの人にとって，社会的な評価や名声は，日常生活を送り，自尊心を保つために必要不可欠なものです。

プライバシーの権利も人格権の一種であると考えられています。人間は，生きていく上で他者との関わり合いを必要とする動物であると同時に，自分自身

や少数の親密な関係の人たちだけの空間，私的な領域を必要としています。同僚や同級生，隣人たちの目から離れて，自分や親密な家族だけが存在することを許されたプライベートな空間を必要とする人は少なくないはずです。

　自宅や私室などのプライベートな領域を守るためには，そうした空間への物理的な立ち入りを防止しなければなりません。また，個人的，私的な事柄に関する情報が本人の了承がないままに他の人に伝わるのを防がなければなりません。プライバシーを保護することの意義が強調されるようになったのは，マス・メディアが発達し，有名人の私生活をのぞき見するイエロー・ジャーナリズムが盛んになった19世紀の終わりごろのことでした。現代と同様に，当時も，有名人，セレブのゴシップは，新聞や雑誌の紙面を賑わせていました。有名人の結婚や出産といった出来事を報じる記事は，社会的な評判を低下させるものではないため，名誉権に基づいて記事の差止や損害賠償を求めることは困難でした。そこで，私生活そのものを法的に保護するための概念として，サミュエル・ウォーレンとルイス・ブランダイスが「プライバシーの権利（Right to Privacy）」の概念を提案したのです。なお，ブランダイスは，のちにアメリカ合衆国の連邦最高裁判所の裁判官も務めています。

　現在では，私たちは，プライバシーの権利に基づいて，私生活に関わる情報が公開されたり，他者に伝達されたりすることを防ぐ権利をもちます。デモに参加していた学生たちを警察官が写真撮影したことが問題となった京都府学連事件で，最高裁判所は，日本国憲法13条の下では，「個人の私生活上の自由の一つとして，何人も，その承諾なしに，みだりにその容ぼう・姿態［……］を撮影されない自由を有するものというべきである」と述べています（最大判昭和44（1969）年12月24日）。また，現在では，個人情報の保護のための仕組みが整備され，生存する個人を識別できるような情報の収集や利用，開示にあたっては，行政機関や個人情報の取扱事業者には様々な法的な責務が課されています。こうしたかたちで保護されているプライバシーの権利は，自己情報コントロール権と呼ばれることもあります。

　名誉を法的に保護する仕組みには，長い伝統があります。日本では，社会的

な評判は，民法や刑法によっても保護されています。プライバシーの概念や権利は，比較的新しいものです。日本国憲法の条文の中には，プライバシーという言葉は見当たりません。憲法学や裁判所は，プライバシーの権利は，民法や刑法だけではなく，憲法によっても保護される「新しい人権」であると考えています。

「新しい人権」に含まれると主張されている権利として，環境権があります。人々が良好な環境の中で生活をする権利や，国や地方公共団体，企業が環境を保護する責務を，憲法典に新たに規定している国もあります。日本では，環境権は，憲法が保護している権利であるとは一般的には考えられていません。ただし，良好な環境で生活をする権利は，大気汚染防止法や水質汚濁防止法などの環境法や，民法の不法行為の規定などによって保護されています。騒音や煙によって他者の生活環境を悪化させたときには，裁判所によって損害賠償が命じられることもあります。

③　自己決定権

プライバシーの権利には，自己情報コントロール権だけではなく，性行為や妊娠，出産についての自己決定の権利も含まれていると考えられています。例えば，アメリカ合衆国では，性行為において避妊具を使用するのかどうか，成人同士が合意の下でどのような相手と親密な関係を築くのかといった判断が，憲法上のプライバシーの権利によって保護されています。日本国憲法と同様に，アメリカ合衆国憲法にも「プライバシー」という言葉は記述されていません。現在のアメリカ合衆国の裁判所は，合衆国憲法の修正14条第1項が，「いかなる州も，法の適正手続によることなく，何人からも生命，自由または財産を奪ってはならない」と定めていることに着目して，プライバシーの権利が憲法によっても保護されていると考えています。

なぜ妊娠や出産，性行為についての自己決定の権利が，プライバシーの権利に含まれるのでしょうか。アメリカ合衆国では，21世紀のはじめのころまで，

テキサス州などのいくつかの州では，同性間の性行為を刑法によって処罰していました。ある種の性行為，例えば同性愛行為を処罰するためには，そうした行為がなされていそうな場所，たいていは私的な領域への公権力による立ち入りが必要になります。実際に，警察官が被告人の住居に別の理由で踏み込んだところ，たまたま同性愛行為がなされていたため逮捕したという事例があります。また，避妊具の使用の有無も，基本的には，自宅や寝室などの特別に私的な領域の中で判断されているものです。

したがって，公権力との関係で私たちの私的な領域を守るということは，性行為や生殖などの事柄について，特定の行為をすること，しないことを公権力から強制されていない，そうした義務（Duty）を課されていないことと結びつきます。私たちは，性行為や生殖についての自己決定の特権（Privilege）をもち，この権利は，日本国憲法13条の保障する幸福追求権にも含まれていると言えそうです。

なお，ある種の事柄についての自己決定は，幸福追求権をあえて持ち出すまでもなく，憲法によって保護されています。どのような宗教を信じるのか，どの候補者や政党を支持するのか，誰と結婚をするのか，どのような仕事をするのかといった事柄について，私たちは自己決定の権利を保障されています。例えば，私たちは，国家との関係では，ある特定の宗教的行為をする義務を課されてはいません。したがって，宗教的行為をする，あるいは，しない特権を私たちはもちます。この特権は，信教の自由を保障している日本国憲法20条によって保護されている法的権利を構成する要素の一つです。

それでは，権利章典が明示的に保護している行為の類型には当てはまらないような事柄についての自己決定は，どこまで認められるべきでしょうか。自己決定権によって保護されるべきであると裁判の当事者が主張した事柄としては，バイクの免許を取ること，髪形を決めること，自分が飲むための酒を醸造すること，賭博をすること，外科手術にあたって患者が輸血を拒否することなどがあります。

人格的利益説，人格的自律説と呼ばれている考え方によれば，理性的な人間

が人間らしく生きるために不可欠な自由だけが，幸福追求権によって保護されています。信仰や言論，職業，婚姻の自由は，人間らしい生き方にとって欠かせないものとして，権利章典が明文でこれを保護しています。社会的評価を守るための名誉権や，私的な領域を守るためのプライバシーの権利は，これらの明文で保護されている権利と比べて，その保護の必要性が特別に劣るものではありません。

　人格的利益説を採用すると，幸福追求権によって保護することができる権利の幅が狭くなりすぎるのではないかと考える立場もあります。こちらの見解に従えば，他者の人権を侵害しない限り，自分自身が幸福と感じる生き方や選択が自己決定権によって保護されます。一般的自由説，一般的行為自由説と呼ばれている見解です。人格的利益説とは異なり，一般的行為自由説では，賭博をすることや，ドラッグを使用することなどの，ある種の愚行権も憲法上保護される可能性があります。

　人格的利益説や，一般的行為自由説は，学説の一種です。ある法的な問題について，法学者が法の解釈や理論に基づいて特定の回答をしたものを，学説と呼びます。寝室で成人同士が同意の上で親密な関係になる権利や，高校生がバイクの免許を取得する権利，中学生が長髪にする権利は，果たして自己決定権の保護の対象に含まれているのかという問いに対する回答を導き出すときに，人格的利益説や一般的行為自由説という見解が示されているのです。

　法学者の意見が概ね一致している問題について考えるときには，あまり学説の違いを意識する必要はありません。そもそも，学説が提示されているのは，ある問いに対する回答が複数存在し，それらがお互いに両立せず，対立しているような場合です。したがって，学説の中には，多くの研究者の支持を受けている「通説」「多数説」もあれば，「少数説」に留まるものもあり，支持者は必ずしも多くはないけれども説得力は高いとされている「有力説」もあります。

　研究者や当事者の見解が分かれているとしても，法や権利に関わる問題が裁判を通じて争われているときには，裁判官は，何かしらの結論を出さなければなりません。裁判官による法の解釈や権利の説明は，ある法や権利がどのよう

な内容なのかをある程度決めてしまう面をもちます。裁判所による法的判断，司法判断の中でも，その後の裁判の中で先例として扱われているものを，判例と呼びます。

　判例には権威があります。裁判所による判断は，法律の専門家である裁判官が，当事者や検察官，弁護士，証人などの主張や意見をふまえて，時間をかけてよく考えた上で出した結論であるはずです。多くの人は，裁判官の言っていることであれば間違ってはいないだろうと考えて，判例に従っています。なお，このような意味での権威は，判例だけではなく，法そのものにも備わっていると言われています。法には，私たちが社会生活において何をするべきであり，何をするべきではないのかということを，あらかじめ私たちに示してくれる役割があります。現代社会における法には，ほとんどの場合，なぜそのようなルールが定められているのかを合理的に説明するための理由が伴っています。しかし，私たちは，通常，そうした理由をいちいち確認したり，検討したりせずに，法に従うことは，よりよい行動につながる，法の言うことなら間違いはないと想定して，法に従っているはずです。

　最上級の裁判所である最高裁判所の判断ともなると，かなりの権威や説得力をもちます。最高裁判所の判断がすでに示されている法的問題については，最高裁判所の判例と近い考え方をしている学説や，関連するいくつかの判例をより整合的に説明できている学説が「通説」になることもあります。もっとも，判例は，あくまで，裁判所に持ち込まれた法的紛争，トラブルを解決するために示されるものです。判例には，必ず文脈があります。

　自己決定権と関連するとされる判例として，いわゆる「バイク3ない原則」が問題になった事例があります。この原則は，バイクの免許を「取らない」，バイクを「保有しない」，バイクに「乗らない」ことを生徒に求めるルールです。現在でも，こうしたルールが校則や生徒心得の中に定められている高校があります。最高裁判所は，バイクの免許を取得し，バイクを保有していた私立高校の生徒が退学させられたことは，違法ではないと判断しています（最3小判平成3（1991）年9月3日）。この判例に従って，高校生にはバイクの免許を取

32

得する特権（Privilege）はなく，移動手段というライフスタイルに関する「自由」も保障されないと考えるべきでしょうか。

　この事例では，裁判の原告である生徒の保有していたバイクが，運転免許をもたない他の生徒に又貸しされ，警察官に重傷を負わせる事故が起きたにもかかわらず，原告たちがそのことを故意に秘匿しようとしたことが，退学の主な原因でした。自己決定権によって保護されるライフスタイルの範囲について，この判例から得られる示唆は限定的なものだと私は考えています。

④ 憲法が保障している権利と免除権

　私が卒業した公立高校は，自由な校風の学校でした。制服や服装規定はありましたが，いわゆる服装・頭髪検査はほとんど行われていませんでした。茶髪やパーマの生徒もいました。カラーコンタクトレンズや，どくろマーク柄のタイツを着用している生徒もいました。

　私自身は，パーマをかけたり，髪を金色に染めたりはせず，整髪料を使うこともありましたが，いわゆる普通の「高校生らしい」髪形をしていました。それでも，当時の私は，学校との関係では，髪形を決める特権（Privilege）をもっていたと言えます。丸刈りにする義務（Duty）や，整髪料を使用してはならない義務を課されていたわけではないからです。

　特権としての一般的自由を私たちがもつとしても，こうした特権は，それを変動させることができる権能（Power）によって影響を受けます。公立高校の校長は，校則や生徒心得の中に様々な禁止規程を設けて，服装検査や「指導」を通じて違反者を厳しく取り締まることによって，服装や髪形に関する生徒の特権を制限し，場合によっては，取り上げることもできます。

　国や地方公共団体は，国民や住民の権利や責務を変動させる権能をもちます。そしてこの権能は，基本的には，特権を変動させられる側である私たちの意思や同意とは無関係に，国や地方公共団体の都合で必要に応じて行使されるものです。例えば，酒税法は，酒類の醸造をする場合には，税務署長から免許を受

けなければならないと定めています。免許を受けずに酒類を醸造すると，拘禁刑や罰金も科されます。賭博をしたり，させたりすることは，刑法によって処罰されています。私たちは，国家との関係で，賭博をしたり，させたりしない義務を負っています。なお，これらの例には，厳密にはいくつかの例外もありますが，ここでは話を簡単にするために省略をしています。いずれにしても，義務の課されているところには，特権はありません。

　本書の第1章でも触れたように，自分のもつ特権や請求権が他者によって一方的に変動させられることを防ぐ権利は，免除権（Immunity）と呼ばれています。国家が立法や裁判を通じて私たちの請求権や特権を変動させる広範な権能をもつとしても，奪ってはならない特権や請求権もあります。誰と結婚をするのか，どの政党を支持するのか，どの宗教を信仰するのかを決める特権を，国や地方公共団体が私たちから一方的に奪うことを憲法は認めていません。憲法が保障している権利の多くは，ある種の行為に関する特権や請求権だけではなく，それらの権利が奪われることを防ぐための免除権の要素を加えた「分子」の構造を備えています。

　もし，「新しい人権」として，プライバシーの権利が憲法によって保障されているのであれば，この権利は，私的な領域への立ち入りをしないように求める請求権（Claim）だけではなく，この請求権を一方的に奪われない権利である免除権の要素も備えていることになります。酒類を製造したり，髪形を決めたり，バイクの免許を取るという事柄について，私たちは，特権や請求権をもつこともあります。税務署長から製造免許を受けている人は，酒を造る特権をもちます。ただし，これらの権利は，免除権によって守られていないのであれば，国や地方公共団体の都合で取り上げられることもあるのです。「新しい人権」や自己決定権の論点は，各種の特権や請求権を私たちがもつかどうかということだけではなく，憲法上の免除権によってそうした権利が保護されているのかということも問題にしていると考えるべきでしょう。

第2章 権利章典

⑤ 「公共の福祉」と司法審査

　人格権としての名誉権やプライバシーの権利が包括的基本権によって保護されるとしても，これらの権利の行使や享有があらゆる状況で認められるとは限りません。本書の第7章でも見ていくように，政治家や公務員の名誉権やプライバシーの権利は，言論の自由や報道の自由との関係では，制限されるべきこともあります。人格権や幸福追求権だけではなく，言論の自由や信教の自由，財産権など，憲法が保障している権利のほとんどは，他の権利や，社会全体の利益や損失との間での調整が必要になった場合に，その行使や享有が制限されることもあるのです。

　権利を制限する理由や根拠として，「公共の福祉」という概念を日本国憲法が規定していることは，よく知られています。日本国憲法12条後段は，国民は，憲法が保障している自由と権利を「常に公共の福祉のためにこれを利用する責任を負う」と定めています。13条後段は，「生命，自由及び幸福追求に対する国民の権利については，公共の福祉に反しない限り，立法その他の国政の上で，最大の尊重を必要とする」と定めています。さらに，居住・移転・職業選択の自由を定める22条第1項と，財産権について定める29条第2項の中にも，「公共の福祉」という言葉が出てきます。

　日本国憲法ができたばかりの頃の裁判所は，「公共の福祉」という概念を，憲法が保障している権利の制限のための切り札のように用いることがありました。例えば，政府が食糧緊急措置令に基づいて農家から食糧を強制的に買い上げていたことを公然と批判した人が，「主要食糧の政府に対する売渡［……］を為さざることを煽動」したとして処罰された事件で，最高裁判所は，「新憲法の下における言論の自由といえども，国民の無制約な恣意のままに許されるものではなく，常に公共の福祉によって調整されなければならぬのである」と述べています（最大判昭和24（1949）年5月18日）。また，外務大臣による旅券，パスポートの発給の拒否が問題となった帆足計事件でも，最高裁判所は，「外

35

国旅行の自由といえども無制限のままに許されるものではなく，公共の福祉のために合理的な制限に服するものと解すべきである」と述べています（最大判昭和33（1958）年9月10日）。裁判所によれば，旅券法が「著しく且つ直接に日本国の利益又は公安を害する行為を行う虞があると認めるに足りる相当の理由がある者」に対して，外務大臣は旅券発給を拒否できるとしていることは，「外国旅行の自由に対し，公共の福祉のために合理的な制限を定めたもの」です。いずれの事件でも，「公共の福祉」に基づく制限であるという理由で，言論の自由や旅行の自由の制限はすんなりと正当化されています。

　国や地方公共団体は，社会全体の利益のために，法律や政令，条例を制定し，私たちの権利を制限することができます。この社会全体の利益こそが「公共の福祉」であると考えるのであれば，通常は，あらゆる立法や政府の行為の基礎に「公共の福祉」が置かれています。したがって，法律が制定されている時点で，権利を制限する要件は整っているということになります。もし，権利の制限の理由として，社会全体の利益のため，「公共の福祉」のためであるという理由が持ち出されたときに，裁判所がそうした理由付けの中身を詳しく吟味せずに権利の制限をすんなりと正当化してしまうのであれば，憲法が保障しているように見える権利や自由は，法律さえ作ればいくらでも制限できるということになりかねません。

　大日本帝国憲法は，「居住及移転ノ自由」や「信書ノ秘密」などについての「臣民の権利」を保障するにあたって，「法律ノ範囲内ニ於テ」「法律ニ定メタル場合ヲ除ク外」といった限定，留保をしていました。そのため，「臣民の権利」は，国家が法律を制定すれば，どのようにでも制限をすることができると考えられていました。これを「法律の留保」と呼びます。もし，「公共の福祉」のための法律さえ作れば，憲法が保障している権利をいくらでも制限できるのであれば，これは，大日本帝国憲法の時代の「法律の留保」の下での限定的な権利の保障とほとんど変わりがありません。

　日本国憲法98条第1項は，「この憲法は，国の最高法規であつて，その条規に反する法律，命令，詔勅及び国務に関するその他の行為の全部又は一部は，

その効力を有しない」と定めています。法令や政府の行為が憲法に違反して無効になる場面の一つとして，憲法が私たちに保障している権利や自由が不当に制限されているときが考えられます。日本国憲法の権利章典は，国会が定める法律によっても制限することのできない権利や自由を保障することによって，私たちに憲法上の免除権（Immunity）を与えていると言えます。

そして，日本国憲法81条は，「最高裁判所は，一切の法律，命令，規則又は処分が憲法に適合するかしないかを決定する権限を有する終審裁判所である」と定めています。法令や政府の行為が憲法に違反しているかどうかを裁判所が審査することを，司法審査，違憲審査と呼びます。日本国憲法の下での裁判所には，憲法によって保障されている権利が，法令や政府の行為によって不当に侵害されていないかどうかをチェックして，憲法による権利の保障が「絵に描いた餅」にならないようにするという非常に重要な役割が与えられているのです。なお，地方裁判所や高等裁判所などの下級裁判所も司法審査の権限を行使していますが，「終審裁判所」である最高裁判所は，「憲法の番人」と呼ばれることがあります。

こうしたことをふまえると，憲法が保障している権利が不当に制限されているのではないかという主張が裁判の中でなされたときには，裁判所は，「公共の福祉」による制限だからやむを得ないという風に一刀両断にしてしまうのではなく，権利を制限しなければならない理由を慎重に，念入りに吟味した上で結論を出すべきでしょう。ただし，憲法典には，司法審査の具体的な方法や手順をはっきりと説明した規定が置かれているわけではありません。司法審査において裁判所や裁判官が考慮するべき基準は，裁判所による憲法判断の蓄積や，それを分析する学説によって形成され，発展させられてきています。

現在では，多くの国が何らかのかたちで司法審査の仕組みを採用しています。そして，憲法が保障している権利や自由は，国や憲法典が違っていても，その内容には，実はかなりの共通点があります。そのため，アメリカやドイツなどの司法審査の仕組みやその運用が，日本を含めた，他の国における司法審査の参考にされていることもあります。

標準的な司法審査の方法として，目的・手段審査があります。まず，制限の対象となっている権利や自由をある程度特定します。ある種の権利，例えば，言論の自由や信仰の自由は，憲法が保障している権利や自由の中でも特に重要であると言われることがあります。非常に重要な権利を制限しようとするときには，相応に高度な制限の理由が必要になります。次に，権利の制限の目的がどのくらい重要なものであるのかを検討します。権利の制限によって達成されようとしている利益の測定です。この審査のプロセスは，目的審査と呼ばれます。さらに，目的の達成のために採用されている手段が適切なものであるかどうかを検討します。目的と手段は，十分に関連したものでなければなりません。また，ある目的を達成するための手段や方法は，一つだけであるとは限りません。権利を制限せずに，あるいはもっと緩やかな制限によって目的を達成できるのかどうかを確認しておくことも必要です。

☑コラム③　前段・後段・但書

　ある条文が二つの文章から構成されているときに，前の部分を「前段」，後ろの部分を「後段」と呼ぶことがあります。日本国憲法13条では，「すべて国民は，個人として尊重される」の部分が前段に，「生命，自由及び幸福追求に対する国民の権利については，公共の福祉に反しない限り，立法その他の国政の上で，最大の尊重を必要とする」の部分が後段にあたります。

　ただし，区切られた後ろの部分が「但し」で始まっているときは，前の部分を「本文」，後ろの部分を「但書」と呼びます。本文で定められているルールに例外があることをあらかじめ示しておきたいときに，但書は使われます。衆議院議員の任期は，日本国憲法45条本文によれば「4年」ですが，同条但書によれば，「衆議院解散の場合には，その期間満了前に終了」します。

<table>
<tr><td>第3章</td><td>平等</td></tr>
</table>

1　法の下の平等

　多くの国の憲法典が，差別を禁止し，人間は平等であると規定する平等保護条項を備えています。フランス人権宣言1条は，「人は，自由，かつ，権利において平等なものとして生まれ，生存する。社会的差別は，共同の利益に基づくのでなければ，設けられない」と述べています。日本国憲法14条第1項は，「すべて国民は，法の下に平等であつて，人種，信条，性別，社会的身分又は門地により，政治的，経済的又は社会的関係において，差別されない」と定めています。

　しかし，このことは同時に，私たちの生きている社会には様々なかたちの差別や不平等が存在してきていることを示唆しています。歴史は，少数民族や異端者，女性，同性愛者，障害者に対する差別や不平等の事例にあふれています。「人種，信条，性別，社会的身分又は門地」による差別は，現在でも決して解消されているわけではありません。

　人間に対する差別の究極の形態が，相手を対等で同格の存在として認めないこと，つまり人間として取り扱わないことです。差別の典型例として挙げられることが多い奴隷制度は，奴隷とされる人間を，人間ではなく，人間が所有し，自由に売買したり，処分したりすることのできる財産，物として扱う仕組みです。ある民族や人種を計画的に破壊するための虐殺（Genocide）には，たいてい，殺害する相手を人間ではなくハエやゴキブリのような昆虫や病原菌，ウイルスなどに例えるヘイトスピーチが伴っています。

　平等保護条項の多くは，「法の下の平等（Equal under the Law）」や「法の前

の平等な保護（the Equal Protection of the Laws）」を保障しています。法がすべての人に平等に適用されること，法の適用の平等は，近代社会の大原則の一つです。人種や性別，信仰，職業，出身地などにかかわらず，権利や責務に関わる法を平等に適用される人間として扱われることは，個人の尊重と幸福の追求を可能にするための前提条件です。

幸福追求権，包括的基本権を定める日本国憲法13条と並んで，平等原則を規定している憲法14条は，権利章典の総則としての役割も担っていると考えられています。実際，平等（Equality）や公平（Equity）という概念は，憲法が保障している様々な権利や自由を解釈するときの基礎的な原理としても用いられています。また，日本国憲法には，14条の他にも，婚姻や家族に関する24条や，公教育に関する26条，選挙人の資格についての44条の中にも，「同等の権利」「本質的平等」「ひとしく」「差別してはならない」といった，平等や公平に関わる言葉が含まれています。

② 身分制度と差別の禁止

現代社会では，国家への多大な功績によって勲章をもらった人であっても，例えば危険な運転行為によって人を死なせてしまった場合には，一般の人と同じように逮捕，起訴され，もし有罪となれば，やはり同じように刑務所に収監されることになります。これに対して，奴隷制度や，血筋や職業に基づく身分制度を採用している社会では，人々は，その身分や地位，他者との力関係などに応じて，異なるルールに従わなければなりません。例えば，人を殺すという行為をした者が，支配階層に属している場合と，一般人である場合では，取り調べのプロセスや，適用される刑罰の内容が異なるものになります。また，同じような犯罪行為であっても，子が親を，使用人が主人を，家来が主君を害した場合には，親が子を，主人が使用人を，主君が家来を害したときに比べて，より重く処罰されることになります。

江戸時代，近世までの日本は，典型的な身分制度のある社会でした。幕府を

第3章　平等

倒して成立した明治政府は，近世までの身分制度を解体するために，「四民平等」という標語を掲げました。職業の選択や，居住地の変更，公務への就任といった多くの事柄について，身分制度に伴っていた制限は取り払われました。

　もっとも，大日本帝国憲法では，その19条が「日本臣民ハ法律命令ノ定ムル所ノ資格ニ応シ均ク文武官ニ任セラレ及其ノ他ノ公務ニ就クコトヲ得」と定めていましたが，「平等」や「同等」「公平」といった概念は明示されていませんでした。大日本帝国憲法は，国家の支配者であり，世襲によってその地位を受け継いでいく天皇が定めたというかたちをとる，欽定憲法でした。大日本帝国憲法を中心とする国家体制は，明治憲法体制と呼ばれることがあります。明治憲法体制では，天皇とその一族である皇族は，一般の国民とは異なる地位を与えられていました。また，天皇制を支えていくための仕組みとして，華族制度，つまり貴族の仕組みも設けられていました。公爵や伯爵，男爵などの地位を与えられた華族もまた，天皇と同様に，世襲によってその地位や財産を受け継いでいくことが特別に認められていました。

　明治憲法体制では，男性が女性に優位する仕組みが数多く採用されていました。女性参政権は，アジア・太平洋戦争における大日本帝国の敗戦によって明治憲法体制が実質的に崩壊するまで，ついに認められることはありませんでした。当時の刑法には，妻の不倫を処罰する姦通罪の規定がありました。当時の民法は，妻である女性の財産を夫である男性が管理することを認めていました。職場や学校でも，男女は異なる地位に置かれていました。

　日本国憲法14条第2項は，「華族その他の貴族の制度は，これを認めない」と定めることで，明治憲法体制における華族制度を名指しで否定しています。また，憲法14条第1項は，「性別」に基づく差別を禁止しています。このように，憲法典には，その国や社会の歴史を色濃く反映した特有のテキストが必ず含まれています。

　日本国憲法14条第1項は，差別が禁止されるカテゴリーとして，「人種」「性別」「信条」「社会的身分」「門地」を列挙しています。これを，14条第1項後段の列挙事由と呼びます。同項は，句点で区切られているわけではありません

41

が，国民が法の下に平等であると述べている部分が「前段」，性別などに基づく差別を禁止している部分が「後段」と呼ばれています。

「人種」は，肌の色や髪の毛の特徴などを基準とした区別であり，国籍や民族とは異なる概念です。アメリカ合衆国では，各種の統計の中に，白人（White）やアフリカ系（African American），ラテンアメリカ系（Hispanic）などの「人種」に基づく区分が設けられていることがあります。「信条」には，宗教上の信仰だけではなく，政治や社会に関する思想や信念も含まれます。「社会的身分」が何を指し示しているのかということについては，憲法学でも学説によって見解が異なっています。裁判所は，人間が社会の中で継続的に占めている地位であるとしており，職業や居住地などもこれに含まれる可能性があります。「門地」は，いわゆる家柄のことで，生まれが特定の家系，特に貴族の家系であることを意味しています。

憲法が列挙している事柄の中には，身体や精神の障害の有無や，性的志向（Sexual Orientation）や性自認（Gender Identity）などのカテゴリーは書き込まれていません。しかし，障害をもつことや，性的マイノリティであることを理由とした差別が，人種や性別，信条などに基づく差別に比べて不当なものではないとは言えません。いずれも，差別や不利益を避けるために簡単に変更できるようなものではないためです。憲法学や裁判所は，日本国憲法14条第1項後段の列挙事由以外のカテゴリーを理由とした差別についても，憲法上許されないものがあると考えています。

③ 合理的な差別と平等の基準

私たちの社会には，様々な区別が存在しています。進学できる学校や，受給できる奨学金は，試験で計測される学力に基づいて決められています。所得が多い人には，少ない人に比べて，高い税率が課されています。大半の労働者は，一定の年齢に達すると仕事を辞めなければなりません。採用の時点では，たいていは，一定の年齢以上であることが要求されます。校舎や教員のキャパシテ

第3章　平等

ィには限界があること，担税力に基づく負担の分配は経済格差を是正すること，組織の活力を維持するためには新陳代謝が必要であることをふまえれば，学力や収入，年齢による差別には，一定の合理性があります。

　憲法学や裁判所は，あらゆる差別が憲法の平等原則に違反するのではなく，「不合理な差別」のみが禁止されていると考えています。通俗的には，「区別」をするのはよいけれども「差別」をしてはいけないと言われることもありますが，重要なのは，問題となっている区別や差別が，事柄の性質に即した合理的な根拠をもつものであるのかどうかです。

　平等原則については，裁判所は積極的に司法審査に取り組んでいると言われることがあります。最高裁判所が法令の一部を憲法に違反するとして無効とした判決や決定，いわゆる法令違憲判決は，2023年末の時点で12件あります。平等原則は，その半数の6件と関わっています。また，最高裁判所が初めて示した法令違憲判決も，平等原則に関わるものでした。父母や祖父母という尊属を殺害した者を特別に重く処罰するための刑法の規定が違憲とされた，1973年の尊属殺重罰規定判決です（最大判昭和48（1973）年4月4日）。

　この事件の被告人は，中学生のころから父親による性的虐待を受け続け，約10年間，父親との間にできた子どもを何人も育てるなど，「夫婦同然」の生活を強いられていました。あるとき，家を出て他の男性と結婚したいという話をしたところ，逆上した父親に拘束されたことから，思い余って父親を絞殺し，すぐに自首をしたというのが，裁判所が認定したこの事件の「事実」です。

　現在の刑法199条の殺人罪の法定刑は，「死刑又は無期若しくは5年以上の拘禁刑」です。当時の刑法199条では，法定刑の下限は，3年以上の懲役でした。これに対して，当時の刑法200条は，「自己又ハ配偶者ノ直系尊属ヲ殺シタル者ハ死刑又ハ無期懲役ニ処ス」と定めていました。被告人のおかれていた状況を考慮すれば，父親を殺害した行為を重く処罰することは，相応しくないことは明らかです。

　ところが，尊属殺人を犯した被告人には，執行猶予の付かない刑，いわゆる「実刑」を科すしかありませんでした。刑法が認めている範囲で刑を最大限ま

43

で減軽したとしても，法定刑の下限が無期懲役である尊属殺人の罪を犯した人には，刑の執行を猶予することはできませんでした。実際，原審は，被告人に懲役3年6か月の実刑を科していました。なお，現在の刑法25条第1項は，被告人が「3年以下の拘禁刑又は50万円以下の罰金の言渡しを受けたときは，情状により，裁判が確定した日から1年以上5年以下の期間，その刑の全部の執行を猶予することができる」と定めています。刑の執行を一定の期間猶予された場合，その期間中に問題を起こさなければ，被告人は，刑務所に入ることはありません。

　最高裁判所は，刑法200条の規定は日本国憲法14条第1項に違反して無効であるとした上で，刑法199条の殺人罪を適用して，被告人を懲役2年6か月，執行猶予3年に処しました。裁判所によれば，尊属殺人を通常の殺人よりも重く処罰する目的は，父母や祖父母を敬い，その恩には報いなければならないという道徳を維持するためです。多数意見は，尊属殺人罪の立法目的は正当であると判断しました。しかし，その法定刑を死刑と無期懲役に限定していたことは，正当な立法目的を達成するために必要な限度をはるかに超えるものであるとされました。

　刑法199条の法定刑にも，死刑や無期懲役が含まれていました。したがって，もし尊属殺人罪の規定が存在しなかったとしても，悪質な尊属殺人をした者を重く処罰することは可能でした。刑法200条は，同じ殺人という行為に対して，被害者と加害者の関係性，親子の関係を理由として，極めて重い刑罰のみを科そうとしている点に特徴がありました。

　似たような仕組みとして，明治憲法体制の下での大逆罪があります。当時の刑法は，天皇に危害を加えた者には，未遂であっても死刑のみを科していました。「臣」である国民と，「君」である天皇の関係性が，極刑を科す理由です。明治憲法体制では，臣民は，「天皇の赤子」であると言われていました。家族関係，私的な領域における「親を敬いなさい」という規範が，国家と国民の関係，公的空間における「天皇を敬う」という構図と重ねられていたのです。尊属殺人罪については，「親を敬いなさい」という前近代的な道徳の規範を刑法

によって実現しようとすることへの批判もありました。

④ 親子関係と平等

　各人の能力や地位，属性などに基づいて異なる内容の責務や権利を認めることが，すべて不合理というわけではありません。刑法には，身分犯と呼ばれる犯罪の類型があります。特に公務員については，その権限が適切に行使されるように，取り調べにおける暴行や，職務に関する賄賂の授受を特別に重く処罰する仕組みがあります。こうしたルールを守れそうにない人は，公務員にはなるべきではありません。また，個人的な利益を優先させたい人は，公職からは退くべきでしょう。自らの意思と選択に基づいて，より重い責務を引き受けることそのものは，平等の問題を引き起こしません。

　反対に，自分自身ではどうにもならないような事情を理由にして，同等の権利や責務をもつことができないようにされているときには，平等原則に違反する疑いは高くなります。例えば，親と子の関係，子どもとしての地位は，子どもにとっては，自分で選ぶことはできないものです。「産んでくれなんて頼んでない」というフレーズは，思春期の子どもと親の関係を象徴するものでもありますが，一面では，真実を指摘した鋭い言葉です。確かに，子は，自らの意思や選択によって生まれてくるわけではありません。

　正式な婚姻をしている男女の間に生まれた子どもは，嫡出子と呼ばれます。婚姻していない男女の間に生まれた子どもは，非嫡出子です。婚外子という言い方や，差別的なニュアンスがあるため最近は使用されませんが，私生児という言い方もあります。

　日本では，子どもが嫡出子であるかどうかに基づいて，様々な差別がされてきました。例えば，2004年に見直されるまで，嫡出子である子どもとそうではない子どもは，戸籍におけるその父母との続柄欄の表記でも区別をされていました。前者は「長男」や「二女」と表記されていたのに対して，後者は，単に「男」「女」と記載されていました。

相続することができる財産の割合も，嫡出子と非嫡出子との間では差別がありました。財産を相続される人，被相続人が誰にどのくらいの財産を渡すのかを遺言によって指定していない場合や，財産を相続する人，相続人の間で遺産分割の割合が決められなかった場合に，民法は，相続人と被相続人との関係性に基づいて，一定の割合の相続分を定めています。これを法定相続分と呼びます。現行法では，配偶者と子どもがいる被相続人が死亡したときには，配偶者に2分の1，子どもに2分の1が割り当てられます。残された財産が3,000万円である場合，相続人である配偶者は1,500万円を受け取ることができます。子どもは，人数に応じて2分の1をさらに分け合うことになるので，子どもが2人ならば，それぞれ750万円を相続することができます。なお，被相続人が死亡した際に，生存している配偶者や子どもがいない場合には，兄弟姉妹や父母に法定相続分が割り当てられることもあります。

　2013年に改正される前の民法900条第4号但書は，遺産分割をするときの非嫡出子の法定相続分を嫡出子の半分，2分の1としていました。上の例で，子どものうちの1人が，非嫡出子であったとします。嫡出子であるもう1人の子どもは，1,500万円のうちの1,000万円を，非嫡出子である子どもは，1,000万円の2分の1の金額，つまり500万円を相続することができました。

　法定相続分の差別は，婚姻をしている夫婦の間に生まれた子どもに被相続人がより多くの財産を残すことができるようにすることで，法律上の夫婦を軸とした家族を保護するためのものであるとされていました。民法が想定していたのは，夫である男性が，法律上の結婚をしている妻である女性だけではなく，他の女性との間にも子どもを設けているという状況だったと思われます。このような場合に，正式な結婚によって生まれた嫡出子に，「妾の子」である非嫡出子よりも多くの財産を受け継がせるためのルールでした。

　しかし，嫡出子であっても，非嫡出子であっても，被相続人の子どもという点では事情は同じです。さらに，子どもは，両親が法律上の結婚をしているかどうかを決めることはできません。2013年に最高裁判所は，当時の民法900条第4号但書の規定は，日本国憲法14条第1項に違反していると判断しました

46

第3章　平等

（最大決平成25（2013）年9月4日）。裁判所は、「父母が婚姻関係になかったとい
う、子にとっては自ら選択ないし修正する余地のない事柄を理由としてその子
に不利益を及ぼすことは許されず、子を個人として尊重し、その権利を保障す
べきであるという考え方が確立されてきている」と述べています。

　なお、1995年の時点では、最高裁判所は、非嫡出子の法定相続分の差別は、
法律婚を優先するための仕組みであり、憲法に違反しないと判断していました
（最大決平成7（1995）年7月5日）。2013年の決定の中で、最高裁判所は、約20
年の間に結婚や家族に関する人々の考え方が変化してきたことを指摘していま
す。国会は直ちに、2013年12月に民法を改正しました。現在の民法900条第4
号は、「子、直系尊属又は兄弟姉妹が数人あるときは、各自の相続分は、相等
しいものとする」と定めています。

　両親の婚姻関係の有無が子どもの法的地位に影響を及ぼしていた例として、
国籍の取得があります。日本国憲法10条は、「日本国民たる要件は、法律でこ
れを定める」と述べています。同条を受けて制定されている国籍法は、子ども
の出生時の国籍の付与について、血統主義という考え方を採用しています。こ
れは、日本国籍をもつ人との血のつながり、親子関係があれば、出生時に日本
国籍をもつことができるというものです。これに対して、出生地主義という考
え方は、子どもは出生した場所の国籍をもつことができるというものです。ア
メリカ合衆国やカナダなどが採用しています。

　国籍法2条第1号は、子どもが日本国民となるのは、「出生の時に父又は母
が日本国民であるとき」と定めています。母親が日本人である場合は、出産と
いう事実が親子関係を明確に証明します。父親が日本人であり、母親が外国人
である場合はどうでしょうか。現行の民法772条は、「妻が婚姻中に懐胎した子
は、当該婚姻における夫の子と推定する」と定めています。婚姻している夫婦
の間に生まれた子どもは、日本人である夫の子と「推定」されるため、日本国
籍をもつことができます。また、父親による認知、つまり、自分の子どもであ
ることの確認を生まれる前にされていたとき、胎児認知をされていたときにも、
子どもは日本国籍をもつことができます。

47

日本国民である父から，生まれた後の認知，生後認知を受けた子どもの場合はどうでしょうか。2008年に改正される前の国籍法は，子どもが嫡出子としての身分を得たとき，つまり，父母が婚姻をした場合には，「届出」によって未成年者である子どもは日本国籍を取得できると定めていました。これは，「準正」の要件と呼ばれていました。もし，両親が結婚をしていなければ，父親から生後認知を受けたとしても，子どもは日本国籍を「届出」によって取得することはできませんでした。

　2008年に最高裁判所は，当時の国籍法3条第1項の「準正」の要件は憲法に違反すると判断しました（最大判平成20（2008）年6月4日）。父親から生後認知された子どもを，両親が結婚している「準正子」と，そうではない非嫡出子とに分けた上で，両者に日本国籍の取得の条件に関する区別を設けていたことが，日本国憲法14条第1項に違反する，「合理的な理由のない差別」であるとされたのです。裁判所は，「父母の婚姻という，子にはどうすることもできない父母の身分行為が行われない限り，生来的にも届出によっても日本国籍の取得を認めないとしている点は，今日においては，立法府に与えられた裁量権を考慮しても，我が国との密接な結びつきを有する者に限り日本国籍を付与するという立法目的との合理的関連性の認められる範囲を著しく超える手段を採用して」おり，「その結果，不合理な差別を生じさせているものといわざるを得ない」と述べています。

⑤　投票価値の平等

　日本国憲法44条は「両議院の議員及びその選挙人の資格」について，「人種，信条，性別，社会的身分，門地，教育，財産又は収入によつて差別してはならない」と定めています。14条第1項後段の列挙事由に加えて，「教育」「財産」「収入」が加えられています。

　本書の第4章でも見ていくように，明治憲法体制では，選挙権や被選挙権についても，「性別」に基づく差別がありました。また，当初は，「収入」や「財

産」による差別もありました。日本で導入されたことはありませんが，投票や立候補にあたって学力テストに合格することを求めるのは，「教育」による差別に当たる可能性があります。アメリカ合衆国の一部の州では，黒人の投票を妨害するために，選挙人登録の際に「リテラシー・テスト」が課されていたことがあります。一定の学歴や知的能力を有することを選挙権の行使の要件とするべきという意見もありますが，知能テストのようなものが，弱い立場の人々を排除するために実施されていたという歴史的な事実を見過ごしてはなりません。

　一定の年齢に達したすべての国民が投票や立候補の権利をもつことを，憲法は要求しています。一人ひとりの有権者が，それぞれ，同じ一票をもつことも必要です。さらに，現在では，投じられる一票の影響力，投票の価値もなるべく平等なものでなければならないと考えられています。

　投票価値の不平等とは，どのような現象を示しているのでしょうか。A選挙区には10万人，B選挙区には5万人，C選挙区には2万人の有権者が住んでいるとします。一つの選挙区から1人の議員を選ぶ小選挙区制度が採用されているとすると，A選挙区の有権者は，10万人あたり1人の議員を選ぶことができます。B選挙区では5万人あたり1人，C選挙区では2万人あたり1人を選ぶことができます。A選挙区の有権者1人あたりの投票の価値，選挙の結果への影響力は，B選挙区の2分の1，C選挙区の5分の1しかありません。「一票の格差」が，2倍，5倍になっていると言えます。

　有権者が10人しかいないD選挙区が存在しているとしましょう。広大な土地を所有している貴族とその一族が生活している地域が，丸ごと一つの選挙区になっている様子をイメージしてください。実質的には，親子や親戚同士で投票をして議員を選んでいるようなものです。A選挙区との「一票の格差」は，1万倍になります。19世紀前半のイギリスでは，実際にこのような選挙区が存在しており，「腐敗選挙区（Rotten Borough）」と呼ばれていたそうです。

　日本では，1972年の衆議院議員選挙では4.99倍，1992年の参議院議員選挙では6.59倍もの「一票の格差」が生じていました。ここまで格差が広がった主な

原因は，農村から都市への人口の移動です。進学や就職などのために学校や企業の集まる都市に人々が集まった結果，都市部の人口の増加が急激に進行しました。そして，こうした人口の移動に対応するための選挙区の区割りの見直しを国会が適切に行わなかったことによって，大きな格差が生まれたのです。

　1960年代に，「一票の格差」を是正し，投票価値をより平等なものとするための裁判，定数訴訟が始まります。日本国憲法47条は「選挙区，投票の方法その他両議院の議員の選挙に関する事項は，法律でこれを定める」としています。選挙区の区割りや，選挙区ごとの議員の定数を具体的に定めているのは，公職選挙法という法律です。定数訴訟は，区割りや議員定数に関する公職選挙法の規定が憲法に違反しているかどうかを争う裁判であり，憲法訴訟の一種です。ただし，選挙制度の具体的な設計は，国会に委ねられています。裁判所は，基本的には国会の判断を尊重した上で，投票価値の不平等，「一票の格差」が不合理な水準に至っているような場合に限って，違憲判断をするという立場です。

　どの程度の格差であれば，憲法に違反する不合理な水準に至ったと言えるのでしょうか。2000年代の初めごろまでの裁判所は，概ね，衆議院議員選挙については3倍，参議院議員選挙では5倍程度までは「一票の格差」を許容していました。2010年代に入ると，衆議院は2倍を超える場合，参議院は3倍程度を超える場合に，「一票の格差」が憲法に違反する状態にまで至っているとされる例も出てきます。しかし，よく考えてみると，5倍や3倍はもちろんですが，2倍や1.5倍の格差であっても，かなりの不平等のように感じられます。

　定数訴訟では，「一票の格差」が2倍や3倍を超えて，いわゆる「違憲状態」と認定された場合でも，選挙区の区割りや議員定数を定めた公職選挙法が違憲とされないこともあります。人口の移動が日常的なものであるのに対して，区割りや定数の見直しにはある程度の時間がかかります。裁判所は，国会に対して，「一票の格差」を是正するための一定の猶予期間を与えています。

　さらに，「違憲状態」になってから相当の期間が経過し，選挙の区割りや議員定数を定める法律が違憲とされたとしても，違憲な法律に基づいて行われた選挙が無効とされるとは限りません。最高裁判所は，1972年と1983年に実施さ

50

れた衆議院議員選挙に関する定数訴訟で，選挙の時点の公職選挙法の規定を違憲としながら，いわゆる「事情判決の法理」によって，選挙そのものは有効であると判断しています（最大判昭和51（1976）年4月14日，最大判昭和60（1985）年7月17日）。行政事件訴訟法31条第1項は，裁判所は，違法な行政処分を取り消すと「公の利益に著しい障害を生ずる場合」には，処分が違法であると宣言した上で，処分を取り消さないとすることができると定めています。これを事情判決と呼びます。

　もし選挙を無効にしてしまうと，その選挙で当選していた議員たちは失職します。議員がいなければ，議会での審議はできません。直ちにもう一度選挙をして，議員を選び直したいところですが，肝心の公職選挙法の規定が違憲なままです。違憲な法律に基づいてもう一度選挙をしても，やはり違憲な選挙のままです。投票価値が平等になるような選挙法を作らなければならないのですが，法律を作る仕事をする議員は，選挙が無効であるために失職してしまっています。定数訴訟では，事情判決をすることは認められていません。しかし，裁判所は，「行政事件訴訟法の規定に含まれる法の基本原則の適用により，選挙を無効とすることによる不当な結果を回避する裁判をする余地もありうる」と述べて，違憲かつ有効という判断をしたのです。

　高等裁判所の中には，選挙を直ちに無効とするのではなく，一定の期間の経過後に選挙無効の効果が発生するという判断を示したものがあります（広島高判平成25（2013）年3月25日）。これは，「将来効判決」と呼ばれています。いずれにしても，国会は，「一票の格差」を是正するための努力を継続していかなければなりません。

6　平等と権利

　憲法は私たちに「平等権」を保障していると言われることがあります。「平等権」という言葉は，憲法による平等の保護や差別の禁止とほぼ同じような意味で使用されることもあるようです。もっとも，憲法の平等原則と関わる論点

をすべて法的権利の問題として論じることは，困難であり，また，適切でもないと私は考えています。

　確かに，権利や責務の問題は，不平等や差別とも深く結びついています。ある権利や，それに相関する責務が，特定の属性を備えた人たちだけに与えられているとき，あるいは与えられていないときに，私たちは，それは差別や不平等ではないかという疑いを抱きます。男性だけに投票や政治活動をする権利が認められている社会では，女性は，投票や政治活動をしない義務（Duty）を負っており，投票や政治活動をする特権（Privilege）をもちません。そうすると，憲法によって保護されている「平等権」とは，投票や政治活動といった重要な事柄と関わる権利を奪われたり，与えられなかったりすることを防ぐための免除権（Immunity）の一種であると言えます。

　もっとも，こうした場面では，権利の平等な付与というよりは，権利の付与そのものに焦点が当てられているように思います。女性が投票権をもたないとき，男性からも投票権を奪えば，男女は権利において平等になります。それでいいのだ，と考える人もいるかもしれませんが，通常は，女性にも投票権を与えるべきであるという主張がなされているはずです。ここでは，ある特定の権利を保護するべきという，権利の付与に関する理由付けの方が，より重要になります。

　最高裁判所は，憲法の平等原則が問題になっているときには，法的権利の制限というよりは，人の属性や地位によって異なるルールが適用されることの是非という観点から，その分析をしているようです。尊属殺重罰規定判決では，加害者と被害者の関係性によって，殺人という行為に適用される刑罰のルールが大きく異なっていたことが，著しく不合理な差別であるとされました。また，非嫡出子相続分差別違憲決定や，国籍法違憲判決では，嫡出子と非嫡出子，「準正子」とそうではない子どもの間で異なる内容のルールが適用されていたことが，やはり憲法違反とされました。本書の第10章でも見ていく女子再婚禁止期間の規定も，男女に異なるルールを適用していました。これらの事例には，日本国籍を取得する特権や，相続財産を引き渡すことを求める請求権（Claim），

婚姻をする特権といった法的権利も，確かに関わっています。ただし，これらの権利を与えているルールが，本人にはどうすることもできない法的な地位に基づいて，差別的に適用されていることが，違憲判断の理由になっています。

　日本における定数訴訟は，公職選挙法に基づく選挙無効訴訟という，いわゆる客観訴訟を通じて行われています。客観訴訟は，裁判の原告の権利や利益の保護ではなく，客観的な法秩序の維持を目的とした訴訟です。定数訴訟では，一人一票の原則から導き出される投票価値の平等の要請が，実際の選挙制度に反映されているのかどうかが争点になります。したがって，ここでは，当事者の間の法的関係である権利や責務には焦点が当てられていません。

☑コラム④　法における「推定」

　法における「推定」という言葉は，反証がない限りはそのように決めておくという意味で使われます。妻が産んだ子どもは，その夫の子どもであると「推定」されます。しかし，夫が，刑務所に収監中であったり，長期間海外に単身赴任していたり，DNA 鑑定によって子どもとの血のつながりがないことが証明されたりしたときには，「推定」は覆されて，子どもの父親が夫以外の男性であるとされることはあり得ます。刑法では，被告人は無罪の「推定」を受けます。罪を犯したという十分な証拠があれば，被告人は有罪になります。

第4章	選挙

① 「公選」の議会

　明治元年に当たる1868年に，天皇が神々や先祖に誓ったもの，「誓文」というかたちで，新政府の基本方針が公表されました。いわゆる「五か条のご誓文」です。その中に，「広ク会議ヲ興シ万機公論ニ決スベシ」という有名な一文があります。後半部分の「万機公論ニ決スベシ」とは，政治に関する重要な事柄，「万機」は，世の中の多くの人々の意見，「公論」に従って決めるべきであるという意味です。前半部分の「広ク会議ヲ興シ」という文章が，何を，どこまで想定して書かれたものなのかについては議論がありますが，話し合い，会議という仕組みを普及させようという意気込みは感じられます。

　議会制度の導入と定着は，日本の近代化のプロセスの中で，一貫して重要な課題の一つでした。もちろん，明治初年の「五か条のご誓文」から一直線に議会や選挙の仕組みが実現していったわけではありません。

　新政府は，当初，幕府を倒すときに功績があった人々を中心に運営されていました。こうした人々の間でも，外交や内政の方針に関する争いが起こるようになります。中央での政策論争に敗れて下野した有力者が担がれた大規模な内乱や，政府の要人の暗殺事件も起きました。

　新政府から離脱した人々の中には，板垣退助や大隈重信のように，いわゆる自由民権運動を通じて，権利保障と議会政治の導入を強く主張した人たちがいます。政治や社会に関する意見の対立を，暗殺や内乱などの実力行使ではなく，言論や出版，集会，選挙，議会審議を通じて解決していくことは，国家や社会の安定にとっても重要であったと言えます。

1874年に，板垣らは，議事・立法機関として設立されていた左院に対して，「民選議院設立建白書」を提出します。翌年の1875年に明治天皇は，「漸次立憲政体樹立の詔」を発して，元老院や大審院を設置し，地方官を召集すること，段階的に立憲政体に移行していくことを表明します。さらに翌年の1876年には，「広ク海外各国ノ成法ヲ斟酌」して，「国憲」の案，つまり憲法典の草案を作成するように元老院に指示をする勅命が発せられています。

1881年には，1890年，明治23年までに国会を開設することを約束する勅諭も出されています。明治政府にとって，議会制度の外観を作ることは，内政だけではなく，外交の観点からも極めて重要でした。この時期の日本は，「文明国」の仲間入りをして，国際社会の一員として認めてもらうために，国家や社会の近代化，文明化に猛烈に取り組んでいました。「文明国」である欧米の国々は，「非文明国」との間で結ぶ条約と，「文明国」同士で結ぶ条約では，内容に違いを設けていました。「非文明国」である日本は，欧米の国々との関係では，領事裁判権や関税自主権などの点で不利な内容の条約を結ばざるを得なかったのです。こうした不平等条約を対等な内容の条約に換えること，「条約改正」が新政府の重要な課題の一つだと考えられていました。

欧米の国々と対等な国家になるためには，そうした国々と同水準の内容の民法や刑法などの法典を整備した上で，裁判所による公正な法の適用を確立しておかなければなりません。また，こうした法典の制定や改正の仕事に携わる議会を置くことも必要です。多くの「文明国」では議員が投票によって選ばれていることも，広く知られるようになります。

まず，商取引や，結婚や相続などの家族関係，犯罪と刑罰に関するルールの整備が進められます。欧米の国々の，当時先進的であると考えられていた民法典や刑法典を参考にしながら，急ピッチで法典が編纂されていきました。裁判所の仕組みや，軍隊を含めた官僚機構の整備も，やはり外国の仕組みを参考にしながら，並行して進められていきます。近代以降の日本の法制度は，外国法の継受を通じて発展していったため，欧米の国々にそのルーツを求めることができるものが数多くあります。

イギリスやフランス，アメリカ合衆国などの，当時の，そして現在でも有力な国々は，いずれも議会制度を備えています。人々の知恵や力を結集する上で，議会や選挙は，有用な装置でもあるのです。議会制度を定め，参政権や公務就任権，選挙には欠かせない言論や出版，集会などの活動に関する権利を保障するのは，近代立憲主義の憲法の役割です。

　実際に憲法典が制定されるまでには，かなりの時間がかかりました。元老院が作成した憲法草案は，女性・女系天皇を認めるなどの特徴もありましたが，岩倉具視などの政府首脳の反対もあり，採用されませんでした。その後，憲法典の起草の責任者となった伊藤博文は，1882年から1883年にかけて，憲法調査のためにヨーロッパに長期間滞在します。帰国した伊藤は，井上毅や伊東巳代治ら法制官僚とともに，ヘルマン・ロエスレルやアルベルト・モッセの助言も受けながら，憲法草案の準備に取り組みました。

　1889年に公布された大日本帝国憲法は，その35条で「衆議院ハ選挙法ノ定ムル所ニ依リ公選セラレタル議員ヲ以テ組織ス」と定めていました。憲法の公布と同時に，選挙の仕組みについて定めた衆議院議員選挙法も公布されます。この法律は，憲法が規定する制度や仕組みを具体化するための法律，いわゆる「憲法附属法」の一種です。

　なお，大日本帝国憲法33条は，「帝国議会ハ貴族院衆議院ノ両院ヲ以テ成立ス」と定めており，34条は，「貴族院ハ貴族院令ノ定ムル所ニ依リ皇族華族及勅任セラレタル議員ヲ以テ組織ス」と定めていました。貴族院は，世襲の皇族議員や華族議員だけではなく，国家に対する功績や学識が認められ，天皇に選ばれた勅選議員によって組織され，憲法上の権限は衆議院とほぼ対等でした。

②　制限選挙の時代

　明治憲法は，衆議院議員の「公選」を規定していましたが，国民が選挙権や被選挙権をもつことを正面から認めていたわけではありません。衆議院議員選挙法も，制定された当初は，現代の感覚では「選挙権」という言い方をするべ

き部分を「選挙人ノ資格」としていました。もっとも、「選挙権」という文言がなかったわけではありません。「選挙ニ関ル犯罪ニ由リ選挙権及被選権ノ停止中ノ者」は「選挙人及被選人タルコトヲ得ズ」という規定も、当初から置かれていました。

　明治憲法体制の選挙制度の特徴は、制限選挙です。制限選挙とは、選挙権や被選挙権をもつための条件として、年齢以外の要件、例えば、財産や教育などの要件を設けている仕組みのことです。1889年の衆議院議員選挙法は、「選挙人ノ資格」として、直接国税15円以上を納めていること、選挙区のある府県に1年以上居住していること、25歳以上の「日本臣民ノ男子」であることを規定していました。1890年に実施された第1回の衆議院議員選挙における有権者の国民全体に占める割合は、1％程度に留まりました。

　それでも、いったん選挙が始まり、公選された衆議院議員たちが議会審議を通じて政府の立法や予算、政策をチェックし始めると、選挙をより民主的なものにするべきという考え方が広まっていきます。人々から選ばれ、人々を代表している議員は、なるべく多くの人々から支持を得ることで、自分自身の発言力や影響力を高めようとします。多くの人が選挙権をもち、投票をすることができるようになれば、国政における衆議院とその議員の地位も高まるのです。

　人々の間でも、選挙権がごく一部の人々にだけ与えられていることへの不満が高まっていきました。選挙権を収入や財産にかかわらず平等に与えるべきであるという主張には、多くの支持が集まるようになります。税金や兵役、教育、福祉など、私たちの生活にとって重要な事柄を、政治は決定しています。自分たちに関わりのある問題を、自分たちとはおよそ関係のないところで決められている限り、自治や自由はありません。

　明治末期から大正期にかけて、財産や収入の要件を撤廃して、すべての成人男性に選挙権を付与すること、普通選挙の実現を目指す運動が盛んになります。これは普選運動とも呼ばれていました。「稲は誰が刈る木は誰がきこる、コリャコリャ、おらに選挙権何故くれぬ」「血潮流して連隊旗染めた、コリャコリャ、おらに選挙権何故くれぬ」「万機公論と宣うじゃないか、コリャコリャ、

おらに選挙権何故くれぬ」という一節をもつ歌，デカンショ節も謳われていました。「五か条のご誓文」は，この時点ですでに，おそらくその書き手の意図を離れて，大衆の選挙権を基礎付けるものとして解釈されていたようです。

1900年に，衆議院議員選挙法における「選挙人ノ資格」の章は，「選挙権及被選挙権」に改められ，納税要件も緩和されました。このときの有権者数は，300万人ほどです。そして，1925年の衆議院議員選挙法の改正によって，納税要件は撤廃され，25歳以上の「帝国臣民タル男子」に選挙権が与えられるようになりました。1920年代は，明治憲法体制において，自由主義が進展し，「憲政の常道」が定着した，いわゆる大正デモクラシーの時期でもあります。

ただし，1928年の選挙でも，有権者数は約1,200万人であり，国民全体の20％ほどに留まりました。普選運動によって実現したのは，男子普通選挙だったからです。人口の約半分を占めている女性は，引き続き，投票や立候補をすることはできませんでした。また，当時の選挙権年齢が25歳であったことも，有権者数の全人口に占める割合が少なくなっていた原因の一つです。

選挙権年齢の引き下げや，女性参政権の実現のための提案は，帝国議会でも何度かなされていました。こうした提案に対して，政府が賛同した場面も何度かありました。しかし，明治憲法体制では，最後まで，完全な普通選挙制度や，選挙権年齢の引き下げが実現することはありませんでした。

③　日本国憲法における選挙権

日本で初めて完全な普通選挙が実施されたのは，アジア・太平洋戦争に敗北した日本が連合国軍によって占領されていた1946年4月のことでした。前年の1945年12月に衆議院議員選挙法が改正され，女性にも選挙権と被選挙権が与えられました。同時に，選挙権年齢も20歳に引き下げられています。有権者数は3,700万人，全人口に占める割合は49％ほどまで拡大します。戦死者や未帰還者が多数いたことを反映して，男性の有権者数は，女性に比べてかなり少なくなっていました。

第4章　選挙

　日本が占領され，連合国軍による間接統治の下に置かれることは，1945年8月14日に日本政府が受諾したポツダム宣言によって定められていました。ポツダム宣言は，日本政府に対して，基本的人権の尊重や，民主主義の復活と強化などを求めており，自由で民主的な，平和的な国家に日本が生まれ変わることが占領の終結の条件であるとしていました。日本政府は，連合国軍総司令部，GHQ の指示や助言を受けながら，政治活動や思想，宗教を弾圧するための仕組みを廃止したり，労働者や女性，子どもの保護のための立法を行ったりしていました。選挙制度の改革は，民主主義の強化のためには必要不可欠でした。

　日本国憲法15条第1項は，「公務員を選定し，及びこれを罷免することは，国民固有の権利である」としています。また，43条第1項は「両議院は，全国民を代表する選挙された議員でこれを組織する」と定めています。大日本帝国憲法とは異なり，選挙を通じて私たちの代表者である国会議員を選出する権利，選挙権は，国民がもつ「固有の権利」であると明確に示されています。さらに，日本国憲法の下では，国会議員だけではなく，地方公共団体の長と議会の議員も公選されます。現在では，これらの選挙制度全般について定める公職選挙法が制定されています。公職選挙法1条は，「この法律は，日本国憲法の精神に則り，衆議院議員，参議院議員並びに地方公共団体の議会の議員及び長を公選する選挙制度を確立し，その選挙が選挙人の自由に表明せる意思によつて公明且つ適正に行われることを確保し，もつて民主政治の健全な発達を期することを目的とする」と述べています。

　日本国憲法15条第3項は，「成年者による普通選挙」を保障しています。「成年者」になる年齢，成人年齢について，憲法は特に定めていません。2015年までは，選挙における投票が可能になる年齢は，20歳でした。国民は，民法上の成年に達する20歳になるのと同時に，選挙権を得ていました。

　国際的には，18歳から選挙権を認めている国が多いと言われています。日本では，2015年の公職選挙法の改正によって，選挙権年齢が18歳に引き下げられました。いわゆる18歳選挙権です。翌年の有権者数は，約1億620万人となり，全人口に占める割合は83％にまで増加しました。

59

選挙権の年齢要件は，何か特別な根拠によって必ず一つに定まるわけではありません。もちろん，０歳児や１歳児に投票をする権利を与えても，投票を自分の意思や判断で行うことは困難であるため，限度というものはあります。しかし，17歳でも，19歳でも，18歳６か月でもなく，18歳でなければならないということの理由は，憲法からは引き出すことはできません。そのため，国や地域，社会によって，また，時代によって，選挙に関する年齢要件は異なっています。

④　選挙権の制限

　公職選挙法11条第１項は，「選挙権及び被選挙権を有しない者」を列挙しています。現在では，「拘禁刑以上の刑に処せられその執行を終わるまでの者」や，「選挙，投票及び国民審査に関する犯罪により拘禁刑に処せられその刑の執行猶予中の者」など，刑罰を科されるような罪を犯した人がその対象となっています。ところが，2013年の公職選挙法の改正以前は，同項第１号には，「成年被後見人」と規定されていました。

　民法７条は，「精神上の障害により事理を弁識する能力を欠く常況にある者」について，家庭裁判所は，本人や家族などの請求に基づいて，「後見開始の審判」をすることができると定めています。認知症などの精神上の障害によって本人の判断能力が十分ではない場合に，本人の代わりに契約を結んだり，取り消したり，財産を管理したりする権限を与えられた成年後見人を選任することができます。後見される側が，成年被後見人です。

　精神上の障害などのために自分の財産を適切に管理することができない人を保護するための仕組みは，成年後見制度が導入される前は，禁治産制度と呼ばれていました。1950年に制定されたときの公職選挙法は，「選挙権及び被選挙権を有しない者」として，「禁治産者」を挙げていました。さらにさかのぼると，衆議院議員選挙法は，「瘋癲白痴ノ者」や，「身代限ノ処分ヲ受ケ負債ノ義務ヲ免レザル者」は選挙人にはなれないと定めていました。「瘋癲」は，精

第4章 選挙

神状態が正常ではないこと,「白痴」は,知能が著しく劣っていることを意味する言葉です。「身代限」は,現在でいうところの破産のようなものです。財産を自由に使ったり,売却したりすることができなくなっている状態です。

精神障害をもつ人たちは,自分たちを保護するための仕組みを利用することと引き換えに,自分たちの代表者を選ぶための権利を失っていたと言えます。2013年に裁判所は,成年被後見人から選挙権を奪うことは,選挙権に対するやむを得ない制限ということはできないため,日本国憲法15条第1項,同条第3項,43条第1項,44条但書に違反すると判断しました(東京地判平成25(2013)年3月14日)。政府はこの判決に対する控訴をしませんでした。国会は,公職選挙法11条第1項第1号の記述を削除するために,すぐに公職選挙法を改正しました。

東京地方裁判所の判決は,選挙権や議会制民主主義にとって重要な事柄をよく示しているように思いますので,少し長くなりますが,その一部を引用します。

「憲法が,我が国民の選挙権を,国民主権の原理に基づく議会制民主主義の根幹として位置付け,国民の政治への参加の機会を保障する基本的権利として国民の固有の権利として保障しているのは,自らが自らを統治するという民主主義の根本理念を実現するために,様々な境遇にある国民が,高邁な政治理念に基づくことはなくとも,自らを統治する主権者として,この国がどんなふうになったらいいか,あるいはどんな施策がされたら自分たちは幸せかなどについての意見を持ち,それを選挙権行使を通じて国政に届けることこそが,議会制民主主義の根幹であり生命線であるからにほかならない」「我が国の国民には,望まざるにも関わらず障害を持って生まれた者,不慮の事故や病によって障害を持つに至った者,老化という自然的な生理現象に伴って判断能力が低下している者など様々なハンディキャップを負う者が多数存在する」「そのような国民も,本来,我が国の主権者として自己統治を行う主体であることはいうまでもないことであって,そのような国民から選挙権を奪うのは,まさに自己統治を行うべき民主主義国家におけるプレイヤーとして不適格であるとして,

61

主権者たる地位を事実上剥奪することにほかならない」。

　選挙権を誰に与えるのかという判断は，私たちの社会の構成員を決めるという側面があります。人種や性別，財産などに基づいた差別や排除は，しばしば，選挙権の制限とも結びついてきました。憲法は，選挙権を「国民固有の権利」であるとしています。上で引用した東京地方裁判所の判決も，選挙権は「国民」の権利であるという前提に立っています。明治憲法体制における衆議院議員選挙法も，「日本臣民」や「帝国臣民」に選挙権を与えていました。なお，当時の「臣民」には，日本国籍をもつ人だけではなく，朝鮮半島や台湾などの外地の戸籍をもつ朝鮮や台湾の人々も含まれていました。帝国議会には，朝鮮半島出身の衆議院議員や華族議員，台湾出身の勅選議員も在籍していました。アジア・太平洋戦争の末期には，外地でも衆議院議員選挙を実施するための法改正がなされたりもしています。

　外国人の権利についてのリーディング・ケースであるマクリーン事件で，最高裁判所は，「基本的人権の保障は，権利の性質上日本国民のみをその対象としていると解されるものを除き，わが国に在留する外国人に対しても等しく及ぶ」と述べています（最大判昭和53（1978）年10月4日）。日本の永住資格を得ている定住外国人の住民に地方参政権を認めていないことが憲法に違反するかどうかが争点となった訴訟で，最高裁判所は，「公務員を選定罷免する権利を保障した憲法15条1項の規定は，権利の性質上日本国民のみをその対象とし，右規定による権利の保障は，我が国に在留する外国人には及ばないものと解するのが相当である」と述べています（最3小判平成7（1995）年2月28日）。日本国憲法93条第2項は，「地方公共団体の長，その議会の議員及び法律の定めるその他の吏員は，その地方公共団体の住民が，直接これを選挙する」と定めています。裁判所によれば，この「住民」とは，「地方公共団体の区域内に住所を有する日本国民」のことであり，外国人である住民に地方参政権が保障されているわけではありません。

　もっとも，その土地に長く暮らし，共通のルールに従って生活している外国人にとっては，国籍は違っていたとしても，教育や福祉，公衆衛生，治安など

第4章 選挙

の問題についての関心や利害は，私たち国民と共通のものであると考えること
もできます。もし政治というものが，人々の共通の関心や利害の調整であると
するならば，そうした調整のプロセスに投票というかたちで参加する権利は，
なるべく広く認めておくべきかもしれません。

　ただし，もしこのように考えたとしても，観光や留学，仕事などのために一
時的に日本に滞在している外国人にまで選挙権を認める必要があるとは言えま
せん。「固有の権利」をもつとされる国民だけではなく，外国人にも選挙権を
認めるときには，選挙権を誰に付与するのかという線引きをしなければなりま
せん。こうした線引きをするのは，基本的には国会であり，条例に基づく住民
投票の権利については，地方公共団体の議会です。

　日本国憲法79条第2項は，「最高裁判所の裁判官の任命は，その任命後初め
て行はれる衆議院議員総選挙の際国民の審査に付し，その後10年を経過した後
初めて行はれる衆議院議員総選挙の際更に審査に付［す］」と定めています。
最高裁判所の裁判官を国民が投票によって罷免することができる国民審査の仕
組みは，比較法的にも珍しいものであると言われています。国民審査のプロセ
スなどを定めたルールとして，「最高裁判所裁判官国民審査法」も制定されて
います。

　国民審査は，衆議院議員総選挙と同じタイミングで，同じ投票所を使って実
施されています。ただし，両者の投票の方法はかなり異なります。現在の国政
選挙では，当選させたい候補者や，支持する政党の名称を投票用紙に自書，記
入します。なにも記入されていない票，白票は，どの候補者や政党にも入らな
い棄権票として扱われます。国民審査については，日本国憲法79条第3項は，
「前項の場合において，投票者の多数が裁判官の罷免を可とするときは，その
裁判官は，罷免される」と定めており，国民審査法32条は，「罷免を可とする
投票の数が罷免を可としない投票の数より多い裁判官は，罷免を可とされたも
のとする」と定めています。

　現行の国民審査の仕組みでは，有権者は，審査対象となっている裁判官につ
いて，罷免をしたいときにはバツ印をつけ，そうではないときには何も記載を

63

せずに，投票をすることになっています。この仕組みでは，ある裁判官を罷免するべきであるという積極的な意思表示をした有権者の数だけが，正確に集計されることになります。罷免する必要はないという積極的な意思に基づいてバツ印を記載しなかった有権者の票と，罷免するべきかどうかよくわからないので何も記入しなかった有権者の票は，一体として，「罷免を可としない投票」として集計されてしまうのです。

　最高裁判所は，「裁判官国民審査の場合は，投票者が直接裁判官を選ぶのではなく，内閣がこれを選定するのであり，国民は只或る裁判官が罷免されなければならないと思う場合にその裁判官に罷免の投票をするだけで，その他については内閣の選定に任かす建前であるから，通常の選挙の場合における所謂良心的棄権という様なことも考慮しないでいいわけである」と述べています（最大判昭和27（1952）年2月20日）。国民審査が，裁判所の言うように，「解職の制度」であるとしても，その投票結果には有権者の意思がなるべく正確に映し出されるべきではないでしょうか。なお，これまで国民審査によって罷免された最高裁判所の裁判官は一人もいません。「罷免を可」とする投票の割合は，最も多かった裁判官でも約15％です。

⑤　選挙権の行使

　日本国憲法93条第2項は，地方公共団体の長や議会の議員は，住民が「直接これを選挙する」としています。直接選挙と対比される仕組みは，間接選挙です。内閣総理大臣の選出は，国政選挙の有権者の立場から見ると，一種の間接選挙と言えます。私たちは，国政選挙での投票や，世論調査への回答などを通じて，内閣総理大臣の選出に一定の影響を及ぼすことができます。しかし，有権者は，内閣総理大臣を直接選出することはできません。有権者が直接選出することができるのは，衆議院議員と参議院議員であり，内閣総理大臣は，彼らの投票によって選ばれるのです。

　間接選挙の仕組みは，情報通信技術や移動手段が未発達だった時代には，そ

れなりに合理性がありました。インターネットやテレビ，ラジオなどが存在せず，連絡手段は手紙や電信，移動手段も徒歩か馬，馬車という状況では，まず近隣の地域の住民がどこかに集まって代表者を直接選び，そうして選ばれた人々がまたどこかに集まって，さらに代表を決めていくというやり方は，むしろ合理的なものでした。広大な国土を有しているアメリカ合衆国の大統領と副大統領は，現在でも，形式的には間接選挙によって選ばれています。有権者は，大統領を選ぶ選挙で投票することができる大統領選挙人を，直接選挙で選びます。ただし，大統領選挙人選挙に立候補する人々は，当選した場合にはどの大統領候補と副大統領候補に投票をするのかをあらかじめはっきりと示しているので，有権者の側から見ると，大統領になってほしい人に直接的に票を投じているのに近いかたちになっています。

　国民の誰もが選挙権をもつことや，投票価値が平等であること，代表者を有権者が直接選ぶことは，公正な選挙のための基本原則であると考えられています。さらに，有権者が選挙権をなるべく自由に行使することができるようにしておくことも重要です。投票する候補者や政党を強制されたり，特定の候補者への投票をしたこと，あるいは，しなかったことを理由に経済的な恩恵を受けたり，不利益や処罰を受けたりするような状態では，私たちが自由な意思に基づいて投票をしているとは言えません。

　日本国憲法15条第4項は，「すべて選挙における投票の秘密は，これを侵してはならない」と定めています。有権者の自由な意思に基づく投票を保障するためには，投票の秘密が厳格に守られることも必要です。公職選挙法52条は，「何人も，選挙人の投票した被選挙人の氏名又は政党その他の政治団体の名称若しくは略称を陳述する義務はない」と定めています。陳述をする義務（Duty）がないのであれば，陳述をしない特権（Privilege）が有権者には保障されています。さらに，陳述を強制させない請求権（Claim）も保障されていると考えるべきでしょう。こうした特権や請求権と，免除権（Immunity）の要素が組み合わされた「分子」の構造を備えた法的権利が，憲法と公職選挙法によって保護されていると言えます。

さらに，有権者が選挙権を行使する機会が実際に確保されていることも重要であると考えられるようになっています。公職選挙法は，選挙における投票は，選挙の期日，いわゆる「投票日」に，決められた場所である投票所で行うことを原則としています。「投票日」には，地域の公民館や小学校の講堂，体育館などに投票所が設置され，多くの人がそこで投票をします。現在では，選挙の告示や公示から選挙の期日の前日までの期間にも，様々な場所で投票をすることができます。選挙の期日よりも前に投票をすることから，これを期日前投票と呼びます。投票日に仕事や旅行などの予定があっても，その前に投票を済ませることができます。

　選挙期間中に期日前投票所での投票をすることも難しいような場合には，どうすればよいでしょうか。例えば，長期間の航海に出ているような場合には，乗船している船からファクシミリを利用して投票をする，洋上投票の仕組みがあります。また，重い障害があり投票所に赴くことが困難な場合には，郵便による投票をすることもできます。これらは，不在者投票と呼ばれる仕組みです。

　留学や海外赴任などのために，外国に一時的に居住をしているような場合はどうでしょうか。海外に居住している日本人のことを，在外邦人や在外国民と呼びます。以前は，在外国民は，選挙人名簿に登録されていなかったため，投票をすることはできませんでした。1998年に公職選挙法が改正され，在外選挙の仕組みが導入されました。選挙権をもつ在外国民は，在外選挙人名簿への登録をした上で，日本の大使館や領事館などの在外公館に設置される投票所での投票や，日本国内の選挙管理委員会宛の郵送での投票をすることができます。

　在外選挙の実施は，当初，衆議院議員と参議院議員の比例代表選挙だけに限定されていました。2005年に最高裁判所は，在外国民が衆議院議員の小選挙区選挙と参議院議員の選挙区選挙で投票をすることができないのは憲法に違反すると判断しました（最大判平成17（2005）年9月14日）。裁判所は，「国民の選挙権又はその行使を制限するためには，そのような制限をすることがやむを得ないと認められる事由がなければならない」と述べています。

　インターネットをはじめとする情報通信技術の発達や普及によって，私たち

は，海外に居住していても，日本国内の選挙の立候補者や，国会議員や政党などの活動に関する情報を容易に得ることができるようになりました。また，在外国民にとって，本国の政府，日本政府の動向は，文字通り自分たちの命に関わることもあります。パスポートには，「日本国民である本パスポートの所持人を通路故障なく旅行させ，同人に必要な保護扶助を与えられるよう，関係の諸官に要請する」という外務大臣から外国の政府に向けられた要請が掲載されています。政府は，外国に居住している自国民に対する保護や支援の責務を負っています。外国に居住している国民にとって，本国の政府が信頼できる政府であるかどうかは，非常に重要な関心や利害であると言えます。

さらに，最高裁判所は，在外国民の選挙権の行使を認めないことを憲法違反と判断したときとほぼ同様の理由で，在外国民の国民審査権の行使を認めていなかった国民審査法の規定は日本国憲法15条第1項，79条第2項，同条第3項に違反すると判断しています（最大判令和4（2022）年5月25日）。この判決は，最高裁判所による11件目の法令違憲判決です。

なお，この2つの事例では，いずれも，国会が必要な法改正をせずに，在外国民が選挙権や国民審査権を行使することができない状態を続けていたこと，国会の立法不作為が，国家賠償法上も違法な行為であるとされています。国家賠償法1条第1項は「国又は公共団体の公権力の行使に当る公務員が，その職務を行うについて，故意又は過失によつて違法に他人に損害を加えたときは，国又は公共団体が，これを賠償する責に任ずる」と定めています。

ある法律の内容が違憲，違法であるからといって，その法律を制定した行為や，違憲な法律を改正しなかったことが，常に違法と評価されるわけではありません。例えば，最高裁判所は，女子再婚禁止期間を定める民法の規定の一部を違憲であるとしつつ，違憲な法律を改正することを国会が怠っていたとまでは言えないとして，立法不作為の違法はないと判断しています（最大判平成27（2015）年12月16日）。2005年の在外国民選挙権制限違憲判決は，「立法の内容又は立法不作為が国民に憲法上保障されている権利を違法に侵害するものであることが明白な場合や，国民に憲法上保障されている権利行使の機会を確保する

ために所要の立法措置を執ることが必要不可欠であり，それが明白であるにもかかわらず，国会が正当な理由なく長期にわたってこれを怠る場合などには，例外的に，国会議員の立法行為又は立法不作為は，国家賠償法1条1項の規定の適用上，違法の評価を受ける」と述べています。

☑コラム⑤　成年後見制度

　成年後見制度は，判断能力が十分ではない成年者が財産をだまし取られたり，不当な契約を結ばされたりしないようにすることを目的としています。現在の仕組みは，1999年の民法の改正によって導入されました。精神上の障害によって，財産の管理や使用，処分に必要な判断能力，事理弁識能力がなくなったり，不足したりするようになったときに，能力の不足の程度に応じて，後見人，保佐人，補助人を，家庭裁判所の審判によって付けることができます。被後見人や被保佐人，被補助人は，いずれも制限行為能力者になりますが，被保佐人や被補助人は，日常的な買い物などに必要な契約は，単独で有効にすることができます。

<table>
<tr><td>第5章</td><td>思想と良心</td></tr>
</table>

1 思想・良心の自由の保障の意義

　日本国憲法19条は，「思想及び良心の自由は，これを侵してはならない」と定めています。「思想」と「良心」をそれぞれ手元の『広辞苑』で引くと，前者は「社会・人生に対する全体的な思考の体系」，後者は「何が善であり悪であるかを知らせ，善を命じ悪をしりぞける個人の道徳意識」と説明されています。いずれも人間の内面，思考や精神に関わるものです。

　人間の内面，思考や精神のメカニズムが一体どのようなものであるのかということの解明は，法学というよりは，医学や生物学，心理学，人類学の守備範囲です。それでも，一般論としては，以下のように言うことができるのではないでしょうか。あなたは，外の世界で起きている出来事を見たり聞いたりしたときに，あなた自身の価値観や世界観に沿うかたちで，その出来事を評価したり，分析したり，受容したりしています。また，あなたは，あなたが他者へ向けて発言したり，沈黙したりするときには，あなた自身の価値観や世界観とは矛盾しないように，そうした行為をするように気を配っています。

　例えば，ある砂浜が，軍用機の滑走路の建設のために，大量の土砂によって埋め立てられているというニュースを，あなたが見たとします。この出来事に対するあなたの評価は，環境保護や外交政策などについて，あなたが日ごろからどのように考えているのかということに，おそらく左右されます。また，あなたにとって身近な人や動物が亡くなったときに，どのような態度や行為で哀悼の気持ちを示すのかということは，人間や動物の生と死に対するあなたの考え方にも左右されます。後者については，多くの場合，宗教や信仰がそうした

69

態度の内容を決めています。

　このように，情報の受領や発信，コミュニケーションの場面では，私たちの思想や良心には，重要な役割が与えられています。したがって，自由な意見の表明や，宗教的行為の自由などが保障されていれば，それで十分かもしれません。しかし，明治憲法体制において激しい思想弾圧がなされたことをふまえて，日本国憲法は，信教の自由や表現の自由，学問の自由に加えて，思想・良心の自由を独立した条文で保障しているのです。

　明治憲法体制では，特定の思想，世界観や価値観をもっている人を狙い撃ちにするための法律が制定されていました。1925年に制定された悪名高い治安維持法は，「国体ヲ変革シ又ハ私有財産制度ヲ否認スルコトヲ目的トシテ結社ヲ組織シ又ハ情ヲ知リテ之ニ加入シタル者」に，懲役や禁錮を科していました。明治憲法体制において，「国体」という言葉は，天皇を中心とする国家の支配体制のことを指していました。「国体ヲ変革」する思想をもつとして弾圧の対象になったのは，無政府主義者と呼ばれていた人たちでした。1928年の治安維持法の改正によって，「国体」の変革を目的とする団体のリーダーには，死刑も適用されるようになります。「私有財産制度」の「否認」とは，土地や工場などの財産を，個人や企業の私有財産とするのではなく，国が管理する国有財産にすること，国有化するという考え方です。こうした考え方は，社会主義や共産主義と呼ばれることもあります。治安維持法の狙いは，どちらかというと，「私有財産制度」を否定したり，修正したりする国家体制への変革を目指していた人たちや団体，具体的には，共産党や社会主義者の取り締まりにありました。

　社会主義や共産主義は，経済学や歴史学，法学，政治学とも関わる，政治や経済，社会，国家のあり方についての思想の一種です。治安維持法によって処罰された人たちの中には，社会主義思想を研究していた京都帝国大学などの学生も含まれていました。共産主義や無政府主義などの思想を理由として拘束された人たちは，「思想犯」と呼ばれることになります。

　1936年には，思想犯保護観察法が制定されます。治安維持法に基づいて「思

想犯」として拘束された人たちは，社会主義や共産主義の思想に従って革命を起こすことを諦める，つまり，思想に基づく行動をしないと約束するように，国家から要求されました。共産主義や社会主義の思想を捨てて，価値観や世界観の変更を表明することは，「転向」と呼ばれています。「転向」と認められるための条件は次第に厳しくなっていき，革命という行動だけではなく，共産主義の思想そのものを捨てることや，「日本精神」や「臣民の道」という新たな思想を体得することまでもが求められるようになります。1941年の治安維持法の改正によって，「転向」が十分ではないとされた「思想犯」については，刑の執行が終わった後も，予防拘禁所と呼ばれる刑事施設で拘束し続けることができるようになります。また，拘束を解かれた人に対して，親戚や隣人を通じた監視が継続されることもありました。

　明治憲法体制は，天皇や皇族の先祖は天から降りてきたものであるという「天孫降臨」や，皇統は一つの系統で永久に続いていくという「万世一系」といった神話を掲げていました。国家の支配体制も，そうしたフィクションの上に成り立つものでした。日本がアジア・太平洋戦争へと向かっていく中で，日本民族は優秀な民族であるという見解や，「神州不滅」，つまり，神州，「神の国」である日本は決して負けることはないという信念や思い込みが，幅を利かせるようになります。もちろん現在でも，日本人はアジアで最も優れた民族であると信じ込んでいる人はいます。しかし，こうした考え方をもつ人や権力者が存在するということと，こうした考え方をもつことが強制され，それを拒む人が投獄されることの間には，大きな隔たりがあります。

　ポツダム宣言は，「日本国政府ハ日本国国民ノ間ニ於ケル民主主義的傾向ノ復活強化ニ対スル一切ノ障礙ヲ除去スベシ」とする部分に続けて，「言論，宗教及思想ノ自由並ニ基本的人権ノ尊重ハ確立セラルベシ」と述べていました。連合国軍による占領が開始されてからも，日本政府は「思想犯」の取り締まりを緩めようとしませんでしたが，1945年10月4日にGHQは，いわゆる人権指令，「政治的，市民的及び宗教的自由に対する制限の除去の件」を発出します。この指令によって，「思想犯」は釈放され，治安維持法や思想犯保護観察法な

どの思想や宗教，表現の自由などを制限する多くの法律は廃止されることになりました。「思想犯」を取り締まっていた公務員は，罷免されました。

② 内心と行為

治安維持法や思想犯保護観察法による思想弾圧を受けてもなお，社会主義や共産主義の思想を放棄しなかった人たちもいます。激しい拷問を受け，処刑されたとしても，信仰を文字通り最後まで捨てなかった人々の例は，歴史上にも数多くあります。どのような迫害や弾圧を加えられたとしても，自分の信じる神や教義を捨てないこと，信仰を守り続けることが，宗教の核心になっている場合もあります。

この世のすべてを支配しているような権力者であっても，強い信仰を備えた一人の人間，例えば，聖書におけるイエス・キリストのような人の心の中には踏み込むことはできない。これこそが「良心の自由」であると言うことは，一応，可能かもしれません。しかし，憲法が保障している思想・良心の自由の内容は，このような意味での「良心の自由」とは異なるものです。思想や良心を守りながら獄死や刑死をしていく人々を見過ごしてしまっては，公権力を縛るルールである憲法典の中に，あえて思想・良心の自由を規定した意味が失われてしまうからです。日本国憲法は，強い信仰や信念をもつかどうかに関わりなく，ある種の法的権利として，思想・良心の自由を広く私たちに保障していると考えるべきです。

憲法が保障している思想・良心の自由は，内心の自由と呼ばれます。その上で，内心の保護は「絶対的なもの」であると言われることもあります。思想や良心は，それが内心，心の中に留まっている限りは，決して侵害されてはならないという意味です。他方で，内心に基づく行為については，これを制限することも許されると考えられています。信仰に基づく宗教的行為や，思想に基づく政治活動は，思想や良心，内心を外部に表明する行為です。自分の信じている神様やその教えについて知らせるためにパンフレットを作り，駅前で配布す

72

第5章 思想と良心

ることや，信奉している政治思想を宣伝するためにスピーカーを積んだ車を走らせることは，そうした活動，行為の対象になっている人や，それを見聞きしている人にも，一定の影響を与えます。勧誘のためにしつこく付きまとわれている人にとっては，大変な迷惑かもしれません。やっと寝てくれた乳児が宣伝カーの大音量で目を覚まして再び泣き始めたような場合には，怒りを感じる人もいるかもしれません。行為は，それが他者に何かしらの影響を与えるような場合には，一定の制限を受けるべきこともあります。

　これに対して，信仰や思想が，行為を引き起こすまでには至らず，本人の心の内に留まっているときには，少なくとも，他者の権利や利益を守るためという理由では，これに干渉をする必要性は乏しいということになります。もちろん，権力者や多数派が，自分たちにとって不都合な思想や信仰を消し去ってしまうために，特定の内心をもつ人を弾圧することもあります。こうした理由に基づく思想の弾圧や統制は，日本国憲法19条の下では，決して許されません。

　その一方で，私たちの行為は，多かれ少なかれ，私たちの内心と関わり合いをもちます。どのような服装で外出するのか，昼食には何を食べるのか，あるいは何も食べないのか，駅から自宅までどのようなルートで帰るのか。こうした日常的な事柄に関する選択や判断も，その日，その時々の内心にある程度は左右されています。ある特定の行為を命じられたり，禁じられたりすることは，内心への干渉という問題を引き起こす可能性が高いと言えます。

　もちろん，内心と関わる行為の強制や禁止が，常に憲法が保障する思想・良心の自由の問題として扱われてきたわけではありません。まず，特定の類型の行為の強制や禁止は，内心の自由ではなく，信教の自由や表現の自由と関わります。礼拝などの宗教的行為の強制や，表現物の内容に基づく出版の差止は，本書の第6章や第7章でも見ていくように，日本国憲法20条第2項や21条第2項との関係で問題となります。治安維持法のような法律は，現在であれば，信教の自由や言論の自由，集会の自由，結社の自由などを不当に侵害するものであると考えることができます。このような場合には，あえて内心の自由の侵害かどうかを検討する必要性は乏しくなります。

73

また，憲法によって保護される内心の範囲を，あらかじめ限定しておくという方法もあります。憲法は，その日，その時々の気分なども含めた，人間の心の中の働き，精神的な作用のすべてに対する干渉を禁止しているわけではないという考え方です。この考え方によると，憲法が保障する思想や良心とは，個人の人格形成の核心をなすものに限られます。自分はどのように生きるべきかといったことに関する信念や，社会や歴史をどのような視点で見ているのかという世界観や価値観と関わる行為の自由が，日本国憲法19条によって保護されていることになります。

　どのような信念や価値観であれば，個人の人格形成の核心であると言うことができるのでしょうか。伝統的で知名度もある宗教の価値観であれば，憲法による保護を受けるけれども，ごく少数の人々や，究極的にはただ一人が信じているような思想や信条は保護を受けないと考えるべきでしょうか。もしこのように考えると，思想や良心の内容や対象によって，保護されるべき内心と，保護されない内心を区別することになります。社会主義や共産主義の思想や異端の信仰は憲法が保護する価値のないものであるということになると，思想・良心の自由をあえて日本国憲法19条が保護している意義が損なわれるかもしれません。価値観や信念を序列化するのではなく，本人が自分にとって重要であると考えている思想や良心への干渉であれば，内心の自由の制約になり得ると考えた方がよさそうです。

　行為の強制と内心への干渉をある程度区別する，切り離すことができる場合もあります。最高裁判所は，名誉毀損による不法行為の救済として謝罪広告を新聞紙上に掲載するように被告に命じることが被告の内心の自由を侵害するかどうかが問題となった事件で，「単に事態の真相を告白し陳謝の意を表明するに止まる程度」のものであれば，謝罪の強制は被告の良心の自由を侵害しないと判断しています（最大判昭和31（1956）年7月4日）。また，卒業式や入学式などの式典で，公立学校の教員に対して，「君が代」の斉唱や，「日の丸」への敬礼，国旗掲揚の際の起立を命じることが，教員の思想・良心の自由を侵害するかどうかが争われた事例もあります。最高裁判所は，式典の場で教員が職務の

第5章　思想と良心

一環として行う国歌の斉唱や国旗への敬礼は，「慣例上の儀礼的な所作としての性質を有するもの」であり，上告人の歴史観や世界観を否定するものではなく，上告人が特定の思想を表明していると外部から認識することもできないと述べています（最2小判平成23年（2011）5月30日）。

　裁判所は，行為の強制が内心に対する制約となり得ることを前提とした上で，内心と強い関連性がある行為の強制が合理的で正当化できるものかどうかを審査しています。名誉を毀損した表現の内容が真実ではなく，被害者に迷惑をかけたという事実を加害者が公に認めることで，一旦は傷つけられた被害者の名誉は回復します。名誉毀損の成立そのものは裁判所によって認定されており，こうした客観的な事実と関連する限りでの謝罪を裁判所が命じるのは，正当化できそうです。「君が代」と「日の丸」をめぐる事例では，裁判所は，式典の秩序を守り，円滑な進行を確保するためには，教員に対して，個人の思想や良心に強く抵触するような行為を強制することも必要であると考えているようです。

　中世の終わりごろから近世，そして明治のごく初期までの間，日本では，キリスト教徒である日本人に対して，信仰を捨てること，棄教が強制されていました。治安維持法や思想犯保護観察法は，「思想犯」とされた人々に対して，社会主義や無政府主義という思想を捨てることを求めていました。現代の日本では，強制的な改宗や，政治思想の放棄の強要は，直接的に，あからさまに行われることは稀です。もっとも，公立学校の教員については，「日の丸」や「君が代」への忠誠の表明を実質的に強制されていると言うべきかもしれません。特定の思想やアイコンへの忠誠の表明を強制されたくない人や，自分の同僚に対してそうした強制がなされることを座視できない人は，公立学校の教員にはなるべきではありません。

③　内心の告白の強制

　思想・良心の自由の制約の類型の一つに，内心の告白の強制があります。信仰している宗教や，支持している政治思想を積極的に公開する人がいる一方で，

ごく身近な人や，価値観や世界観を共有できる人以外には，他人には内心を伝えたくない，知られたくないという人もいます。また，内心をうかがわせる，推知させるような情報を表示させることも，内心の告白の強制の一種だと考えるべきでしょう。例えば，選挙においてどの候補者に投票したのかを調べれば，政治思想や，ときには，信仰の対象を推知することができます。

内心の告白の強制は，告白をする義務（Duty）を課すことによって，言いたくないことを言わない特権（Privilege）を奪うものであると言えます。これは，表現の自由の制約であると考えることもできます。表現の自由には，言いたいことを言う自由だけではなく，言いたくないことを言わない自由，沈黙する自由が含まれています。

また，個人の信仰や政治信条は，現在では，プライバシーや個人情報の一部であると考えられています。例えば，地方公共団体が職員の政治活動や労働組合での活動について「アンケート」を実施したことが，職員のプライバシーの権利や政治活動の自由を侵害するとされた事例があります（大阪高判平成27（2015）年12月16日）。

ある種の職務，特に公職に就くときには，宣誓をする義務が課されます。例えば，自衛隊法施行規則39条によると，自衛隊の隊員となった者は，「私は，我が国の平和と独立を守る自衛隊の使命を自覚し，日本国憲法及び法令を遵守し，一致団結，厳正な規律を保持し，常に徳操を養い，人格を尊重し，心身を鍛え，技能を磨き，政治的活動に関与せず，強い責任感をもつて専心職務の遂行に当たり，事に臨んでは危険を顧みず，身をもつて責務の完遂に務め，もつて国民の負託にこたえること」を宣誓しなければなりません。一般の公務員にも，服務の宣誓の義務は課されています。また，地方公務員法16条第4号は，「日本国憲法施行の日以後において，日本国憲法又はその下に成立した政府を暴力で破壊することを主張する政党その他の団体を結成し，又はこれに加入した者」は，公務員になることができないと定めています。国家公務員法38条第4号にも，同様の規定があります。これを欠格条項と呼びます。

民事訴訟法201条や，刑事訴訟法160条，161条は，裁判の証人となる者に対

第5章　思想と良心

して，宣誓や証言をする義務を課しています。証人は，法廷で証言台に立ち，
「良心に従って真実を述べ，何事も隠さず，偽りを述べない」という誓いをす
る義務を負います。

　内心の告白の強制が，あらゆる場合に許されないわけではないとすれば，内
心の自由の不当な侵害になる場合と，そうではない場合の線引きをしなければ
なりません。私は，告白を強制する理由，目的の正当性と，告白によって開示
されることになる内心の範囲が，判断の基準になると考えています。証人には，
裁判を通じて真実を明らかにするという，公共性の高い役割があります。要求
される証言の内容も，裁判に関わる事実の認定に必要な範囲にとどまります。
また，正当な理由があれば，証言を拒むことも認められています。

　公務員については，その職責を果たすことができる人物であるのかどうかを，
宣誓を通じて明らかにする必要があると言えます。日本国憲法15条第2項は，
「すべて公務員は，全体の奉仕者であつて，一部の奉仕者ではない」と定めて
います。また，99条は，「天皇又は摂政及び国務大臣，国会議員，裁判官その
他の公務員は，この憲法を尊重し擁護する義務を負ふ」と定めています。

④　内心に基づく不利益の付与

　特定の内心をもつことを理由として，公権力によって不利益が付与されるこ
とも，内心の自由の制約の類型の一つです。本来与えられるはずだった利益を
与えないこと，つまり，利益を与えるのを拒否することも，不利益の付与に含
まれます。

　「君が代」と「日の丸」をめぐっては，式典における起立や斉唱を求める職
務命令に従わなかった公立学校の教員に対して，人事権をもつ教育委員会は，
訓告や減給などの懲戒処分を行ったり，ほとんどの教員に認められていた定年
退職後の再雇用，再任用を拒否したりしました。減給や懲戒処分を受けたこと
による昇給幅の縮小や，定年後の再雇用の機会の喪失は，「君が代」や「日の
丸」に対する否定的な評価という内心をもつ教員に対して，地方公共団体が金

77

銭的な不利益を付与した事例であると言えます。なお，この不利益の付与には，起立し，斉唱するという行為の強制を通じた，実質的な内心の告白の強制も先行しています。

これに対して，自ら公開している内心を理由として不利益が課される場合もあります。麹町中学内申書事件では，高校入試の合否判定にも用いられる調査書，いわゆる内申書に，特定の政治思想をもつことを推知させるような記述をされた原告が，受験した全日制の公立高校をすべて不合格にされました。原告の内申書には，「校内において麹町中全共闘を名乗り，機関紙『砦』を発行した」「学校文化祭の際，文化祭粉砕を叫んで他校生徒と共に校内に乱入し，ビラまきを行った」「大学生 ML［マルクス・レーニン主義］派の集会に参加している」といった事実が記載されていました。

この事件を，内心の自由の問題と捉えることができるのでしょうか。まず，内申書の記述からも明らかなように，原告は，特定の政治思想を支持していることを秘匿していたわけではなく，むしろ，積極的に公開していました。在籍していた中学校との関係では，内心の告白を強制されたり，内心を推知させるような行為を強制されたりしたわけではありません。

もっとも，内申書という文書は，原告の在籍していた公立中学校の教員が，原告が受験する公立高校の教職員に対して情報提供をするために用いられています。内申書への記載によって，中学校の教員は，原告の内心を高校の教職員に対して暴露していると言えます。また，原告は，定時制の高校に進学し，その後，衆議院議員や地方公共団体の長なども務めました。学力の不足ではなく，内申書の記述から推知される原告の内心，政治思想が，全日制高校の不合格の理由である可能性は高いと思われます。

ところが，最高裁判所は，内申書の記述は原告の思想や信条そのものを記載したり，了知させたりしたものではなく，思想や信条を入学者選抜の資料に供したものでもないとして，原告の訴えを一切認めませんでした（最 2 小判昭和63（1988）年 7 月15日）。「麹町中全共闘」や「ML 派の集会」というフレーズは，原告が共産主義や社会主義の思想をもつことを強く推認させるものであるにも

かかわらず，最高裁判所がなぜこのような評価をしたのかは，定かではありません。

⑤　法義務との衝突

　内心に基づいた不利益の付与は，治安維持法による「思想犯」の取り締まりや，麹町中学内申書事件のように，特定の思想や信条をもつ人だけを狙い撃ちにしてなされることがあります。また，内心の告白の強制も，実際には，政府や権力者にとって不都合な思想をもつ人を判別したり，権力者の好む思想を人々が支持しているのかどうかを確認したりするために行われることが大半です。

　これに対して，特定の思想や良心を狙い撃ちにはしていない，一般的で中立的な法によって課された責務，法義務が，一部の人にとっては耐えがたい内心との衝突をもたらすこともあります。その代表例は，徴兵制です。20世紀には，多くの国家が，一定の年齢に達した国民，そのほとんどは男性を，軍務，兵役に就かせる徴兵制を採用していました。こうした国家では，兵役に就くことは「国民の義務」であり，この「義務」に違反して徴兵忌避や徴兵逃れをした者は，厳しく処罰されました。20歳前後の貴重な時間を，過酷な訓練と共同生活，場合によっては戦闘行為に費やすことに疑問を感じる人がいるとしても，徴兵制自体は，何か特定の思想や良心を弾圧するために採用されるものではありません。

　兵役に就いた者は，武器を手に取り，戦うことを求められます。宗教や宗派の中には，戦うことや武器を持つことを信者に対して禁止しているものがあります。こうした信仰をもつ人は，兵役の「義務」に直面したときに，信仰を捨てて徴兵に応じるのか，それとも，信仰や良心を守るために兵役を拒否するのか，という厳しい二者択一を迫られることになります。

　19世紀の末から20世紀の前半にかけて，戦争や軍隊の規模が大きくなるにつれて，このような良心的兵役拒否の問題が顕在化していきました。近代国家の

仕組みが確立されていったことによって，それ以前の社会ではしばしば通用していた，国家の課す様々な責務に従いたくないときには，どこかに逃げてしまうという選択肢も徐々に失われていました。

　良心的兵役拒否をまったく認めていない国もありますが，ドイツのように憲法典が明文でこれを保障している国もあります。ドイツ連邦共和国基本法4条第3項は，「何人も，その良心に反して，武器をもってする軍務を強制されてはならない。詳細は，連邦法律で規律する」と定めています。ただし，兵役を拒否した者には，救急車の運転や介護施設での労働などに本来の兵役の期間よりも長い期間従事することが求められていたそうです。ここでは，徴兵に応じる責務の代わりに，他の法義務が課されています。また，良心的兵役拒否の権利が，憲法によっても保障されているのであれば，この権利には，免除権（Immunity）の要素も含まれていると言えます。

　日本における法義務の免除の事例と言えそうなものとして，剣道受講拒否事件があります。この事件では，市立神戸高等専門学校の学生であった原告が，必修科目の体育の授業における剣道の実技に参加しなかったことを理由に，二度の原級留置，留年を経て，退学処分を受けていました。「格技」である剣道の実技に参加することが，原告の信仰している宗教の核心部分と相いれないということが，不参加の理由でした。なお，原告は，剣道の実技には参加していませんでしたが，体操服に着替えて準備体操に参加し，剣道場の隅で正座をして，レポートを作成するために授業の内容を記録していました。また，裁判所の認定したところによると，原告の体育以外の成績は「優秀」で，授業態度も「真しなもの」でした。

　最高裁判所は，退学処分は重大な措置であり，特に慎重な配慮を要するものであるとした上で，適切な代替科目による教育目的達成が可能であり，剣道の実技への不参加は原告の信仰の核心部分と関わるため，校長の処分は裁量権の範囲を超えて違法であると判断しました（最2小判平成8（1996）年3月8日）。最高裁判所は，良心の自由を保障した日本国憲法19条や，信教の自由を保障した20条第1項に直接言及しているわけではありませんが，信仰の核心について

第5章 思想と良心

の言及は，この事件が良心や信仰と関わる問題であることを示しています。

　法的権利の構造という観点から，この事件を分析してみましょう。まず，学生や生徒は，自身の内心と衝突する行為をしない特権（Privilege），ここでは，剣道の実技に参加しない特権をもちます。ただし，授業の一部を履修していなければ，進級や卒業に必要な単位を取得することはできません。したがって，学生は，単位認定のために，学校に対して，剣道の実技を履修することに替わるようなもの，レポートの作成やその他の運動などの代替の課題を提示するよう求める権利をもちます。この権利は，学生が学校に対して特定の行為をすることを求める請求権（Claim）であると言えます。

　法義務と個人の内心との衝突を回避するためには，特権と請求権からなる「分子」の構造を備えた権利が必要です。さらに，ある種の行為の強制が，信仰の核心と衝突するような場合には，この特権と請求権は，憲法上の免除権によっても保護されていると考えるべきではないかと思います。この三つの要素が組み合わされた権利，いわば，法義務から免除される権利が認められることによって，内心の自由は，よりよく保護されます。

　☑コラム⑥　憲法と皇室典範

　大日本帝国憲法は，天皇の地位，皇位は，「皇室典範ノ定ムル所ニ依リ皇男子孫之ヲ継承ス」と定めていました。憲法が天皇の権限を定めているのに対して，皇室典範は，そうした地位に誰が就くことができるのかを定めるルールであると言えます。憲法と皇室典範を合わせて，「典憲」と称することもありました。

　日本国憲法2条は，「皇位は，世襲のものであつて，国会の議決した皇室典範の定めるところにより，これを継承する」と定めています。現行の皇室典範には，「昭和22年法律第3号」という法律番号が振られています。明治憲法体制における皇室典範が大日本帝国憲法と並び立つものであったのに対して，現行の皇室典範は，法律の一種です。したがって，皇室典範が定めているルールが，憲法の定めているルールと矛盾するのかどうか，皇室典範の憲法適合性ということを論じる余地があります。

<table>
<tr><td>第6章</td><td>信仰と宗教</td></tr>
</table>

① 信教の自由の機能

　宗教は，古くから，権力や支配者とも深く結びついてきました。神の教えを人々に伝える能力をもつことや，自分自身が神，あるいはその子孫であることを示せば，自らのもつ権力の正統化や，権威の強化に役立ちます。大日本帝国憲法を公布するときの明治天皇の勅語や告文では，天皇は国家の統治のための権限を代々受け継いできており，その先祖は神々でもあると述べられていました。

　妊娠や出産，結婚，死亡といった人生の節目となるような場面では，宗教や信仰に基づく振る舞いが，数多く見られます。スポーツの試合や，進学のための試験，就職活動などに臨むときの「神頼み」は，日本では極めて一般的です。多くの日本人が，自分は無宗教であると考えていると言われていますが，神社や寺などに関連した行事は，実際には日本社会の中に深く根付いています。クリスマスやハロウィンなどのイベントも，本来は宗教的な意味をもつものです。

　ほとんどすべての宗教は，信仰に基づいた行動，宗教的行為をすることを，その信者に対して日常的に要求します。決められた色や形の服を着ること，一日に何度かお祈りをすること，決められた時間帯に飲食をすること，あるいは，しないことなどです。

　宗教は，ライフスタイルや，人生の節目，支配者や権力と深く結びつくだけではなく，何が正しいことなのか，悪いことなのかという価値判断とも結びついています。ある宗教を信じている人が正しいことであると考える振る舞いが，他の宗教の信者の目には邪悪な行為に映ることもあります。信仰を異にする

第6章　信仰と宗教

人々や集団の対立が，血みどろの争いを引き起こすこともあります。

　異なる宗教や宗派に属し，対立する価値観や世界観をもつ人々が平和に共存して生きていけるような社会を築くためには，何が必要なのでしょうか。憲法学者の長谷部恭男によれば，こうした問いに真剣に取り組む過程で，近代立憲主義の思想が形成されてきたとされています。確かに，近代立憲主義の憲法は，人々に共通する問題を解決するための国家を設立した上で，個人の思想や良心，信仰などの価値観や世界観に関わる問題については，公権力や多数派による干渉を禁止するものであると言えます。

　日本国憲法も，他の多くの国の憲法典と同様に，宗教や信仰に関する自由を保障しています。日本国憲法20条第1項前段は，「信教の自由は，何人に対してもこれを保障する」と定めています。信教の自由には，信仰選択の自由が含まれていると考えられています。信仰の選択には，いかなる宗教や宗派の教えも信じないこと，信仰をもたないことも含まれます。

　日本国憲法20条第2項は，「何人も，宗教上の行為，祝典，儀式又は行事に参加することを強制されない」と定めています。私たちは，国家との関係では，宗教的行為への参加を義務づけられることはありません。したがって，宗教的行為をしない特権（Privilege）が，憲法によって保障されていると言えます。

　宗教には，それぞれ，特有の行為が伴います。宗教的行為は，信仰を共にする大勢の人々とともに，集団でなされることもあります。信仰を広げるための布教活動として，パンフレットの印刷や，街頭での演説も行われます。多くの宗教は，信仰を共にする人々を組織化して，信者による団体，宗教団体を結成しています。本書の第7章や第8章でも見ていくように，憲法は，集会や言論，出版，結社の自由を保障しています。また，本書の第5章でも触れたように，憲法は，内心の自由を保障しています。内心や表現を一般的に保護するだけではなく，宗教的行為や信仰の選択の保護に特化した規定が置かれているという点で，宗教には，憲法上特別な配慮がされていると言えます。

② 宗教的行為と刑事罰

　もちろん，宗教や信仰に関わる行為であっても，外部的な行為として他者や社会に影響を及ぼすときには，やはり一定の制限がされる可能性があります。憲法が宗教に特別な配慮をしていることをふまえると，信仰と関わる行為の強制や，信仰に基づく不利益の付与が合理的で正当化できるものであるのかどうかは，特に慎重に審査されるべきでしょう。本書の第5章でも触れた剣道受講拒否事件のように，一般的で中立的な法義務に従うことが信仰の核心と両立しないような場合には，法義務の免除が認められることもあります（最2小判平成8（1996）年3月8日）。

　刑法205条は，「身体を傷害し，よって人を死亡させた者は，3年以上の有期拘禁刑に処する」と定めています。人に暴行を加えて傷つけ，死なせてしまうことは，法律によって処罰される行為です。ところで，この刑法の規定は，一見すると，人を傷つけたり，死なせたりする行為そのものを禁止してはいないようにも見えます。私たちは，加害行為をしないことを刑法によって義務付けられているわけではなく，加害行為をしたときには処罰されるということだけが決まっていると考えるべきでしょうか。刑法によってある種の行為が処罰されるのは，そうした行為が私たちの権利や利益を侵害する，有害なものであるからです。このように考えると，刑法は，ある種の行為を禁止した上で，禁止行為をした人を処罰するためのルールであると言えます。

　宗教的行為であっても，刑法が禁止している行為に当てはまっていれば，処罰されることがあります。いわゆる加持祈祷事件では，仏教の僧侶が，護摩壇を作り線香を焚く「線香護摩」という方法で被害者を「治療」しようとしたところ，被害者を熱傷や疲労による心臓麻痺で死なせてしまいました。被告人は，宗教的行為の一種である加持祈祷によって，つまり，仏の加護を得るために祈ることで，被害者の病気を治すことができると考えていたそうです。この事件の被害者は，異常な言動を示すことがあり，おそらく精神疾患を抱えていまし

た。しかし，被告人は，被害者の異常な言動を「狸憑き」によるものと考えて，「狸を追い出す」ために，被害者を押さえつけて殴ったり，喉の近くを線香の火であぶったりしました。その結果，被害者は死に至ったのです。

裁判所の認定したところによると，「8畳の締め切つた部屋において，被告人が自ら若くは立会の者等をして，約3時間という長時間に亘つて線香約800束を焚き，その線香の煙と熱気の立ちこめる中で被害者［……］の体を取り押え，あるいは手足を腰紐タオル等で縛つて同女を護摩壇の近くに引き据え，線香の火と煙に当らせ」「本件と略々同一の条件の下において線香を焚いて実験を試みた結果によると，鍋の傍ら約半米の位置における熱度は，実験開始後約1時間にして約40度，天井附近において50度余り上昇し，実験に使用した兎は熱気等のため約1時間にして死亡している」とされています。

被告人の行為は，刑法205条の定めている，「身体を傷害し，よって人を死亡させた」という行為に当てはまります。刑法典は，有害な行為のうち，犯罪として処罰されるような行為を類型化しています。この行為類型のことを，刑法学は，構成要件と呼んでいます。例えば，刑法199条の殺人罪の構成要件は，人を故意に殺害すること，刑法95条の公務執行妨害罪の構成要件は，公務の執行にあたっている公務員に対して暴行や脅迫を加えることです。

刑法が定めている行為の類型に当てはまっているとしても，そうした行為をした者を処罰することが不合理や不必要である場合もあります。刑法204条は，「人の身体を傷害した者は，15年以下の拘禁刑又は50万円以下の罰金に処する」と定めています。しかし，健康診断の採血のために他人の腕に注射針を突き刺した看護師を処罰するべきでしょうか。また，夜道で後ろから襲い掛かってきた暴漢に反撃して傷を負わせた人を有罪とすることに合理性はあるのでしょうか。さらに，幼い子どもが，その危険性をよくわからないまま，友達を滑り台の上から突き落として骨折させてしまったとき，加害者である子どもを処罰するべきでしょうか。

刑法によって人を処罰するためには，単に行為が構成要件に該当するだけでは十分ではありません。その行為が，処罰に値するほど違法で有害なものでな

ければならないのです。これを違法性の要件と呼んでいます。刑法35条は，「法令又は正当な業務による行為は，罰しない」と定めています。資格をもつ医師や看護師のする医療行為は，人体への侵襲を伴っていたとしても，正当業務行為として，犯罪にはなりません。

また，刑法41条は，「14歳に満たない者の行為は，罰しない」と定めています。幼すぎる子どもは，自らの行為が有害で悪いことであるのかどうかを理解することができません。善悪を判断し，それに従って自らの行為を制御する能力，責任能力が欠けている者は，構成要件に該当する違法な行為をしたとしても，処罰されません。

「線香護摩」によって被害者を死亡させてしまった被告人は，加持祈祷は「宗教教師としての正当業務行為」に当たるため無罪であると主張しました。最高裁判所は，被告人の加持祈祷行為は，「一種の宗教行為としてなされたもの」であるとしても，その動機や方法，引き起こした結果という点で，「著しく反社会的なものであることは否定し得ない」として，原審が被告人に科していた懲役2年，執行猶予3年の刑を支持しました（最大判昭和38（1963）年5月15日）。被害者を死亡させるような行為は，宗教的行為としてなされたとしても，「憲法20条1項の信教の自由の保障の限界を逸脱したもの」であるとされています。

宗教的行為が，刑法の構成要件に該当していたにもかかわらず，正当業務行為に当たるとして，被告人が無罪となった事例もあります。刑法103条は，「罰金以上の刑に当たる罪を犯した者又は拘禁中に逃走した者を蔵匿し，又は隠避させた者は，3年以下の拘禁刑又は30万円以下の罰金に処する」と定めています。「蔵匿」とは，匿うこと，犯罪の容疑をかけられた人を自宅や別宅などに隠すことです。「隠避」には，警察から逃走するための資金を与えたり，身替りで誰かを警察署に出頭させたりすることが含まれます。なお，これらの罪は，殺人罪や傷害罪のように，誰かの生命や身体を守るためのものというよりは，犯罪捜査という公権力の機能を守るためのものです。刑法学は，刑法が守ろうとしている利益，法益を，個人的法益，社会的法益，国家的法益に分類してい

ます。

　いわゆる牧会活動事件では，キリスト教の教会の牧師である被告人が，建造物侵入罪や凶器準備集合罪などの容疑をかけられて逃走中だった高校生の少年たちを匿ったとして，犯人蔵匿罪に問われました。少年たちは，当時盛んだった学園紛争に刺激されて，在籍していた学校の施設に侵入したり，爆発物を作ったりしたため，警察の捜査対象になっていました。一人の少年の母親から連絡を受けた被告人は，少年たちと面談をして落ち着かせた上で，「労働しながら反省させる」ために，知り合いの牧師のいる別の教会に彼らを滞在させることにしました。一週間ほどその教会に滞在した後，少年たちは，被告人の教会に戻り，そのまま警察に出頭しました。

　事件の経緯はやや複雑ですが，被告人である牧師は，少年たちが罪を犯したことを知りながら，知人の教会に彼らを送り届けています。また，被告人は，少年たちの行き先を知っているにもかかわらず，警察や学校に対してそれを隠していました。被告人の行為は，犯人蔵匿罪の構成要件に該当します。

　しかし，被告人の行為は，少年たちを逃走させ，警察を欺くためのものではなく，彼らの「魂の救済」という宗教的な目的を実現するためのものでした。罪を自覚し，悔い改め，「回心」することは，キリスト教の信仰の核心の一つではないかと思います。裁判所も認めているように，迷える「子羊」が人間として成長できるように配慮することは，「牧師の神に対する義務即ち宗教上の職責」です。

　裁判所は，牧師の「牧会活動」は，社会生活上の業務の一部であり，日本国憲法20条の信教の自由によって保障される礼拝の内容の一部であるとしました。さらに，その制約にあたっては，外部的行為の制約が内心における信仰の自由を事実上侵害するおそれがあるため，最大限に慎重な配慮をするべきであるとしています。被告人の行為は，その目的や手段の相当性，結果の点から見ても，「全体として法秩序の理念に反するところがなく，正当な業務行為として罪とならない」とされました（神戸簡判昭和50（1975）年2月20日）。

③ 宗教団体と宗教法人

　加持祈祷事件や牧会活動事件では，特定の宗教や信仰を狙い撃ちにした規制が問題になったわけではなく，刑法による一般的で中立的な規制を宗教的行為に適用することの可否が，主な争点になっています。信教の自由が保障されている日本国憲法の下では，宗教上の教えや信仰の対象を理由とした規制は，原則として許されないと考えるべきでしょう。もっとも，これにも例外が一切ないとは言えません。

　1980年代の後半から90年代の半ばにかけて凶悪な犯罪を繰り返した，オウム真理教という宗教団体があります。この教団は，化学兵器としても使われたことがあるサリンを平日の通勤時間帯の地下鉄に撒き，一度に6,000人以上の人を殺傷しました。また，教団の元信者や信者の家族たちが結成していた「被害者の会」の代表者やその支援者たちを襲撃して殺害したり，自動小銃を製造したりしていました。一連の犯罪行為が明るみに出て，教団の幹部は，ほとんど全員が逮捕，起訴され，のちに有罪が確定します。

　オウム真理教は，法人格を得ていました。宗教法人法4条第1項は，宗教団体は，一定の要件を満たすことによって，法人になることができると定めています。法人格を得た宗教団体のことを宗教法人と呼びます。なお，同法2条は，「宗教の教義をひろめ，儀式行事を行い，及び信者を教化育成することを主たる目的」とする団体のことを「宗教団体」と呼んでいます。

　団体を「法人化」するメリットは，宗教団体に限らず，株式会社などの社団法人や，私立学校などの財団法人にも共通しています。法人格を得ることによって，団体の構成員や代表者とは別に，団体自身も権利や責務の主体となり，財産を所有したり，管理したりすることができるようになります。加齢によって衰え，いずれ死亡する私たち人間，自然人とは異なり，法人は，その構成員が入れ替わっていくとしても，ある種の永続性をもちます。構成員の財産と法人の財産を適切に区分することは，団体の経理や運営の明確化や安定化にもつ

ながります。

　宗教法人法81条第1項は，裁判所は，「法令に違反して，著しく公共の福祉を害すると明らかに認められる行為をした」宗教法人に対して「解散を命ずることができる」と定めています。検察官と東京都知事が，サリンの生成が刑法201条の殺人予備行為に当たるとして，宗教法人としてのオウム真理教の解散命令を裁判所に対して請求しました。殺人や現住建造物への放火など，一部の重大な犯罪は，その実行行為を準備している段階，予備の行為も処罰されます。

　教団側は，解散命令は信教の自由を侵害すると主張しましたが，裁判所は，宗教法人としてのオウム真理教の解散を決定しました。最高裁判所は，宗教法人の解散が信者の宗教的行為に何らかの支障を生じさせるとしても，法令に違反して著しく公共の福祉を害したと明らかに認められ，宗教法人の目的を著しく逸脱したことが明らかである以上，宗教法人としてのオウム真理教を解散させることは「必要かつ適切」であるとしています（最1小決平成8（1996）年1月30日）。

　宗教法人としてのオウム真理教は，その教祖や幹部，信者たちが刑法に違反する重大な犯罪行為を組織的に行ったために，解散を命じられました。宗教団体の構成員であっても，法令に違反する犯罪行為をすることは許されないという点では，やはり，一般的で中立的な規制の問題であると考えることもできます。また，この解散命令が請求された時点で，すでに教団は，主要な幹部のほとんどが逮捕され，組織体としての体をなしていませんでした。宗教法人としての活動には，もはや連続性がなかったと言えます。さらに，捜査機関によってその犯罪行為の詳細も明らかにされつつあったため，裁判所としても，十分な根拠に基づいて解散命令を出すことができました。

　これに対して，その後，いわゆるオウム新法という法律が制定され，教団の後継団体が監視されていることは，特定の宗教を狙い撃ちにした規制であると言えます。オウム新法の正式な名称は，「無差別大量殺人行為を行った団体の規制に関する法律」です。団体規制法と呼ばれることもあるこの法律の規制対象は，「団体の活動として役職員［……］又は構成員が，例えばサリンを使用

するなどして，無差別大量殺人行為を行った団体」とされています。オウム真理教を念頭に置いた法律であることは，疑いようもありません。

　宗教団体としてのオウム真理教は，教祖や主要な幹部が逮捕，起訴され，解散命令によって法人格を失った後も，残った信者たちによる活動を継続していました。宗教法人としての教団が解散されたとしても，法人格を有しない宗教団体として教団を存続させたり，新たな団体を結成したりすることが法的に妨げられるわけではありません。オウム真理教は，「アレフ」と名前を変えたのちに，「ひかりの輪」や「山田らの集団」などが分派していったと言われています。

　オウム新法は，こうしたオウム真理教の後継組織と思われる団体を，国による監視対象としています。オウム新法のような法律は，実質的に特定の宗教団体や，その信者を継続的に公権力が監視する仕組みです。こうした規制は，信教の自由や結社の自由の保障の下では，本来は許されないはずです。ただし，オウム新法に関しては，特に重要な立法目的が認められるため，例外的に許容される規制と考えることもできると思います。

④　国家と宗教の分離

　近代立憲主義の憲法は，信教の自由を保障しているだけではなく，国家と宗教の分離，いわゆる政教分離を要求しています。例えば，アメリカ合衆国憲法の修正1条は，「国教の樹立（establishment of religion）」を禁止しています。政府による特定の宗教や宗派の公認を許さず，信仰の選択を人々の自律的な判断に委ねることによって，「宗教的行為の自由」を確保しようとするものです。共和主義革命以前のフランスの国家体制であるアンシャン・レジームにおいては，カトリック教会が非常に強い力をもち，絶対王政とも深く結びついていました。革命によって君主政が廃止された後も，カトリック教会は強い影響力を維持していましたが，教会と国家の結びつきが問題視されるようになります。国家が宗教的に中立であり，学校などの公共の場が非宗教的であることよって

第6章　信仰と宗教

人々の信教の自由が守られているという考え方のことを「ライシテ」と呼ぶそうです。

　明治憲法体制においては，天皇や皇族と結びつけられていた神道には，特別な地位が与えられていました。歴史的には，天皇は，神を祀る存在であり，また，神道だけではなく，仏教とも強い結びつきがありました。明治政府を作った人々は，天皇を神格化して，神社を利用することによって，人々を国民としてまとめようとしました。神社や神道には，国から補助金が出されたり，学校の行事において特別な役割が与えられたりしていました。靖国神社のように，国が実質的に管理し，運営していた神社もありました。

　アジア・太平洋戦争の後，日本を占領した連合国軍は，1945年12月15日に「国家神道，神社神道ニ対スル政府ノ保証，支援，保全，監督並ニ弘布ノ廃止ニ関スル件」，いわゆる神道指令を発出します。神道の実質的な国教化や，他の宗教に対する弾圧，軍国主義と神道の一体化を解消させようとするものでした。

　特定の宗教が政府によって公認されているような状態では，その宗教を信仰することの利益や，信仰しないことの不利益が考慮されることで，信教の自由は萎縮してしまうかもしれません。国家と宗教を分離するのは，まずは，私たち一人ひとりの信教の自由を確保するためです。

　また，宗教には，特定の思想やライフスタイルを肯定したり，否定したりするという性質があります。公権力と宗教の距離が近くなりすぎると，特定の宗教の価値観が，人々の権利や地位に影響を及ぼす可能性があります。中東の国々のように，イスラム教が公権力と実質的に一体化していたり，強く結びついていたりするような社会では，イスラム教における女性の位置づけが，政治や経済，教育における女性の法的地位にも重大な影響を与えています。欧米の国々でも，キリスト教におけるゲイやレズビアンといった同性愛者の位置づけは，性的マイノリティの人々の法的地位と無関係であったとは言えません。日本においても，例えば「穢れ」の発想は，女性や，特定の職業に従事する人々に対する政治的，社会的な差別と結びついてきたという歴史があります。

91

さらに，公権力と宗教が癒着することによって，権力者が，政策の決定や評価をするときに，事実や論理ではなく，神がかり的な信仰の方を優先するおそれがあります。本来，国家の活動というものは，客観的な事実や，合理的に説明可能な論理に基づいたものでなければならないはずです。「私たちには神の加護があるので必ず勝つ」という信仰に基づいて戦争を始めるようなことがあってはならないのです。明治憲法体制の断末魔，1945年の敗戦直前の時期，大日本帝国は，航空機や船舶を操縦する能力を備えた，心技体に優れた大勢の若者を，「特攻」という自爆攻撃のために，爆弾のパーツのようにして次々と死に追いやるという愚行を繰り返しました。こうした不合理な戦い方の背後には，「お国のために戦って死ねば神になれる」という英霊信仰もありました。

⑤　政教分離と司法審査

　日本国憲法の政教分離条項は，権利章典と統治機構の章にまたがって規定されています。まず，日本国憲法20条第1項後段が，「いかなる宗教団体も，国から特権を受け，又は政治上の権力を行使してはならない」と定めています。なお，ここでの「特権」は，特定の人々や団体にのみ与えられている特別な地位や権利という，辞書的な意味の「特権」であると考えるべきでしょう。次に，同条第3項が，「国及びその機関は，宗教教育その他いかなる宗教的活動もしてはならない」と定めています。そして，「財政」の章に配置されている89条が，「公金その他の公の財産は，宗教上の組織若しくは団体の使用，便益若しくは維持のため，又は公の支配に属しない慈善，教育若しくは博愛の事業に対し，これを支出し，又はその利用に供してはならない」と定めています。

　日本国憲法は，宗教団体による公権力の行使や，公権力による宗教的活動，宗教団体の維持や活動のための公金の支出を禁止することによって，国家と宗教の分離を試みています。もっとも，宗教は，私たちのライフスタイルや社会生活とも深く結びついているために，国家と宗教の完全な分離は難しいと考えられています。もし完全な分離を強行しようとすると，かえって不合理な事態

第6章 信仰と宗教

を引き起こしかねません。例えば，戦没者の慰霊のための施設を公有地に建設することは，およそ許されないのでしょうか。被災した市役所の庁舎を建て直すときに，お祓いのための地鎮祭を実施することは，地方公共団体による宗教的行為に当たるのでしょうか。宗教系の学校に通っている児童や生徒，学生に対して，国や地方公共団体が奨学金を支給することは，宗教団体のための違憲な公金の支出として，禁止されるべきものでしょうか。

　政教分離条項を含む憲法典をもつ国でも，国家と宗教をどこまで分離するのか，公権力は宗教とどこまで関わり合いをもつことができるのかという問題が，繰り返し提起されています。そして，分離の程度をめぐる論争の背後には，政教分離の原則そのものと同じように，その国や地域における国家と宗教の歴史があります。日本では，やはり，神社や神道と関連する事例が数多くあります。

　ところで，私たちは，良心や信仰の告白を強制されたり，宗教を信仰していることを理由に不利益を被ったりした場合には，信教の自由の侵害であることを主張して，裁判を起こすことができます。それでは，国や地方公共団体が政教分離の原則に違反しているような場合には，私たちは，裁判所に対して救済を求めることができるのでしょうか。

　現在の日本の裁判制度の下では，原則として，私たちは，自分の権利や責務に関して，裁判を起こすことができます。言い換えると，自分の権利や責務，利益，不利益とは直接の関係がない問題の解決を求めて裁判所に訴え出たとしても，通常は，門前払いをされます。政教分離の原則について考えてみると，例えば，ある地方公共団体が宗教的な行事を実施するときに，行事への参加を強制されることになる公務員が，自分には参加する義務（Duty）はないと裁判で主張することはできます。しかし，行事に参加する義務を課されていない一般の住民は，同じような訴訟を起こすことはできません。また，地方公共団体の長が，特定の宗教団体に対して公費から寄付金の支出をしたような場合にも，一般の住民の権利や責務に直接の影響があるわけではありません。支出された寄付金は，もともとは住民から税金として集められたものの一部でもあるので，その意味では，納税者である住民との間接的な関わりはあります。しかし，こ

93

うした間接的な関わりに基づいて，つまり，税金を納めているという事実のみに基づいて，国や地方公共団体のあらゆる活動の是非を争う訴訟ができるということになると，本来は国会や内閣，国務大臣，地方公共団体の長や議会が解決をするべき政治的な問題が，国民や住民に対する政治責任を負わない裁判所に大量に持ち込まれるようになってしまいます。

　ただし，地方公共団体による公金の支出や，財産の取得や管理については，それが違法であると考えた住民は，地方自治法に基づいて住民監査請求や住民訴訟を起こすことができます。こうした請求や訴訟の中で，宗教団体や宗教的活動のための支出が憲法に違反していると主張することができるのです。したがって，政教分離の原則については，地方公共団体の公金の支出に注目することで，憲法訴訟を提起することができます。

　裁判所は，政教分離という制度，つまり，国家と宗教の分離という仕組みは，信教の自由の保障を確実なものにするために設けられていると考えています。この点で，政教分離原則は「制度的保障」の一例であるとされることがあります。この場合の「制度的保障」とは，憲法は，私たちの権利や自由だけではなく，ある種の制度，例えば，家族や私有財産，地方自治などの仕組みを，国会による立法から保護しているという考え方です。こうした制度の具体的な内容をどのようなものにするのかは，国会による立法，つまり法律によって定められるものですが，家族や地方自治という仕組みそのものをなくしてしまったり，私有財産制度を骨抜きにしたりすることは，国会にもできません。

　政教分離原則をめぐる裁判では，国家と宗教の分離の程度が問題になります。裁判所は，公権力と宗教の関わり合いが，日本の社会的，文化的な事情をふまえた上で，過度なものになっていないかどうかをチェックしています。最高裁判所の判決の中には，問題になっている公権力の行為について，その「目的」が宗教的意義をもち，その「効果」が宗教に対する援助や助長，促進，圧迫，干渉になっているような場合には，日本国憲法20条第3項が禁止している宗教的活動に当たると判断しているものがあります。憲法学は，こうした判断の枠組みを目的・効果基準と呼んでいます。神道の方式による地鎮祭を地方公共団

体が実施することは政教分離原則には違反しないとされた津地鎮祭事件（最大判昭和52（1977）年7月13日）や，靖国神社や護国神社に対する寄付金を公金から支出したことが憲法89条に違反するとされた愛媛県玉串料訴訟（最大判平成9（1997）年4月2日）では，目的・効果基準が用いられています。

　最高裁判所が採用している目的・効果基準では，国や地方公共団体による宗教的活動や，宗教団体のための支出は，一定の要件を満たした場合に違憲になります。宗教上の儀式や宗教団体への献金は，地鎮祭がそうであるように，一般社会における儀礼的，形式的なものとして実施されることもあるので，それが特定の宗教や信仰への特別な支援になっている，あるいは，なっているように受け取られるような場合にのみ違憲になるのです。

　この目的・効果基準は，アメリカ合衆国の裁判所が過去に採用していた，レモン・テストと呼ばれる司法審査の基準をモデルにしたものであると言われています。なお，「レモン」は，リーディング・ケースとなった裁判の当事者の名称です。レモン・テストでは，立法目的が世俗的であること，宗教の促進や阻害の効果がないこと，政府と宗教の過度な関わり合いを生じさせないこと，という3つの要件をすべて満たすことができなければ，政教分離の原則に違反するとされていました。レモン・テストは，厳しい要件をクリアしない限りは国家と宗教の関わり合いは原則として違憲になるという点で，一定の要件を満たした場合に例外的に国家と宗教の関わり合いが違憲になると考える目的・効果基準に比べると，より厳しい基準であると言えます。アメリカの裁判所は，宗教教育をしていた私立学校への財政援助を定めた州法を違憲と判断したこともあります。

　国家と宗教の分離は，これを徹底しようとすると，信教の自由の保障と衝突することもあります。空知太神社事件では，北海道の砂川市が市有地を神社の敷地として町内会に無償で使用させていたことが問題になりました。この神社は，鳥居や祠を備えており，氏子による宗教行事も実施されていることから，宗教施設であることは明白でした。本来は徴収するべき土地の利用料などを免除することは，宗教団体に公金を支出しているようなものです。最高裁判所は，

95

目的・効果基準には触れずに，宗教団体の施設のために公有地を無償で使用させることは，日本国憲法20条第1項後段と89条に違反すると判断しています（最大判平成22（2010）年1月20日）。ただし，裁判所は，こうした違憲な状態を解消する手段としては，「神社施設を撤去し土地を明け渡す以外にも適切な手段があり得るというべきである」とも述べています。

　長年にわたって公有地に置かれていた宗教施設が政教分離の原則に違反することを理由に撤去されてしまうと，そうした宗教施設を管理，運営してきた人々の宗教的行為に深刻な影響を及ぼしかねません。最高裁判所によれば，鳥居や祠の敷地として利用させるために公有地の一部を有償で貸し出すことは，「一般人の目から見て，市が本件神社ないし神道に対して特別の便益を提供し援助していると評価されるおそれがあるとはいえない」ため，憲法には違反しません（最1小判平成24（2012）年2月16日）。

☑コラム⑦　裁判の審級

　第一審の裁判所の判断に不服がある当事者が上級の裁判所での審理を求めて裁判に訴えること，上訴することを「控訴」と呼びます。第二審の判断についての上訴は，「上告」です。上級の裁判所から見た下級の裁判所やそこでの判断は，「原審」と呼ばれます。

　典型的には，地方裁判所が第一審，高等裁判所が控訴審，最高裁判所が上告審になります。裁判の段階，審級を三段階とする三審制です。もっとも，裁判の第4ラウンドや第5ラウンドが行われることもあります。例えば，空知太神社事件では，札幌地方裁判所での第一審，札幌高等裁判所での控訴審，本文中でも触れた平成22年の上告審の後，札幌高等裁判所での差し戻し控訴審が行われています。これは，上告審である最高裁判所が，事件を原審である札幌高等裁判所に差し戻して，再度の審理を命じたためです。さらに上告がなされて，平成24年の差戻後上告審の判決が出て，そこで訴訟は終わりました。

第**7**章	表現

① 表現の自由の重要性

　現代社会では，コミュニケーションは私たちの生活の一部になっています。
私たちは，大量に流通している情報を取捨選択しながら，日々の行動の判断基
準にしています。また，私たちは，自分の意見を他者に伝えたり，他者の気持
ちを伝えられたりすることを通じて，ある種の満足を感じることもあります。
他者だけではなく，自分自身が何者であるのかを理解する上でも，他者とのコ
ミュニケーションは重要です。自由にコミュニケーションをすること，情報を
発信し，受領することは，私たちが人間として成長していく上で，いわば，個
人の自己実現にとって必要不可欠のものであると言えます。

　表現の自由は，憲法が保障している様々な自由の中でも，特に重要なものの
一つであると考えられています。アメリカ合衆国憲法の修正1条は，「連邦議
会は［……］言論またはプレスの自由を縮減する法律［……］を制定してはな
らない」と定めています。フランス人権宣言11条前段によれば，「思想および
意見の自由な伝達は，人の最も貴重な権利の一つ」です。日本国憲法21条第1
項は，「集会，結社及び言論，出版その他一切の表現の自由は，これを保障す
る」と定めています。印刷物の発行や，街頭でのスピーチ，集団によるデモ行
進やアピール行動，思想や意見をともにする仲間たちとの団体の結成などの，
コミュニケーションに関わる行為の自由は，表現の自由とも総称されています。

　大日本帝国憲法29条は，「日本臣民ハ法律ノ範囲内ニ於テ言論著作印行集会
及結社ノ自由ヲ有ス」と定めていました。「言論著作印行集会及結社」という
文言は，日本国憲法21条第1項の「集会，結社及び言論，出版」と，ほぼ対応

97

しています。それでは，明治憲法体制においても，表現の自由は十分に保障されていたのでしょうか。

明治憲法体制では，表現の自由は，権利章典に規定されていたその他の権利や自由と同様に，「法律ノ範囲内ニ於テ」保障されるものに過ぎませんでした。これを「法律の留保」と呼ぶことは，本書の第2章でも触れました。「法律の留保」には，国民の権利や自由を制限するためには，国家は法律を作らなければならないという点で，権利の保障にとってプラスになる面もあります。権力者や公務員の気分や好き嫌いといった，恣意的な理由で言論や出版を制限することは難しくなるからです。また，法律を制定する過程では，公選の議員たちが，議事が記録され，会議が公開される議会で審議を行うため，人々の権利を不当に制限するような法律は制定されにくくなります。制定された法律の内容も，官報などを通じて，誰もが知ることができます。人々は，法律によって禁止されたり，規制されたりしている行為に触れさえしなければ，「自由」に言論や出版をすることができます。フランス人権宣言11条後段も，「すべての市民は，法律が定める場合にその自由の濫用について責任を負うほかは，自由に，話し，書き，印刷することができる」と定めていました。

他方で，「法律の留保」が認められている以上，政府は，法律を作れば，言論や出版，集会，結社をいくらでも制限することができました。明治憲法体制においては，出版や集会に関しては，法律による包括的な統制の仕組みがありました。出版法や新聞紙法は，印刷物を発行する主体である出版社や新聞社に対して，内務省に「納本」をする義務（Duty）を課していました。内務省は，「納本」された印刷物の内容を審査して，その内容に問題があると考えたときには，製本された印刷物を書店などで販売することを禁止することができました。これを，発売頒布禁止，発禁と呼びます。また，印刷物や演説の内容が，天皇を批判するものであったり，性道徳に反するものであったり，軍事機密に触れるものであったりした場合には，印刷物の著者や，出版社の経営者，演説会の弁士は，刑法によって処罰されることもありました。

明治憲法体制においても，自由な表現がある程度認められていた時期もあり

ます。しかし，特に1930年代以降，アジア・太平洋戦争に向かっていく中で，日本では，思想や経済に関する統制だけではなく，言論や出版の統制も強化されていきます。政治や外交，戦争に関わる情報の流通は制限され，政府にとって不都合な出来事や事件は，報道されないようになりました。

　政府や権力者，政策について私たちが適切にこれを評価したり，分析したりするためには，そうした事柄に関する情報が十分に流通していなければなりません。民主主義の社会において表現の自由が重要であるとされる理由は，このような事実に由来します。民主主義は，政治や社会，権力者に関する情報や意見が自由に流通していなければ，つまり，表現の自由が保障されていなければ，成り立たないのです。表現の自由は，個人の自己実現にとって重要であるだけではなく，民主主義の社会にとっても有用なものです。憲法学では，これを，表現の自由の自己統治の価値と呼んでいます。

② 　検閲の禁止

　日本国憲法21条第2項は，「検閲は，これをしてはならない」と定めています。表現の自由理論における検閲（Censorship）の概念は，印刷物や発言などの表現が一般に公表される前の段階で審査を受けることや，そうした審査を経て公表が禁止されることを示すために用いられています。明治憲法体制における言論統制の仕組みは，内務省へ「納本」された印刷物の内容を検閲官が審査して，その中に不適切な記述が含まれている場合には，発禁処分によって書店や図書館といった公衆の目に触れる場所にその印刷物を置かせていなかったという点で，公権力による検閲の一種であったと言えます。

　日本国憲法が検閲を名指しで禁止しているのは，表現が公表される前の段階でなされる規制には，特に問題があると考えられているためです。検閲によって公表を禁止された出版物は，公衆の目に触れることがありません。情報や意見が，それらが有用なものかどうかが判断されないまま，埋もれてしまうことになります。また，検閲が行われている社会では，流通している情報やメッセ

ージは，政府にとって都合がよいものや，権力者が好むものばかりになるかも
しれません。さらに，多くの表現活動は，営利事業として行われています。専
門書や学術書であっても，一定の売上げの見込みがなければ，出版されること
はありません。手間や費用をかけて完成させた書籍の販売が禁止されれば，出
版社は致命傷を負うかもしれません。

　そして，検閲のある社会では，発禁処分や処罰をおそれて，人々は，自ら表
現の内容を規制するようになります。検閲官の意向を忖度（そんたく）して，公権力による
規制の先回りをするようになっていくのです。典型的な例としては，明治憲法
体制の時代の「伏せ字」があります。当時の出版社は，検閲官に問題視されそ
うな語句や記述を，あらかじめ「○○○」や「×××」といった記号に置き換
えていました。公権力が自らの手で言論や出版の規制をせずとも，政府や権力
者にとって不都合な事実を指摘したり，異論（Dissent）を唱えたりする人は，
次第に少なくなっていくのです。こうした自主規制とその弊害は，現在でも，
なくなったわけではありません。

　戦後，内務省による検閲を含めて，明治憲法体制における言論統制の仕組み
の大半は廃止されましたが，現在でも，表現が一般に流通する前の段階での規
制，表現の事前抑制が完全になくなったというわけではありません。例えば，
海外から日本に輸入されてくる表現物の規制が問題になった事例として，税関
検査事件があります。税関は，輸入品にかけられている税金，関税を徴収する
ために設置されている国の行政機関です。税関検査事件では，原告が外国から
輸入しようとした8ミリフィルムや写真集が，男女の性行為や性器などが写っ
ていることを理由に，輸入禁制品とされたことが問題となりました。税関は，
関税の徴収だけではなく，国内法によって流通が禁止されている物品が外国か
ら持ち込まれるのを防ぐ仕事もしています。インターネットが普及するまでは，
性表現の規制にも，税関は一定の役割を果たしていました。

　最高裁判所は，「行政権が主体となつて，思想内容等の表現物を対象とし，
その全部又は一部の発表の禁止を目的として，対象とされる一定の表現物につ
き網羅的一般的に，発表前にその内容を審査した上，不適当と認めるものの発

表を禁止することを，その特質として備えるもの」だけが，日本国憲法21条第2項が禁止している検閲に当たると判断しました（最大判昭和59（1984）年12月12日）。裁判所の定義に従えば，税関検査は検閲には該当しません。ただし，この定義は，憲法が禁止している検閲の定義としては，狭すぎるのではないかという批判もあります。

　表現の事前抑制の中には，行政権ではなく，司法権によってなされるものがあります。具体的には，名誉を毀損したり，プライバシーを侵害したりするおそれのある印刷物について，その公表を裁判所が事前に差し止めることがあります。民法709条は，「故意又は過失によって他人の権利又は法律上保護される利益を侵害した者は，これによって生じた損害を賠償する責任を負う」と定めています。社会的な評判や，私生活の平穏は，法によって保護された利益であり，言論や出版によって他者の私生活を暴いたり，社会的評価を不当に貶めたりすることは，不法行為とされることがあります。

　これから発売される予定の雑誌や書籍などの中に，自分の名誉やプライバシーを侵害するものがあることに気がついた人が，その公表を，つまり，不法行為を差し止めるための命令を裁判所に請求することがあります。なぜ，未発売の雑誌や書籍の内容があらかじめ知られているのか，不思議に思う方もいるかもしれません。週刊誌などの場合は，試し刷りの「ゲラ」ができた段階，つまり，印刷して製本される前の段階で，データや校正刷りが，あらかじめ関係者に配布されていることがあるそうです。また，書籍の場合は，既に雑誌などに掲載された原稿が，単行本にまとめられて，再度公表されることもあります。

　裁判所は，私人同士の法的紛争の中で，当事者の請求に基づいて裁判所が命じる印刷物の頒布の事前差止は，憲法が禁止している検閲には当たらないと考えています。ただし，表現の事前抑制は，事後的な制裁と比べて自由な表現に与える影響が大きいため，「表現の自由を保障し検閲を禁止する憲法21条の趣旨に照らし，厳格かつ明確な要件のもとにおいてのみ許容されうる」と述べています（最大判昭和61（1986）年6月11日）。裁判所によれば，表現の内容が真実ではなく，公益を図る目的も乏しく，被害者が重大で回復困難な損害を被るお

それがあるような場合には，公務員や，公職の候補者についての表現物であっても，例外的に，名誉権を保護するための事前差止をすることも認められます。また，雑誌に掲載された小説の単行本化に際して，登場人物のモデルとされた人物の一人が，持病や経歴などを描写されたことによってプライバシーや名誉，名誉感情を侵害されたと訴えた，「石に泳ぐ魚」事件では，最高裁判所は，プライバシーや名誉感情の侵害に基づく出版の事前差止も認めています（最3小判平成14（2002）年9月24日）。

③ 表現規制の理由

　検閲や事前抑制は，表現活動の一連のプロセスの中で，表現が公表される前の段階でなされる規制です。これに対して，特定の内容の表現をしたことを理由として処罰されたり，損害賠償の支払いや，謝罪広告の掲載が命じられたりするのは，表現が行われた後の規制，事後的な規制です。

　名誉毀損やプライバシー侵害が問題になっている場面では，伝達されているメッセージの内容に基づいて表現が規制されています。他者の権利や利益を不当に侵害したり，社会を不安定にさせたりするような内容の表現をした者に対して，そうした有害な表現が引き起こした結果に基づいた法的責任を追及することは，必ずしも否定されるべきではないでしょう。

　もっとも，どのような内容の表現であれば規制に値するほど有害であると言えるのかを判断するのは，決して容易なことではありません。また，何が有害な表現に当たるのかが権力者や政府によって恣意的に決められてしまうと，表現の自由は窒息してしまいます。公職者への批判は国家を不安定にする有害な表現であるとされて，政府を批判する人々が次々と投獄されるようになってしまうと，民主主義は成り立ちません。権力者が，自分の価値観や世界観と合わない芸術作品を，有害で不道徳，退廃的であるということにして，焼却させたり，美術館の奥などにしまい込もうとしたりすることもあります。

　現代の憲法学は，表現が伝達している情報や意見の内容に基づいた規制，表

第 7 章　表現

現内容規制は，原則として許されないと考えています。ただし，例外的に，いくつかの表現のカテゴリーについては，内容に基づく規制をすることも許されると考えています。名誉権やプライバシーの権利といった人格権を侵害するような表現も，こうしたカテゴリーに属するものです。

　ただし，人格権の保護を主張すれば，常に表現の規制を正当化できると考えるべきではありません。特に，政治家や高級官僚などの公職者，公務員の名誉やプライバシーを過剰に保護することは，表現の自由を保障する理由の一つでもある，自己統治の観点からも問題があります。不当な暴力によって被疑者を死なせた警察官の人柄について報じたジャーナリストは，警察官に対する名誉毀損を理由に，処罰されたり，損害賠償を命じられたりするべきでしょうか。要職に就いている政治家が，深刻なアルコール依存症であり，飲酒をしてときどき配偶者に暴力を振るっていることを暴露しようとする雑誌は，政治家のプライバシーや名誉感情を侵害するものとして，出版を差し止められるべきでしょうか。

　名誉毀損について，刑法230条第1項は，「公然と事実を摘示し，人の名誉を毀損した者」は，処罰されると定めています。ただし，同法230条の2第1項は，「前条第1項の行為が公共の利害に関する事実に係り，かつ，その目的が専ら公益を図ることにあったと認める場合には，事実の真否を判断し，真実であることの証明があったときは，これを罰しない」，同条第3項は，「前条第1項の行為が公務員又は公選による公務員の候補者に関する事実に係る場合には，事実の真否を判断し，真実であることの証明があったときは，これを罰しない」と定めています。したがって，公共の利益のためになされた表現であり，表現の中で指摘された事実が真実であるような場合には，名誉毀損罪は成立しません。さらに，裁判所は，指摘された事実が真実であることが証明されなかった場合でも，それが真実であると表現者が信じていたことについて「確実な資料，根拠に照らし相当の理由があるとき」には，名誉毀損罪は成立しないとしています（最大判昭和44（1969）年6月25日）。それぞれ，真実性の要件と，相当性の要件と呼ばれています。そして，この考え方は，民法上の不法行為とし

103

ての名誉毀損の成立を判断するときにも用いられています。

　プライバシーの侵害については，刑法230条の2のような，表現の自由との調整のための明文の規定はありません。裁判所は，私生活に関わる情報を公開することの利益と，プライバシーを保護する利益とを比較して，どちらが優先するべきかを判断する比較衡量という手法を用いています。公職者に関わる情報や，公益性が高い事柄に関する情報については，公開することの利益が上回る可能性が高くなります。

　性的興奮を引き起こしたり，性道徳を揺るがしたりするような表現は，わいせつ物やポルノグラフィとして，伝統的に公権力による規制の対象とされてきました。性愛は，人間社会の持続や安定のために不可欠な事柄である一方で，むしろ，そうであるからこそ，慣習や道徳，法という規範によって，様々なかたちで規制されてきました。

　刑法175条第1項は，「わいせつな文書，図画，電磁的記録に係る記録媒体その他の物を頒布し，又は公然と陳列した者」や「電気通信の送信によりわいせつな電磁的記録その他の記録を頒布した者」は処罰されると定めています。わいせつ物の頒布や陳列，有償頒布のための所持の処罰について，現行の刑法典は，明治憲法体制の時代の刑法の内容を，ほぼそのまま引き継いでいます。明治憲法体制においては，露骨な性表現や，不倫や同性愛などの性道徳に反するとされていた行為の描写は，検閲や「伏せ字」の対象にもなっていました。

　性表現も，表現の一種であると考えることができます。戦後，比較的すぐの時期に，わいせつ物の頒布などを処罰する刑法175条が，表現の自由を保障した日本国憲法21条に違反するのかどうかが問題となりました。この事件は，デーヴィッド・ハーバート・ロレンスという著名な小説家の作品の翻訳書である『チャタレイ夫人の恋人』の中に性行為の描写が含まれていたことを理由に，出版社の社長や翻訳家が起訴されたことがきっかけであったため，「チャタレイ事件」と呼ばれています。最高裁判所は，刑法が処罰する「わいせつ文書」とは，「徒らに性欲を興奮又は刺戟せしめ，且つ普通人の正常な性的羞恥心を害し，善良な性的道義観念に反するものをいう」と述べています（最大判昭和

32（1957）年3月13日）。この判決は，性表現のすべてが刑事処罰の対象になる
わけではないと判断した点では，自由な表現の領域を広げたものです。ただし，
わいせつな表現を処罰すること自体は合憲であるとされ，被告人の有罪も支持
されました。その後，性表現の規制の理由の一つである性道徳は大きく変化し
ました。また，インターネットの普及によって，過激な性表現へのアクセスは，
極めて容易になっています。それでも，刑法によるわいせつ物の規制そのもの
は維持されています。

　性表現の規制は，政府が表現者に対して性表現をしない義務（Duty）を課す
ものであると言えます。伝統的な憲法学では，こうした義務を私たちは政府と
の関係ではもたないこと，性表現をする特権（Privilege）をもつことが，表現
の自由の観点から主張されてきました。表現者が性表現をする特権と，それを
保護する憲法上の免除権（Immunity）に焦点が当てられていたのです。

　近年，性表現を規制する理由として，被写体の保護が強調されるようになっ
ています。18歳未満の者，児童を被写体とした児童ポルノについては，その販
売や製造だけではなく，単純所持も厳しく処罰されます。児童に対する性的虐
待や経済的搾取を防止するために，成人を被写体とした性表現に対するものと
は異なる，厳しい規制がなされています。さらに，成人が出演しているアダル
トビデオの中にも，出演者を脅迫したり，その弱みに付け込んだりして製作や
販売がされているものがあることが認識されるようになりました。性表現や暴
力表現には，その被写体となっている人や動物が存在することがあります。被
写体の保護のための表現の規制については，プライバシーの権利と表現の自由
を調整するときのように，保護されるべき利益の比較衡量という発想も必要に
なるのではないかと思います。

　表現の内容だけではなく，表現が行われる場所や時間帯，方法に着目した規
制がなされることもあります。例えば，公職選挙法140条の2は，「何人も，選
挙運動のため，連呼行為をすることができない」と定めた上で，その但書で，
「演説会場及び街頭演説（演説を含む。）の場所においてする場合並びに午前8
時から午後8時までの間に限り，次条の規定により選挙運動のために使用され

る自動車又は船舶の上においてする場合は，この限りでない」と述べています。これは，特定の候補者に対する投票を呼び掛けること，選挙運動のための表現について，その場所や時間帯，方法を厳格に制限するものです。

　時や場所，方法に関する表現の規制は，表現が伝達する情報や意見の内容に注目しているわけではないという意味で，表現内容に中立的な規制，内容中立規制（Content Neutral Regulations）と呼ばれることもあります。内容に基づいた規制がされると，言論市場には特定の内容の表現が流通しなくなります。内容中立規制がなされているときは，禁止されている時間帯や場所，方法を避ければ，表現をすることは可能です。そのため，自由な表現に対する悪影響は，内容規制に比べて内容中立規制の方がより少ないと考えられています。

　もっとも，効果的な表現を行うためには，場所や方法こそが重要である場合も少なくありません。また，内容規制と内容中立規制は，排他的なものであるとは限らず，両者が組み合わされていることもあります。多くの内容中立規制は，公職選挙法140条の2がそうであるように，特定の内容の表現について，その方法や場所，時間帯を指定するものです。

④　集会の自由

　日本国憲法21条第1項は，集会の自由を保障しています。集会には，デモ行進のように，多数人，大勢の人々が特定の場所に集まり，共通するメッセージを発するものもあれば，学習や娯楽のために，参加者同士の内部的な交流に重点を置くものもあります。対外的か対内的かという違いはありますが，集会には，大勢の人々が同時にコミュニケーションに取り組むという性質があります。そのため，集会の自由は，表現の自由の一部とされています。

　人間が大勢集まると，そのこと自体が強いメッセージ性をもちます。また，単にどこかに集まり，声を上げるということだけであれば，特別な準備や多額の負担も必要ありません。集団での示威活動は，政治的，社会的なメッセージを効果的かつ安上がりに発する手段の一つです。デモや座り込みが発端となっ

第7章　表現

て，社会や政府がひっくり返ることさえあります。

　明治憲法体制においては，新聞や雑誌，書籍などの出版事業や，政党などの政治結社を規制する仕組みだけではなく，集会を規制する法令も存在していました。代表的なものとして，治安警察法があります。集会の開催にあたって警察署に届出をしなければならないことや，「安寧秩序ヲ保持スル為必要ナル場合」には警察官が屋外での集会を解散させる権限をもつことなどが定められていました。

　出版法や新聞紙法，治安維持法と同様に，集会を規制していた治安警察法も，連合国軍による占領下で廃止されました。日本国憲法の下では，集会の内容を公権力が事前にチェックしたり，政府にとって不都合な集会を禁止したり，警察官が解散させたりすることは，集会の自由の不当な侵害になり得ます。

　ただし，大勢の人が一つの場所に集まれば，参加者や観衆，通行人，車両の安全への配慮が必要になります。デモ行進のような集会は，公道，道路を利用して行われることが一般的です。多数の人々が往来する道路は，様々なメッセージを発するのに非常に適した場所です。他方で，道路は，交通のために整備され，管理されているものです。歩行者や車両が安全に道路を通行できるようにしておかなければなりません。

　道路交通法や，地方公共団体の定めている公安条例は，道路を使用する場合に，警察署長や公安委員会の「許可」を得ることを求めています。許可という概念は，行政法学では，行為の禁止を解除するという意味で使われます。例えば，免許を取らずに公道で自動車の運転をすることは，法令によって禁止されています。ここでは，まず，自動車の運転という危険な行為が法令によって禁止されています。その上で，公安委員会の定めた基準を満たした人には，自動車を運転する許可を与えて，運転の禁止を解除しているのです。

　デモ行進のための道路使用の「許可」を，もし行政法学における許可と同じものであると理解すると，私たちは，デモ行進をすることを法律によって禁止されていることになります。さらに，警察署長や公安委員会は，デモが行われる前に，つまり，集団による表現が行われるよりも前に，デモの可否を決める

107

権限をもちます。公権力による，事前の，内容に基づいた規制が可能であるということになると，集会の自由が十分に保障されているとは言えません。最高裁判所は，新潟県公安条例事件において，「行列行進又は公衆の集団示威運動［……］は，公共の福祉に反するような不当な目的又は方法によらないかぎり，本来国民の自由とするところ」であり，デモについて「単なる届出制」ではなく「一般的な許可制を定めてこれを事前に抑制することは，憲法の趣旨に反し許されない」と述べています（最大判昭和29（1954）年11月24日）。ただし，裁判所は，公共の安全にとって差し迫った危険があることが明確な場合には，デモを不許可にすることも認めています。

5 パブリック・フォーラムと公の施設

道路利用の「許可」の権限は，警察署長や公安委員会のもつ公道の管理権の一部です。道路に限らず，現代社会では，あらゆる場所が誰かに所有され，管理されています。所有者や管理者は，所有し，管理している土地や施設がどのように利用されるのかを決める権限をもちます。これは，場所の利用に関する特権（Privilege）や請求権（Claim）を与えたり，取り上げたりするための権能（Power）です。

表現の成立には，情報の発信者，送り手と，情報の受信者，受け手に加えて，表現のための「場」が必要です。情報通信技術が発達した現在では，この「場」には，道路や公園などの物理的な場所だけではなく，インターネット上の掲示板やコミュニティなども含まれると考えるべきでしょう。いずれにしても，私たちは，表現をするためには，どこかの「場」を利用しなければなりません。しかし，表現を効果的に行うことができるような「場」は，政府や企業などによって管理されていることがほとんどです。

道路や公園，駅前広場などの公衆に向けた表現に適した「場」を人々の表現のために開放することを求める，パブリック・フォーラムという考え方があります。パブリック・フォーラム論は，道路や公園を管理する公権力に対してだ

けではなく，駅前広場を管理する鉄道会社などの民間企業に対しても，表現に適した「場」を開放するよう求めるものです。自由な表現をよりよく保護するという観点からは，伝統的に公衆による表現の「場」として利用されてきた土地や施設の所有者や管理者のもつ権能には，一定の限界があると考えるべきでしょう。

　現代社会では，人々が集会のために利用できるような「場」を，国や地方公共団体が積極的に提供していることもあります。地方自治法244条第1項は，「普通地方公共団体は，住民の福祉を増進する目的をもつてその利用に供するための施設（これを公の施設という。）を設けるものとする」と定めています。表現や集会に関わる「公の施設」として，図書館や公民館，美術館，市民ホールなどが設置されています。パブリック・フォーラムとされる公道や駅前広場が，もともとは表現活動ではなく，移動や交通，休憩などのために設置されたものであるのに対して，こうした「公の施設」は，最初から，人々の集会や表現のために設置されているという特徴があります。

　「公の施設」を設置した地方公共団体は，管理のための条例を制定して，住民が施設を利用するときの条件や手続などを定めています。住民は，そうした条件に従って，「公の施設」を利用する特権をもちます。さらに，住民は，地方公共団体との関係では，「公の施設」を利用させることを求める権利をもちます。この請求権に相関する責務は，地方公共団体が，住民に施設を利用させる義務（Duty）です。地方公共団体は，住民が施設を円滑に利用することができるようにしておかなければなりません。単に建物の入口を開けておくだけではなく，電気や水道，空調などの設備を維持したり，利用者同士がバッティングをしないように利用時間帯を調整したり，子どもや高齢者も安全に利用ができるような環境を整えたりしておく必要があるのです。

　地方自治法244条第2項は，「普通地方公共団体［……］は，正当な理由がない限り，住民が公の施設を利用することを拒んではならない」と定め，同条第3項は，「普通地方公共団体は，住民が公の施設を利用することについて，不当な差別的取扱いをしてはならない」と定めています。住民は施設利用の請求

権を不当に取り上げられない権利をもちます。施設を設置し，管理している地方公共団体の権能には一定の制限がかけられているという点で，地方自治法は，住民に免除権（Immunity）を与えていると言えます。したがって，住民のもつ「公の施設」の利用権は，請求権と特権に加えて，地方自治法上の免除権の要素が組み合わされた「分子」の構造を備えています。

　日本国憲法によって集会の自由が保障されているため，法律上の免除権に加えて，憲法上の免除権の要素も組み合わされていると考えることもできるかもしれません。仮に，地方自治法が改正され，地方公共団体が設置，管理している施設については，住民の利用を認めるかどうかを，知事や市長は任意に決定してよいということになったとしましょう。また，知事と対立する意見をもつグループによる利用申請が，恣意的に拒まれたとしましょう。こうしたルールや行為は，集会の自由を不当に制限するものであると言えそうです。そうすると，住民のもつ「公の施設」の利用権は，集会の自由を保障する日本国憲法21条第1項によって，つまり，憲法上の免除権によっても保護されていると考えることができます。

　ここでは，地方公共団体が定める条例が住民に請求権と特権を与えており，国会が制定する地方自治法によって法律上の免除権が，そして，日本国憲法が憲法上の免除権を与えているという，複層的な権利の構造を見出すことができます。憲法は「最高法規」であり，法律は条例に優位します。集会の自由によって保障されている法的権利の構造を，憲法，法律，条例という法の段階構造，法の秩序を反映しながら描写することができるのです。

　さらに詳細に描写をするのであれば，条例よりも下位のルールである，個別の施設の管理運用規則や，実際に施設を管理している団体の内規などにも注目をすることができます。ただし，こうして権利の構造の複層性を丹念に描写していくことは，一面では精緻な分析と言えるのかもしれませんが，同時に，当事者間の法的関係としての権利というシンプルな構図を崩していくことにもなりかねません。「公の施設」の利用権については，施設利用の請求権と特権とともに，それを取り上げられない免除権を住民がもつと言うことによって，法

110

第 7 章 表現

的権利の構造を十分に説明できるのではないでしょうか。

☑コラム⑧ 「条の2」

　刑法230条の2は，日本国憲法の公布と施行にあたって追加された条文の一つです。230条と231条の間に新しい条文を挿入するために，「の2」という枝番号のついた条文を加える方法が用いられています。このような法改正をするときには，新・231条を追加して，旧・231条よりも後ろの条文の番号はすべてずらす，繰り下げるという方法をとることもできます。しかし，もしそうすると，番号がずれた条文，この場合は，231条以降の条文を引用している他の法令の規定も，すべて改正しなければなりません。また，ある条文を丸ごと削除するときに，条文の番号を繰り上げると，やはり同じような問題が起こります。法改正の作業が煩雑になるのを避けるために，枝番号を用いたり，条文を削除した場合には，「第〇〇条　削除」と表記したりすることがあるのです。

111

第8章	メディア

① 「知る権利」

コミュニケーションという行為は，情報の送り手，発信者だけではなく，受け手，受信者を必要としています。表現者である送り手の側の権利だけではなく，流通している情報を受け取る側の権利も保障されていなければ，自由な表現の保障が十分であるとは言えません。

そもそも，私たちは，何もないところから，まったくのゼロから言葉や文章を作ることはできません。例えば，レポートを作成するときには，文章を書く，キーボードを叩くという手順の前に，図書館やウェブサイトで調べものをするという手順を踏む必要があります。情報を受領することは，表現活動の一連のプロセスの中で，情報を発信することに先行しています。

憲法による表現の自由の保障には，表現の受け手の側の「知る権利」の保障も含まれていると考えられています。最高裁判所は，よど号ハイジャック記事抹消事件において，「およそ各人が，自由に，さまざまな意見，知識，情報に接し，これを摂取する機会をもつことは，その者が個人としての自己の思想及び人格を形成・発展させ，社会生活の中にこれを反映させていくうえにおいて欠くことのできないものであり，また，民主主義社会における思想及び情報の自由な伝達，交流の確保という基本原理を真に実効あるものたらしめるためにも，必要なところである」と述べています（最大判昭和58（1983）年6月22日）。

「知る権利」には，新聞やウェブサイトに誰かが掲載したコンテンツを視聴し，情報を受領するという受け身の側面だけではなく，まだ公開されていない情報を収集するという積極的な側面も含まれると考えられています。政府や企

業は，自分たちにとって不都合な情報，失敗や不正に関する情報をしばしば隠蔽しようとします。隠されていた情報や事実が明らかになることで，出来事や人物への評価が大きく変化することもあります。

　国や地方公共団体が保有している情報については，1999年に制定された「行政機関の保有する情報の公開に関する法律」，情報公開法や，地方公共団体が定めている情報公開条例に基づいて，私たちは，その開示を求めることができます。情報公開に関する法令の中には，「知る権利」の尊重や保障を明示しているものもあります。例えば，佐賀県情報公開条例１条は，「この条例は，公文書の開示を請求する権利を明らかにし，情報の公開に関し必要な事項を定めることにより，県民の知る権利を尊重するとともに，県政に関し県民に説明する県の責務が全うされるようにし，もって地方自治の本旨に即した県政の発展に資することを目的とする」と述べています。情報公開法は，「国民主権の理念にのっとり，行政文書の開示を請求する権利につき定めること等により，行政機関の保有する情報の一層の公開を図り，もって政府の有するその諸活動を国民に説明する責務が全うされるようにするとともに，国民の的確な理解と批判の下にある公正で民主的な行政の推進に資すること」を目的に掲げています。こちらには「知る権利」という言葉は出てきませんが，表現の自由の自己統治の価値が示されています。また，2009年に制定された公文書管理法も，「国及び独立行政法人等の諸活動や歴史的事実の記録である公文書」は，「健全な民主主義の根幹を支える国民共有の知的資源」であることを強調しています。民主主義に資するような情報の流通を保障している点で，情報公開法や公文書管理法の基礎にも，「知る権利」が置かれていると言えそうです。

　情報公開法や情報公開条例によって，私たちは，政府の保有している文書を開示するように求める請求権（Claim）を与えられています。情報公開法３条は，「何人も，この法律の定めるところにより，行政機関の長［……］に対し，当該行政機関の保有する行政文書の開示を請求することができる」と定めています。この開示請求権には，請求者に対して情報の開示をする行政機関の義務（Duty）が相関しています。

ただし，政府は，あらゆる文書を開示する義務を負っているわけではありません。情報公開法5条は，開示を請求された文書の中に，個人情報や，公にすることによって個人の利益を侵害する情報が含まれているときには，開示をすることができないと定めています。また，国の安全保障に関する情報などの，国家秘密については，それを開示しないだけではなく，情報を漏洩した者を特に重く処罰するための仕組みもあります。こうした仕組みは，「国家の安全（National Security）」を守るために，日本を含めた多くの国で採用されています。

　ただし，政府や権力者が「これは秘密です」と指定さえすれば，情報の開示を拒否したり，情報を外部に伝えた者を処罰したりすることができてしまうと，憲法が自由な表現を保障している意義が損なわれてしまいます。抽象的で曖昧な「国家の安全」よりも，自由な表現や情報伝達による利益，表現の自由の自己統治の価値や「知る権利」を優先するべき場面もあります。特に，公共の利益に関わる重要な情報が不正に隠蔽されているような場合には，それを暴露した者を処罰することは許されないと考えるべきでしょう。

　最高裁判所は，外務省秘密電文漏洩事件において，「報道機関の国政に関する取材行為は，国家秘密の探知という点で公務員の守秘義務と対立拮抗するものであり，時としては誘導・唆誘的性質を伴うものであるから，報道機関が取材の目的で公務員に対し秘密を漏示するようにそそのかしたからといつて，そのことだけで，直ちに当該行為の違法性が推定されるものと解するのは相当ではな［い］」と述べています（最1小決昭和53（1978）年5月31日）。ただし，この事件では，新聞記者である被告人が情報を入手するときの方法に問題があったとして，秘密漏洩をそそのかした行為は違法であるとされました。なお，この記者が外務省の事務官から入手した情報の中には，沖縄が日本に復帰するにあたって，アメリカ合衆国が使用していた土地の原状回復にかかる費用を日本政府が秘密裏に肩代わりする「密約」が結ばれていたという事実が含まれていました。日本政府はこの「密約」の存在を長年にわたって否定してきましたが，現在では，アメリカ合衆国の政府による情報公開などによって，実際に「密約」があったことが裏付けられています。

第8章　メディア

② メディアの自由

　私たちは，多くの情報を何かしらの媒体を通じて入手しています。一人の人間が，直接，目にしたり，聞いたり，触れたりすることができる事柄は，そう多くはありません。私たちは，様々な道具を使用することによって，自らの視覚や聴覚を拡張し，遠くで起きた出来事や，会ったこともない人々の意見，現在だけではなく過去の事件や思想を認識することができます。手段や媒体という意味の英語である "medium" の複数形を "media" といいます。

　19世紀から20世紀にかけて，コミュニケーションのためのメディアは，飛躍的な発展を遂げました。伝統的な印刷メディアに加えて，電波や電気信号による放送や通信のメディアが登場したことによって，大量の情報を瞬時かつ同時に送信することができるようになりました。新聞や雑誌，書籍といった伝統的な印刷メディアに対して，ラジオやテレビなどは新しいメディア，ニュー・メディアと呼ばれました。1990年代以降は，インターネットが普及します。

　アメリカ合衆国憲法の修正1条は，言論の自由と並べて，「プレスの自由(freedom of the press)」を保障しています。日本国憲法21条第1項は「出版」の自由を保障しています。大日本帝国憲法29条にも，「印行」の自由が定められていました。"Press" という単語には，押し付けるという意味の他に，印刷や出版という意味もあります。印刷は，もともとは，金属や木でできた活字を組み込んだ板，活版を，紙などに押し付けることによって，文字や模様などを複写するものでした。私たちは，プレスという手段や技術を使ってコミュニケーションをする特権（Privilege）をもちます。18世紀から19世紀にかけて，新聞や雑誌，パンフレットなどの印刷メディアが大きく発展をします。現代社会では，インターネットや，携帯用の情報端末というメディアを使ってコミュニケーションをすることができます。メディアの自由という概念には，メディアというテクノロジーを使用する自由という意味があります。

　スポーツの世界大会などのイベントや，政治家の記者会見には，"PRESS"

115

と書かれた札を首から下げたり，腕章として身につけたりしている人たちが参加していることがあります。プレスという言葉には，出版や印刷だけではなく，出版社や新聞社，印刷メディアの会社や業界という意味もあります。官庁や企業が，新聞社や放送局などの報道機関に対して情報を発信することを，プレス・リリースと言います。大勢の報道関係者が集まるイベントでは，プレス・センターが開設されることもあります。

　公衆に向けて大量の情報を発信することを，マス・コミュニケーションと呼び，それを担う組織や団体は，マスコミと呼ばれます。メディアの自由の概念は，マス・メディアやマスコミと呼ばれる，情報の収集や発信を専門の仕事とする人々や組織体のもつ特別な自由という意味で用いられることもあります。

　憲法は，表現の自由の保障に加えて，メディアやプレスの自由を特別に保護していると考えるべきでしょうか。メディアには憲法上の特別な自由が認められるとすれば，それはどのような理由に基づいているのでしょうか。また，メディアの自由の特別な保護は，新聞社や放送局，ジャーナリストに，どのような法的権利を与えているのでしょうか。

③　取材・報道の自由

　日本国憲法21条の下でのメディアの取材・報道の自由が争点となった事例として，博多駅事件があります。1968年1月16日の早朝に，日本国有鉄道，国鉄の博多駅で，約300人の学生たちと約800人の機動隊員，警察官が衝突する事件が起こります。学生たちは，アメリカ軍の原子力空母の佐世保寄港への反対運動に参加するために，東京から夜行列車に乗って，早朝の博多駅に到着します。駅には大勢の機動隊員が待ち構えており，かなり荒っぽい方法で学生たちは駅から排除され，所持品検査などを受けました。

　このとき，機動隊員に抵抗したとして，一部の学生たちが公務執行妨害罪に問われますが，裁判の結果，いずれも無罪となります。衝突の際に負傷した学生もいたため，警察に対する告発もなされます。刑法195条第1項は，「裁判，

検察若しくは警察の職務を行う者又はこれらの職務を補助する者が，その職務を行うに当たり，被告人，被疑者その他の者に対して暴行又は陵辱若しくは加虐の行為をしたとき」は，処罰されると定めています。これを，特別公務員暴行陵虐罪と呼びます。武装を許され，人を拘束したり，制圧したりする権限を与えられている警察官が，その職務上の権限を濫用したときには，重く処罰されるのです。

　この告発に対して，検察は不起訴処分という判断をします。日本では，被疑者を起訴するかどうかは，もっぱら検察官の判断に委ねられています。これを，起訴便宜主義と呼んでいます。また，被疑者を起訴する権限は，原則として，検察官のみがもちます。しかし，警察官や検察官などの公務員による犯罪行為に対して，これらの原則をそのまま適用すると，検察官が「身内」である公務員をかばうことがあるかもしれません。そのため，刑事訴訟法262条第1項は，公務員による職権濫用の罪についての告発をした者は，「検察官の公訴を提起しない処分に不服があるときは，その検察官所属の検察庁の所在地を管轄する地方裁判所に事件を裁判所の審判に付することを請求することができる」と定めています。この審判の請求のことを，付審判請求と呼びます。

　博多駅事件でも，付審判請求がなされ，裁判が始まります。ところが，この裁判がうまく進みません。大勢の人間が衝突し，学生の側に複数の負傷者が出たことや，機動隊員の中にはかなり荒っぽい方法で学生に対応していた者がいたことはわかっていました。衝突が起きたのは，早朝の通勤時間帯でもあったため，大勢の目撃者もいました。しかし，制服を着用した大勢の機動隊員の中で，いったい誰が学生に暴行を加えたのかは，はっきりしません。警察は，裁判所に対して，当初から協力的ではありませんでした。

　学生や警察官の証言だけでは，博多駅での衝突事件の様子を明らかにすることは困難でした。裁判所は，現場の様子を撮影していたテレビ局に対して，衝突事件の「状況を撮影したフイルム全部」の提出を命じます。NHKなどの在福岡の放送局は，事件の当日の博多駅付近を撮影しており，撮影された映像の一部は，ニュースとして報道されていました。映像は，必ずしも真実だけを映

しているとは限りませんが，多くの場合には，客観的な証拠として役に立ちます。

フィルム提出命令に対して，放送局は，取材の自由を脅かすおそれがあることを理由に，提出を拒否します。権力の監視や批判をその役割の一つと自認しているはずの報道機関が，権力犯罪を糾明するための裁判への協力を拒んだのです。放送局は，報道機関が収集した情報が報道以外の目的で利用されるようになると，今後の取材活動に支障が出るおそれがあると主張しました。取材の対象者は，あくまで，報道という目的のために取材を受けています。収集された情報が，刑事裁判における証拠として，いわば，目的外利用される可能性があると，取材の対象者は取材に応じるのを拒むようになるかもしれません。

博多駅事件では，最高裁判所は，「思想の表明の自由とならんで，事実の報道の自由は，表現の自由を規定した憲法21条の保障のもとにあ［り］」「報道機関の報道が正しい内容をもつためには，報道の自由とともに，報道のための取材の自由も，憲法21条の精神に照らし，十分尊重に値いするものといわなければならない」と述べています（最大決昭和44（1969）年11月26日）。裁判所によれば，取材・報道の自由が保障されるのは，「報道機関の報道は，民主主義社会において，国民が国政に関与するにつき，重要な判断の資料を提供し，国民の「知る権利」に奉仕するものである」からです。報道に関わるマス・メディアは，「知る権利」への奉仕を通じて，自己統治の価値を促進しています。

メディアの自由は道具的で機能的な自由であると言われることがあります。メディアの自由は，民主主義の仕組みやプロセスを維持するという，より高次の目標を実現するための手段，つまり，道具のようなものであると考えることができます。機能的であるというのは，正確な情報を迅速に公衆に提供するという社会的な機能を果たすための自由であるという意味です。したがって，取材や報道への特別な保護は，こうした役割を十分に担うことが可能な，新聞社や放送局といった組織メディアや，その構成員の記者という報道機関に対してのみ与えられることになります。

なお，最高裁判所は，日本国憲法21条が報道機関の取材・報道の自由に一定

118

第 **8** 章　メディア

の保護を与えていることは認めたものの，放送局はフィルム提出命令に従わな
ければならないとしました。権力犯罪とも関わるこの事件では，フィルムを証
拠として利用することによって公正な刑事裁判を実現するという利益が，報道
機関の被る不利益，将来における取材活動への支障を上回ると判断されたので
す。ただし，裁判所は，取材によって得られた情報を刑事裁判の証拠として利
用しつつも，その目的外利用の範囲をなるべく限定することで，取材活動への
悪影響にも配慮をしました。裁判所は，すでに放映された分のフィルムを差し
押さえました。そして，裁判で利用するために複写をした上で，フィルムを放
送局に返却しています。複写フィルムも，その後，焼却されたそうです。

④　放送の自由

　博多駅事件における取材・報道の自由についての最高裁判所の判断は，その
後のメディアの自由に関する判例の中でも，繰り返し引用されています。もっ
とも，テレビやラジオという放送メディアは，伝統的に，新聞や雑誌などの印
刷メディアとは異なる規制の下に置かれてきました。新聞社や放送局などのメ
ディアも，一般人と同様に，名誉権やプライバシーの権利を侵害したときには，
損害賠償責任を負います。また，税金を納め，企業の情報を適切に開示し，労
働者の権利を尊重する責務を負う点でも，一般の企業や団体とは異なりません。
こうした一般的な規制に加えて，放送事業者のみに課される特別な法的規制が，
日本を含めたほとんどすべての国家に存在しています。

　例えば，放送事業を始めるときには，事業者は，国から特別な許可，放送免
許を受ける必要があります。新聞社や出版社などの印刷メディアを立ち上げる
ときには，特別な許可は必要ありません。また，放送法 4 条第 1 項は，放送事
業者の番組編集にあたっては，「公安及び善良な風俗を害しないこと」「政治的
に公平であること」「報道は事実をまげないですること」「意見が対立している
問題については，できるだけ多くの角度から論点を明らかにすること」を求め
ています。こうした公平性や正確さに関する原則が法律に規定されているのも，

119

放送メディアの規制に特有の現象です。

　なぜ，放送メディアにはこのような特別な規制がなされてきたのでしょうか。電波の有限性が，その理由の一つに挙げられることがあります。放送法2条第1号は，「放送」を，「公衆によつて直接受信されることを目的とする電気通信［……］の送信」と定義しています。2010年に改正される前は，「公衆によつて直接受信されることを目的とする無線通信の送信」と定められていたことからもわかるように，もともとは，放送法による規制の対象としては，電波を用いた無線通信が念頭に置かれていました。電波は，電磁波の一種で，その波の大きさなどによって，周波数という単位であらわすことができます。同一の周波数帯の電波は，相互に干渉します。電波は，テレビやラジオの放送だけではなく，消防や警察，航空機や船舶の無線連絡や，携帯電話やスマートフォンの通信などにも用いられている，社会に不可欠なインフラです。電波の干渉が起こらないようにするために，国は，特定の組織や団体に対して，ある周波数帯を独占的に利用できる権利を割り当てています。

　放送の社会的な機能に注目することもできます。放送は，映像や音声を多数人に向けて一斉に送信するため，印刷メディアとは異なる，強い影響力を備えています。速報性という点では，入稿や校正，製本などのプロセスを経なければならない印刷メディアに比べて，放送メディアには圧倒的な優位性があります。そうすると，広く国民に伝えられるべき情報，例えば，災害の情報や，公職の立候補者の政治的見解が，なるべく正確かつ公平に伝達されるようにするために，放送には一定の規制をかけるべきであるという考え方も成り立ちます。

　日本では，公共放送であるNHKと，広告料などによって運営されている民間放送，民放の二本立ての放送制度が採用されています。民放は，スポンサーの企業の意向を無視することはできません。NHKは，毎年の予算や事業計画を総務大臣に提出し，国会の承認を受けなければなりません。そして，電波の利用や放送事業については，国の行政機関である総務省が，その前身の一つである郵政省の時代から，許認可や監督の権限をもち続けています。こうした理由から，放送メディアに対しては，印刷メディアに比べて，政治家や高級官僚，

第8章 メディア

大企業といった外部からの圧力が加えられやすいと言われています。

民主主義社会の維持や，「知る権利」への奉仕という機能の点では，放送メディアも，印刷メディアと違いはありません。裁判所も，テレビ局やラジオ局にも，取材や報道のための権利が保障されることを認めています。他方で，放送というメディアの形態に由来する規制が存在することによって，「放送の自由」という独特の論点が存在しています。

⑤　メディアの「特権」

報道機関のもつ法的権利として，取材の対象者や情報の提供者が誰なのかを秘密にしておく権利，取材源秘匿権があります。内部告発に基づいた企業や官庁の不正の報道や，犯罪者集団に対する取材などの場面では，取材源が明らかになってしまうと，取材の対象者の身に危険が及ぶおそれがあります。情報源が適切に守られないことが続けば，取材の対象者と報道機関が信頼関係を築くことは難しくなり，将来の取材にも支障が出るかもしれません。取材源の秘匿が取材の条件であることがあらかじめ明示されていたような場合はもちろんですが，取材の対象者が秘匿の必要性をはっきりと認識してなかったようなときも，必要に応じて取材源を秘匿することは，ジャーナリストに課された倫理的な要請であると考えるべきです。

刑事手続や民事裁判の過程で，記者やマス・メディアに証言や情報開示が求められているときに，取材源の秘匿が法的に問題になる場合があります。なお，博多駅事件のフィルム提出命令事件では，裁判所は，放送局に対して，取材によって得た情報を開示するように命じました。将来の取材への影響を懸念しているという点では，取材源の秘匿と，取材によって得られた情報の開示の拒否には，共通点があります。

本書の第5章でも触れたように，裁判の証人は，「良心に従って真実を述べ，何事も隠さず，偽りを述べない」ことを宣誓しなければなりません。ただし，民事訴訟法197条第1項の各号は，証人が証言を拒むことができる場合もある

121

と定めています。証人は，自分が知っている事実については，包み隠さず話す義務（Duty）を負っています。しかし，一定の事柄については，証言を拒否する権利，証言拒絶権をもちます。同項第2号によれば，「医師，歯科医師，薬剤師，医薬品販売業者，助産師，弁護士［……］，弁理士，弁護人，公証人，宗教，祈祷若しくは祭祀の職にある者又はこれらの職にあった者」は，「職務上知り得た事実で黙秘すべきものについて尋問を受ける場合」には，証言を拒絶することができます。また，同項第3号は，「技術又は職業の秘密に関する事項について尋問を受ける場合」にも，証人の証言拒絶権を認めています。

民事訴訟法197条の中には，記者やジャーナリストといった職業が明示されているわけではありません。しかし，NHK記者事件において，裁判所は，報道機関の記者が取材源に関する証言を拒絶できる場合があることを認めています（最3小決平成18（2006）年10月3日）。裁判所によれば，「職業の秘密」が保護に値するかどうかは，「秘密の公表によって生ずる不利益と証言の拒絶によって犠牲になる真実発見及び裁判の公正との比較衡量により決せられる」とされています。そして，「当該報道が公共の利益に関するものであって，その取材の手段，方法が一般の刑罰法令に触れるとか，取材源となった者が取材源の秘密の開示を承諾しているなどの事情がなく，しかも，当該民事事件が社会的意義や影響のある重大な民事事件であるため，当該取材源の秘密の社会的価値を考慮してもなお公正な裁判を実現すべき必要性が高く，そのために当該証言を得ることが必要不可欠であるといった事情が認められない場合」には，証人は原則として取材源に関する証言を拒絶できます。

刑事裁判については，刑事訴訟法149条が，「医師，歯科医師，助産師，看護師，弁護士［……］，弁理士，公証人，宗教の職に在る者又はこれらの職に在つた者は，業務上委託を受けたため知り得た事実で他人の秘密に関するものについては，証言を拒むことができる」と定めています。最高裁判所は，刑事訴訟法の証言拒絶権の規定は「限定的列挙」であるとして，刑事裁判における記者の証言拒絶権を否定したことがあります（最大判昭和27（1952）年8月6日）。もっとも，当時は，報道機関の取材の自由そのものが，憲法による特別な保護

の対象にはならないと考えられていました。現在では，刑事裁判においても報道機関の取材源秘匿権が認められるべきであるという考え方が有力になっています。

　なお，起訴に至る前の警察官や検察官による犯罪捜査の段階でも，報道機関の保有するフィルムやテープが証拠として押収されることがあります。裁判所は，報道機関の取材・報道の自由に一定の配慮を示しながらも，犯罪捜査における必要性などを比較衡量することによって，検察官や警察官による押収を認める傾向があります（最2小決平成2（1990）年7月9日）。取材データには，情報源や取材対象者の情報が含まれていることもあり得るため，取材源秘匿権に準じて，押収を拒絶できる場合があると考えるべきでしょう。

　マス・メディアには，取材源を秘匿する「特権」が保障されていると言われることがあります。放送局や新聞社などの組織メディアやその記者である報道機関には，証言の拒絶や情報の不開示について，一般人には認められていない特別な権利が保障されているという意味です。「特権」という言葉は，ここでは，辞書的な意味で用いられています。

　報道機関は，警察官や検察官，裁判官などとの関係では，情報源が誰であるのかを開示しない特権（Privilege）をもちます。このとき，報道機関は，情報を開示する義務を負っていません。また，警察官や検察官，裁判所の差押え担当官などに対して，取材データの押収をしないよう求める権利も，取材源秘匿権を構成する権利の一部です。報道機関は，情報源の開示を強制させないようにする請求権（Claim）をもつと言えます。報道機関が取材源秘匿権をもつことを明示する法律，いわゆる「シールド法」を制定している国もあります。さらに，憲法が取材・報道の自由を保障しているのであれば，これらの特権や請求権を保護するための憲法上の免除権（Immunity）の要素が，取材源秘匿権には備わっていると言えます。

⑥　ソーシャル・メディアと表現の自由

　こうした法的権利は，組織メディアやその構成員にのみ保障されるべきもの
でしょうか。もし仮に，博多駅での衝突事件のような出来事が21世紀の現代に
起きたとすると，おそらく，学生や通行人が所持しているスマートフォンやデ
ジタルカメラによって，現場の様子は克明に記録され，瞬時に世界中に「拡
散」されることでしょう。2020年に実施されたアメリカ大統領選挙の結果を不
正に覆そうとして，大勢の群衆がアメリカ連邦議会議事堂に侵入した "Janu-
ary 6th" 事件のときのように，リアルタイムでの中継もなされるかもしれま
せん。

　情報化の進展した現代社会では，私たちは，インターネットや携帯用の情報
端末を駆使することで，伝統的なマス・メディアと同じか，場合によっては，
それらを上回る影響力をもつこともできます。特に，多くの人々が集まるイン
ターネット上の空間，ソーシャル・ネットワーキング・サービスやソーシャ
ル・メディアにおける表現は，瞬く間に数百万，数千万，数億の人々によって
「共有」されることもあります。こうしたメディア環境の変化は，伝統的な表
現の自由やメディアの自由の法理に再考を迫っています。

　インターネットを通じた様々なサービスは，たいていは，民間企業，営利企
業によって提供されています。こうしたサービスは，企業と利用者の間の契約
や合意に基づいて提供されており，企業の側は，利用規約などに違反した利用
者をサービスからほぼ一方的に排除することができます。

　アメリカ合衆国のソーシャル・メディア企業は，"January 6th" 事件の後，
ドナルド・トランプが利用していたアカウントを停止したり，凍結したりしま
した。議事堂を襲撃した暴徒のことを「愛国者」「大好き」と述べたことなど
が，凍結の理由とされています。凍結されたアカウントの中には，9,000万人
近い「フォロワー」を抱えているものもありました。トランプは，アカウント
の凍結は，ソーシャル・メディア企業による検閲行為であり，「言論の自由」

第 **8** 章　メディア

を侵害すると主張して，裁判を起こしました。

　表現の自由やメディアの自由は，国や地方公共団体などの公権力が私たちの表現や集会，情報の受領などを不当に妨げることを防ぐためのものです。私たちは，公権力との関係で，憲法が保障している権利をもちます。国や地方公共団体は，その支配下にある国民や住民のもつ特権（Privilege）や請求権（Claim）を，立法や裁判によって，一方的に変更することができます。こうした権能（Power）の行使が無制限に認められると，私たちの権利や自由が不当に侵害されるおそれがあります。そうならないように，憲法は，公権力が私人と対峙するときに，両者の間を規律するルールとして機能しています。

　憲法上の権利は，対国家的な権利であると言われます。また，国や地方公共団体と私たち国民との間の関係を規律する法のことを，法学では，公法と呼んでいます。憲法や税法は，公法の一種です。これに対して，一般の市民や民間企業同士の関係は，私法によって規律されています。民法や，その特別法でもある会社法や労働法などは，私法の一種です。公法が規律する公権力と私人の間の関係とは異なり，私法が規律する私人間の関係は，基本的には対等なものです。当事者の一方がもう片方のもつ権利を一方的に取り上げることはできません。私人間の法的関係は当事者の意思に基づく合意や契約に委ねられるべきであるという考え方，私的自治の原則は，近代法の大原則の一つです。

　ソーシャル・メディア企業とその利用者の関係も，私人と私人の関係であるため，私的自治に委ねられるべきものであり，公法である憲法の出る幕はないと考えることもできます。他方で，利用者が多く，影響力のあるソーシャル・メディアにアクセスできなくなれば，表現の機会は大幅に縮小します。オペレーティングシステムや，検索サービス，大規模なソーシャル・メディアを提供している企業は，インターネット上では，国や地方公共団体以上の力をもつ，ある種の「社会的権力」であると考えるべきかもしれません。

　私人と公権力の間だけではなく，私人と「社会的権力」の間でも憲法は法的効力をもつのか，憲法は私人間にも適用されるのか，という論点があります。憲法の私人間効力論です。

125

最高裁判所は，民間企業が試用期間中の従業員を過去の政治活動の経歴を隠していたことなどを理由に実質的に解雇したことが労働者の思想の自由を侵害するのかどうかが争点となった三菱樹脂事件において，日本国憲法19条や，信条による差別を禁止した14条1項の規定は，「国または公共団体の統治行動に対して個人の基本的な自由と平等を保障する目的に出たもので，もっぱら国または公共団体と個人との関係を規律するものであり，私人相互の関係を直接規律することを予定するものではない」と述べています（最大判昭和48（1973）年12月12日）。憲法は私人間には直接的には適用されません。ただし，裁判所は，憲法が保護している自由や平等の利益を，民法の一般条項などの解釈を通じて反映することができる，憲法は間接的効力をもつと考えています。現行の民法90条は，「公の秩序又は善良の風俗に反する法律行為は，無効とする」と定めています。また，同法2条は，「この法律は，個人の尊厳と両性の本質的平等を旨として，解釈しなければならない」とも定めています。

　憲法の間接的効力が発揮された例としては，男性に比べて女性の定年年齢を一律に低く設定していた企業の就業規則が，「性別のみによる不合理な差別を定めたもの」として，民法90条によって無効とされた事例を挙げることができます（最3小判昭和56（1981）年3月24日）。この女子若年定年制事件は，日本国憲法14条第1項の平等原則が，民法の解釈を通じて，労働者と雇用者の間の法的関係を規律した例と言えます。

　ソーシャル・メディアの利用関係についても，表現の自由やメディアの自由という憲法の規範が反映されることはあり得ます。もっとも，そのように考えたとしても，ソーシャル・メディアを利用して表現をする権利を常に認めることはできません。サービスの利用を継続させることによる利益と，アカウントの停止や凍結によって達成される利益の比較衡量が必要になります。選挙に敗北した現職の大統領が暴力によってその選挙結果を覆すように群衆を煽動する表現が，憲法に基づいて絶対的な保護を受けるべきであるとは思えません。

第**8**章 メディア

☑コラム⑨ 権利救済のための権利

名誉権やプライバシーの権利の侵害がインターネット上でなされた場合，権利の救済をするためには，そうした表現をした者，情報の発信者をつきとめなければなりません。プロバイダ責任制限法は，インターネットへの接続サービスや，インターネット上の掲示板や交流スペースを提供している事業者に対して，権利侵害をしたと思われる発信者の情報を被害者に開示する義務（Duty）を課しています。この義務に相関する請求権（Claim），発信者情報開示請求権は，人格権の救済をより確実にするための権利であると言えます。

第9章	職業と経済活動

1 精神的自由権と経済的自由権

　日本の憲法学における権利の分類方法の一つに，権利の内容に注目した，経済的自由権と精神的自由権の区別があります。前者は，職業の選択や，居住地の決定，本書の第12章でも見ていく財産の所有などに関わる権利です。後者には，本書の第5章から第8章でも触れた，思想や良心，信仰，表現，集会などに関わる権利に加えて，学問や研究に関わる権利が含まれます。なお，不当な逮捕や奴隷労働，拷問を防ぐための権利として，人身の自由，身体的自由権という区分が用いられることもあります。

　こうした区分や概念は，権利章典に定められている様々な権利や自由を体系的に整理することによって，私たちが法について学ぶときの補助線として役立っています。このような概念を，法学では，講学上の概念と呼んでいます。

　精神的自由権と経済的自由権の区別は，権利や自由を単に分類しているだけではなく，司法審査の場面でも一定の役割を果たしていると考えられてきました。本書の第2章でも触れたように，日本国憲法は，憲法によって保障されている権利が制限される理由として，「公共の福祉」という概念を用いています。「公共の福祉」という文言は，権利章典の総則規定である日本国憲法12条と13条に加えて，職業選択の自由などを保障している22条と，財産権を保障している29条にも記述されています。思想・良心の自由や，信教の自由，表現の自由を保障する条項には，「公共の福祉」という言葉は出てきません。そうすると，日本国憲法は，経済的自由権に対して，様々な制限がなされることをあらかじめ想定しているようにも見えます。

第9章　職業と経済活動

　精神的自由権，とりわけ表現の自由は，憲法が保障している権利の中でも，特に重要な役割を担っているという考え方があります。精神的自由権は，経済的自由権に比べて，より高い地位に置かれている，あるいは，置かれるべきであるという意味で，「優越的地位」を占めているとも言われます。

　表現の自由には，自己統治の価値があります。もし表現の自由が十分に保障されていれば，国や地方公共団体が誤った方向へ進もうとしたとき，投票や言論，報道を通じて，針路を正すことができるかもしれません。しかし，自由な表現が封じられていると，民主主義のサイクルそのものが働かなくなり，私たちは道を誤ったままになるおそれがあります。

　「優越的地位」の理論は，司法審査に臨む裁判官のために，憲法判断の指針や基準を与えることができます。もし表現の自由が非常に重要なものであるならば，それを制限しようとする法律や処分の合憲性は，特別に慎重に，念入りに審査されるべきです。裁判官は，まず，規制が違憲であるという前提に立ち，すなわち，規制の違憲性を推定した上で，政府が精神的自由権の制限を正当化できたときに限って，規制を合憲と判断するべきです。より具体的には，まず，権利を制限する目的が極めて重要な利益の追求であることを確認しなければなりません。さらに，規制の目的を実現するために採用されている手段についても，それが合理的で適合的なものであるのかどうかを，丹念に検証するべきです。もし，精神的自由権に負担をかけないような，「より制限的ではない別の方法（Less Restrictive Alternative）」があるとすれば，政府は，本来用いるべき方法を選ばずに，誤った手段を採用したことになります。このような司法審査の手法のことを「厳格審査（Strict Scrutiny）」と呼びます。権利を制限する目的の重要性と，目的と手段の適合性を，裁判官が厳格な基準に従ってチェックするという意味です。

　「優越的地位」の理論に従うと，経済的自由権を制限する立法や処分には，違憲性の推定は働きません。誤った経済的，社会的な政策は，民主主義のプロセスを通じて是正していくことができます。経済活動に対する規制は，それが不合理なものであることが証明されたときに限って，例外的に違憲とすればよ

129

いということになります。こうした考え方は，精神的自由権の制限を審査する
ときには，経済的自由権の制限を審査するときとは異なる内容の基準を用いる
べきであるという意味で，「二重の基準（Double Standard）」論と呼ばれていま
す。アメリカ合衆国の憲法学や判例に由来する考え方であり，戦後の日本の憲
法学をけん引した芦部信喜の学説にも反映されています。

　ところで，日本の裁判所は，表現の自由の「優越的地位」を認めているので
しょうか。裁判所は，しばしば，表現の自由をはじめとする精神的自由権が重
要であることを，判決文の中で指摘しています。しかし，そうした指摘は，一
種のリップ・サービスに過ぎないとする見解もあります。最高裁判所は，選挙
用のポスターを掲示した郵便局員が起訴された猿払事件において，公務員の
「政治的行為」の制限は，意見表明の自由を制約するとしても，「単に行動の禁
止に伴う限度での間接的，付随的な制約に過ぎず」「公務員の政治的中立性を
維持し，行政の中立的運営とこれに対する国民の信頼を確保するという国民全
体の共同利益」と均衡すると判断しています（最大判昭和49（1974）年11月6日）。
公務員の権利制限という文脈ではあるものの，政治的な意見表明という自己統
治の価値との関わりが深い表現であっても，「政治的中立性」や，国民からの
信頼という抽象的で伸縮自在な利益を理由にして包括的に制限することが認め
られています。

② 経済活動の規制

　現代社会においては，エネルギーや交通，医療，教育，金融などの公共性が
高いとされる経済活動や，これらと関わる職業については，国家による包括的
かつ複雑な規制が張り巡らされています。本書の第7章でも触れたように，表
現の自由との関係では，事前の抑制や内容に基づく規制は，原則として許され
ません。ところが，職業の選択や遂行などの経済活動の規制の方法としては，
事前の許可制や活動の内容に基づいた規制は，むしろ一般的なものです。経済
規制立法に対しては違憲性の推定が働いていないということは，事実であると

第9章　職業と経済活動

言えそうです。

　歴史的に見ると，移動や職業選択という経済活動にとって不可欠な事柄についての自由を保障することは，近代社会の成立にとって極めて重要な意義をもちました。中世や近世の社会では，多くの人々が，生まれ育った土地に縛り付けられ，そこで生産活動をすることを半ば義務付けられていました。広大な土地を支配していたとしても，その土地を耕し，作物を育て，税を納める農民がいなければ，意味はありません。いつの時代も，権力者は，税が滞りなく納められているかどうかに関心があります。また，ある程度の専門性を備えた職業に就くためには，親方と徒弟という身分関係を伴う職能団体，いわゆるギルドとの関わりをもつ必要もありました。商品の流通や販売については，同業者による組合や，領主と結んだ商人たちに様々な「特権」が与えられていました。居住地や職業の選択の自由の保障には，こうした封建的な社会や身分制度から人々を解き放つという面もありました。

　近代国家の歩みとともに，18世紀の終わりごろから19世紀にかけて，市場経済が著しく発展します。多くの人々が，発達していくテクノロジーを活用しながら，生産や交換，取引を通じて市場，マーケットと関わるようになり，あるいは，関わらざるを得なくなります。18世紀のイギリスの哲学者であるアダム・スミスは，人々が各自の利益や目標を追求して自由に競争をすることによって，社会全体は繁栄すると述べています。

　法の下の平等によって対等な法的地位を確保した人々が，各自の能力を活かして自由に経済活動に取り組み，お互いに競争をすることで，社会や国家を全体としても豊かにしていくことができる。こうした世界観の下では，経済活動の自由は，特別に重要なものです。

　現代に生きる私たちは，こうした自由と競争のモデルが常にうまくいくものではないということをよく理解しています。競争によって全体として豊かになったとしても，その利益は，一部の勝者の間で山分けされるだけかもしれません。競争にいったん勝利した者は，市場を支配し，今度は競争を妨げるようになるかもしれません。競争で勝ち抜くための能力は，生まれた家や育った環境

131

によっても左右されます。病気や障害，加齢によって，競争のための能力を失ったときはどうすればいいのでしょうか。さらに，各人の自己利益の追求が，他者に不利益や損害を与えることもあります。

19世紀から20世紀にかけて，公害や貧困，児童労働，独占などの社会的，経済的な問題が顕在化していきます。こうした問題の原因の一つが，特に企業による無制限の経済活動であるとされました。すべての人が人間らしい生活をできるように，経済活動に対して一定の制限をかけることが，国家に対して求められるようになります。同じ時期に，大衆が参政権を手に入れたことによって，社会の中の多数派である一般の人々の暮らしや生活が，公権力の主な関心事になっていきます。

成人期の人間の生活の大半は，労働によって占められています。日本では，労働時間の制限や，最低賃金の保障，児童労働の禁止などを定めた労働基準法が，1947年に制定されます。一般法である民法では，労働条件は，「契約の自由」に基づいて，当事者同士で自由に決めることができます。しかし，実際には，人を雇う側の方が有利な立場にあることが多いため，特別法である労働法は，雇われる側の労働者の権利や地位をより手厚く保護しています。これは，従業員の採用や解雇，賃金などの労働条件について，企業に対して様々な規制を課すものであると言えます。

また，競争法という概念も出現します。企業の結合であるトラストや，価格の協定であるカルテルなどの不公正な取引方法を法的に禁止，制限する仕組みです。日本では，1947年に独占禁止法が制定され，規制機関である公正取引委員会も設置されました。独占禁止法は，企業の経済活動の規制を通じて，私たちの日常生活とも深く関わっています。

さらに，公害を防止するための仕組みも整備されていきます。1967年に公害対策基本法が制定され，1970年のいわゆる「公害国会」も経て，現在の環境省の前身である環境庁が1971年に設置されています。現在では，環境法と呼ばれる法分野は，国内法だけではなく，条約や国際機構など，国際的なルールや仕組みとも関わっています。こうしたルールも，私たちが良好な環境で健康に生

活できるように，企業の経済活動を制限しようとするものです。本書の第2章でも触れたように，憲法典の中に環境に関する権利や原則を書き込む国も出てきています。

国家の側にも，経済活動に対する様々な規制を設ける理由がありました。近代国家は，国家間の激しい競争を始めます。こうした競争は，20世紀における二度の世界大戦という破滅的な戦争にも結びつきましたが，現在でも，他国よりも優位な立場に自国を置こうとして，国家は，産業や科学技術の振興に日々努めています。国家間の競争を勝ち抜くために，経済統制や財政出動，金融調節の技法が，次々と考案されていくようになります。

20世紀の半ばに制定された日本国憲法は，国家が市場や経済活動に積極的に介入することを要請しているのではないか。このように考える立場もあります。経済規制立法が私たちの人間らしい生活や暮らしを守るために必要なものであるとすると，違憲性を推定するべきではありません。経済的自由権に対する制限には緩やかな司法審査が適用されるべきことの積極的な理由を，このように説明することもできるかもしれません。

③ 職業選択の自由

日本国憲法22条第1項は，「職業選択の自由」を保障しています。多くの人は，成人してから一定の年齢に達するまでの間，何かしらの仕事，職業に就きます。私たちは，必ずしも，生活のため，お金を稼ぐためだけに仕事をするわけではありません。仕事には，他者や社会への奉仕や，自身の社会的評価の追求という面もあります。ある種の仕事は，他者のもつ権利の擁護とも関わります。もしそうであるとしても，財やサービスの生産や交換，提供に関わっていれば，職業に就き，仕事をすることは，経済活動の一種と言えます。

身分や生まれた場所によって就くことができる職業がほぼ決まってしまうような状態では，職業選択の自由が保障されているとは言えません。職業選択の自由には，ある職業に就く義務（Duty）がないこと，ある職業に就かない特権

（Privilege）が含まれています。また，この特権を奪われない権利，免除権（Immunity）も，職業選択の自由のための権利を構成していると言えます。政府は，国民に対して特定の職業に就くように強制することはできません。

ただし，私たちは，あらゆる仕事に無条件で就くことができるわけではありません。医師や看護師，薬剤師などの職業に就くためには，大学や専門学校などの専門課程を修めた上で，国家試験に合格する必要があります。裁判官や検察官，弁護士になるためには，司法試験に合格し，司法修習を受けなければなりません。教育委員会は，公立学校の教員を，教員免許をもつ人や，もつ見込みのある人たちの中から，選考のための試験によって採用しています。長期間の就学義務や難易度の高い試験が課されているからといって，私たちが医師や弁護士になることが禁止されているわけではありません。しかし，専門性や公共性の高い仕事に就くためには様々な条件をクリアしなければならないという点で，職業の選択には一定の制限が課されています。

こうした職業選択の制限は，通常は，憲法に違反するものではないと考えられています。職業の遂行は，他者や社会にも大きな影響を及ぼします。医療行為の中には，人間の身体への侵襲を伴うものがあります。金融業は，預貯金や保険の掛け金として他人の財産を預かるだけではなく，決済業務を通じて経済市場のインフラとしての役割を担っています。大学をはじめとする教育機関は，入学してきた学生や生徒たちが卒業できるように，適切な内容の教育を継続的に提供しなければなりません。

職業に関する制限には，いくつかの段階があります。反社会的とされる職業は，法律によって禁止されています。売春業がこの例だと言われています。いくつかの職業は，国家が独占しています。日本では，国防や司法警察の仕事がこれに当たります。もっとも，戦争や治安維持のために，民間企業や傭兵を用いている国家も存在します。また，放送業や金融業は，事業を始めるにあたって，国や地方公共団体から免許や認可を受けなければなりません。旅行業や理容業などのように，届出や登録をすればよいものもあります。

職業選択の自由の保障は，職業の選択だけではなく，選択した職業の遂行に

134

第9章 職業と経済活動

も及ぶと考えられています。職業の遂行の自由は，「営業の自由」と呼ばれています。裁判所は，「職業は，ひとりその選択，すなわち職業の開始，継続，廃止において自由であるばかりではなく，選択した職業の遂行自体，すなわちその職業活動の内容，態様においても，原則として自由であることが要請される」とした上で，日本国憲法22条第1項は，「狭義における職業選択の自由のみならず，職業活動の自由の保障をも包含しているものと解すべきである」と述べています（最大判昭和50（1975）年4月30日）。

　免許や認可，届出，登録などの規制は，事業を開始するときだけではなく，事業を遂行していくときにも適用されるものがあります。いくつかのタイプの規制が組み合わされていることも稀ではありません。私たちに身近な路線バスを走らせている旅客業について考えてみましょう。ほとんどの場合，路線バスの乗客は，シートベルトを着用していません。混雑しているときは，席に座れずに立っている乗客もいます。大勢の乗客を運ぶバスは，特別に安全に配慮して運行されるべきです。また，路線バスのような公共交通機関は，私のように自家用車，マイカーをもたない者にとっては，通勤や生活に欠かせない移動手段の一つです。公共交通機関は，安い運賃で，安定して運行されることが望ましいと言えそうです。そういうわけで，バス事業を営むためには，運転手に大型自動車第二種免許を取得させること，車両の整備管理者を選任して運輸局に届出をすること，旅客自動車運送事業の認可を得ることなどが必要になります。これらの規制は，道路交通法や道路運送車両法，道路運送法などの法令によって，かなり細かく定められています。

④　薬事法違憲判決

　薬機法という法律があります。正式な名称は，「医薬品，医療機器等の品質，有効性及び安全性の確保等に関する法律」です。2013年の法改正よりも前の名称は「薬事法」だったため，現在でもその名称で呼ばれることもあります。

　医薬品は，私たちが健康に生きていくために必要不可欠なものですが，使い

方や用量を誤れば，身体を害したり，精神的な依存をもたらしたりすることもあります。また，医薬品の効能は，素人にはわかりにくいものです。歴史的には，人体にとって有害な物質，例えば，水銀や動物の糞尿などが，薬効があるとして用いられることさえありました。現在では，医薬品の開発や認可，製造，流通，処方は，薬機法をはじめとする様々な法令によって規制されています。

　1975年に最高裁判所は，当時の薬事法の規定の一部を，日本国憲法22条第1項に基づいて，違憲無効と判断しました（最大判昭和50（1975）年4月30日）。この薬事法違憲判決は，最高裁判所による2件目の法令違憲判決です。

　当時の薬事法5条は，薬局を開設するためには，所在地の都道府県知事による許可を受けなければならないと定めていました。1963年の法改正によって，「その薬局の設置の場所が配置の適正を欠くと認められる場合には［……都道府県知事は］許可を与えないことができる」と定める同法6条第2項が追加されます。薬局開設の許可基準が，より厳しいものになったのです。同じく追加された同条第4項によれば，「第2項の配置の基準は，住民に対し適正な調剤の確保と医薬品の適正な供給を図ることができるように，都道府県が条例で定めるものとし，その制定にあたつては，人口，交通事情その他調剤及び医薬品の需給に影響を与える各般の事情を考慮するものとする」とされていました。

　原告は，広島県内や近隣の地域でスーパーマーケットなどを経営する株式会社です。国鉄の福山駅付近のスーパーマーケットの店舗内に薬局を開設するために，原告は，広島県知事に対して，薬局の設置の許可を申請しました。広島県の条例では，「薬局等の設置の場所の配置の基準は［……］既設の薬局等［……］の設置場所から新たに薬局開設の許可等を受けようとする薬局等の設置場所までの距離がおおむね100メートルに保たれているものとする」と定められていました。当時，原告の店舗から55メートルのところにすでに他の薬局があり，また，半径約100メートルの圏内には，複数の薬局がありました。そのため，県知事は，距離制限の条件を満たしていないとして，原告の許可申請に対して不許可処分をしました。原告は，この行政処分の取消しを求めて裁判を起こしました。

第9章　職業と経済活動

　行政機関は，許可や認可などの行政処分によって，私たちの権利や責務を変動させることができます。もし，こうした行政処分に対して不服がある場合には，私たちは，国や地方公共団体などを被告として裁判を起こすことができます。これを行政訴訟と呼びます。行政訴訟の手続は，民事訴訟法の特別法の一つである，行政事件訴訟法によって定められています。法令の違憲性を争う憲法訴訟は，行政訴訟でもあることが少なくありません。行政機関に処分権限を与えている法令，この事件では薬事法という法律が，もし違憲であるとすると，それに基づいてされた処分も違法になり得るからです。

　ところで，原告の許可申請が広島県に受理された7月11日の時点では，まだ薬事法は改正されていませんでした。改正法は，7月12日に公布され，配置の適正を定める条項は，即日施行されます。広島県知事は，改正後の薬事法と，新たに制定した県の条例に基づいて，原告に対する不許可処分をしていました。申請の時点と処分の時点で，法令の内容が異なっていたことになります。通常は，法令を新たに制定したり，改正したりするときには，新法と旧法のどちらが適用されるのかを厳密に場合分けすることができるように，経過措置の規定が置かれます。しかし，このときの薬事法の改正では，申請時と処分時に法令の内容が異なる場合についての定めがされていませんでした。

　この裁判の第一審の広島地方裁判所は，行政機関による不許可処分の根拠法は，原則として「申請時たる改正前のそれによるのが相当である」として，広島県知事が処分の時点の許可基準に基づいて不許可処分をしたのは違法であると判断しました（広島地判昭和42（1967）年4月17日）。裁判所によれば，「薬局等の設置場所が配置上適正を欠くか否かの基準は（かゝる基準を設けることが憲法第22条に違反するか否かについての判断はしばらく措き）その基準の定立前になされた許可申請にも適用すべきほどの公益上の必要性があるものとは認め難い」とされています。

　控訴審の広島高等裁判所は，「行政処分は処分時の法律に準拠してなさるべきが原則である」と判断しました（広島高判昭和43（1968）年7月30日）。このように考えると，薬局の配置の適正を定める改正後の薬事法と県条例が憲法に違

137

反するかどうかを審査する必要があります。裁判所は，「薬局などの設置の場所が配置の適正を欠き，その偏在ないし濫立をきたすに至るが如きは，公共の福祉に反するもの」であるとして，薬事法と県条例は，日本国憲法22条第1項には違反しないと判断しました。

　上告審の最高裁判所は，目的・手段審査を用いて，薬局の配置に関する規制を定める薬事法6条第2項，同条第4項は，日本国憲法22条第1項に違反すると判断しました。裁判所は，まず，行政処分は原則として処分の時点の法令に基づいて行われるべきであるとしています。この点は，控訴審判決と同様です。したがって，薬局の配置規制の合憲性を審査しなければなりません。裁判所は，配置規制は，「主として国民の生命及び健康に対する危険の防止という消極的，警察的目的」をもち，この目的自体は，公共の福祉に合致するものであると述べています。立法の目的は正当なものです。しかし，この目的を達成するために採用されていた手段，薬局の設置場所の制限には，必要性と合理性が認められないとされました。国は，特定の地域に薬局が集中し，競争が激化することによって，一部の薬局の経営が悪化し，「不良医薬品の供給の危険」が発生すると主張していました。一般論としては，過当競争に陥った事業者が，安売りのために商品の品質を落とすことはあり得ます。ただし，医薬品については，その製造や販売などについても，法令によって様々な規制がかけられています。医薬品の安全性の確保を薬局の配置規制という方法で達成しようとするのは，合理的ではないと判断されたのです。

　薬事法の距離制限の規定が違憲とされたため，国会は，1975年6月6日に「薬事法の一部を改正する法律」を成立させて，違憲とされた規定を削除しました。本書の第3章でも触れた刑法の尊属殺重罰規定が，1973年の違憲判決の後も，1995年まで刑法典の中にそのまま残されていたことに比べると，国会は，速やかな対応をしています。薬事法違憲判決以降は，国会は，最高裁判所の法令違憲判決からおおむね1年以内に，違憲とされた法律を改正する対応をとるようになります。日本国憲法52条は，「国会の常会は，毎年1回これを召集する」と定めています。実際には，臨時会や特別会も含めれば，1年の間に複数

138

回，国会は召集されています。最高裁判所による法令違憲判決は，ある日突然，不意打ちのように示されるわけではありません。下級審や上告審における審理の過程で，法的な論点は，ほぼ出尽くします。したがって，最高裁判所が違憲判決を示したときには，国会は，違憲とされた法律の規定を速やかに改廃するべきです。

5 立法裁量と立法事実

　薬事法違憲判決は，職業の自由に対する規制の目的は，「国民経済の円満な発展や社会公共の便宜の促進，経済的弱者の保護等の社会政策及び経済政策上の積極的なものから，社会生活における安全の保障や秩序の維持等の消極的なものに至るまで千差万別」であると述べています（最大判昭和50（1975）年4月30日）。

　「消極的」な規制は，国家や社会の構成員である人々の安全や，社会秩序の維持を目的としたものです。消極規制，消極目的規制と呼ばれることもあります。職業に関する制限の中では，医師や薬剤師の免許制度や公害防止法などが，消極規制に該当します。「積極的」な規制は，経済競争を修正し，サービスや雇用などが広く人々の間に行き渡るようにするための規制です。積極目的規制と呼ばれることもあります。バスの運賃に関する認可の仕組みは，「積極的」な規制という面があります。公共交通機関の運賃が高額になるのを防ぐことによって，移動サービスが広く人々に行き渡るようにしているのです。

　憲法学は，薬事法違憲判決が経済活動の規制の目的を消極目的と積極目的に分けて論じた点に注目をしてきました。最高裁判所は，「職業は［……］本質的に社会的な，しかも主として経済的な活動であつて，その性質上，社会的相互関連性が大きいものであるから，職業の自由は，それ以外の憲法の保障する自由，殊にいわゆる精神的自由に比較して，公権力による規制の要請がつよく，憲法22条1項が『公共の福祉に反しない限り』という留保のもとに職業選択の自由を認めたのも，特にこの点を強調する趣旨に出たものと考えられる」と述

べています。精神的自由権の「優越的地位」や「二重の基準」という考え方を裁判所が採用しているようにも見えます。ところが，最高裁判所は，職業の許可制を通じて経済的自由権を制限する法令を無効としました。最高裁判所の判断に従えば，経済的自由権の制限の場面でも，規制の目的によっては，より厳格な判断基準を用いた司法審査がなされ得るということになります。通常は，国会には，正当な立法目的を達成するためにどのような手段，方法を採用するのかという点について，幅広い判断の余地，立法裁量が与えられています。しかし，立法目的が「消極的」なものであるときには，目的が正当であるとしても，その実現のための手段が適切ではない場合には，経済規制立法は違憲とされるのです。したがって，国会は，複数の手段の中から，職業や経済活動になるべく負担がかからないようなものを選び出さなければなりません。距離制限を伴った配置規制のような方法を用いることはできないという点で，立法裁量は狭められています。

　店舗や施設の配置や距離に関する制限がされていたにもかかわらず，そうした規制は日本国憲法22条第1項に違反するわけではないとされた事例もあります。小売市場事件では，青果店や食肉店などの零細な商店が一つの建物の中に置かれている「小売市場」の開設について，距離制限を含む許可制が採用されていたことが問題になりました。最高裁判所は，「小売市場」の開設の許可制は，「国が社会経済の調和的発展を企図するという観点から中小企業保護政策の一方策としてとつた措置」であるとした上で，その目的には「一応の合理性を認めることができないわけではなく，また，その手段・態様においても，それが著しく不合理であることが明白であるとは認められない」としています（最大判昭和47（1972）年11月22日）。この判決は，薬事法違憲判決の3年ほど前に示されたものですが，「小売市場」の開設の許可制について，裁判所が積極目的規制であると考えているような表現がされています。また，公衆浴場，いわゆる銭湯の設置について，やはり距離制限を含む許可制が問題になった事例で，小売市場事件の判断を踏襲して規制を合憲としたものがあります（最2小判平成元（1989）年1月20日）。

第9章　職業と経済活動

　ただし，あらゆる経済規制の目的を「積極的」なものと「消極的」なものの
どちらかにはっきりと分類できるというわけではありません。最高裁判所も，
規制目的は「積極的なものから［……］消極的なものに至るまで千差万別」で
あると述べています。両者を二元的に，白か黒かというように扱っているので
はなく，様々な段階や水準がある，いわばグラデーションのように見ているの
です。

　このような立法目的への注目は，国会が法律を作るときに認識をしていた事
実，立法事実に裁判所が着目をしているという点で，意義のあることだと思い
ます。裁判所が，立法事実を真剣に分析した上で，法律の目的やその達成のた
めの手段の合理性や必要性を厳格に審査していくことを積み重ねていけば，国
会の方でも，立法に関わる社会的，経済的事実をよく検証した上で，法律の制
定や改廃をするようになるはずです。あるべき法や制度を論じる，立法政策や
法政策論と呼ばれる分野では，立法事実の検証を欠かすことはできません。ま
た，法の分析には，法学だけではなく，社会学や経済学，行政学，心理学など
の，法学に隣接する社会科学の知見も，ときとして必要になります。医薬品の
安全性や品質の確保のためのルール作りには，医学や薬学などの自然科学の知
見も必要であることは，言うまでもありません。

　どのような法が，より優れた，望ましいルールであるのかを判定するのは，
簡単なことではありません。それでも，社会的，経済的，政治的，文化的，科
学的，その他諸々の事実をよりよく認識した上で作られるルールは，思い付き
や思い込み，好き嫌いに従って作られたルールに比べて，より優れたルールで
あるということは，経験的にも明らかであるように思います。

✓コラム⑩　「パンのための学問」

　法学は「パンのための学問（Brotwissenschaft）」であると言われることがあ
ります。人間は，生きていくために，食べ物，ご飯やパン（brot）を必要としま
す。つまり，法学は生活のための学問，お金を稼ぐための学問であるという意味

です。この言葉は，通常は，法学を実用的な学問として称賛するためではなく，文学や哲学，数学などと比べると法学には学問らしさが足りないと批判するときに用いられます。

　私は，法や権利について考えることが，社会における実用性や職業上の成功のためだけのものであるとは思いません。しかし同時に，法学には「パンのための学問」という面があることも否定しません。むしろ，社会を維持する上で不可欠な，職業の選択や遂行と法が深く関わっていることは，法や権利について分析し，理論的に考察することの重要性を高めているのではないでしょうか。

第**10**章	結婚

① 婚姻とは何か

　結婚して夫婦になることを，民法では，婚姻と呼んでいます。内閣府の『少子化社会対策白書』に掲載されているデータによれば，1970年時点の「50歳時の未婚割合」は，男性が1.7％，女性が3.3％でした。これが，2020年時点では，男性が28.3％，女性が17.8％となっています。この統計では，婚姻届を出さずに実質的な夫婦となっている人たち，いわゆる事実婚の夫婦は考慮されていません。それでも，現代の日本は，誰もが結婚をする社会というわけではないようです。

　婚姻は，様々な権利や責務を発生させる原因の一つです。民法752条は，「夫婦は同居し，互いに協力し扶助しなければならない」と定めています。会社の都合で遠隔地に勤務しなければならないといった正当な理由がないにもかかわらず，同居をすることを拒むと，離婚の原因にもなります。また，民法761条本文は，「夫婦の一方が日常の家事に関して第三者と法律行為をしたときは，他の一方は，これによって生じた債務について，連帯してその責任を負う」と定めています。夫婦の一方が生活に必要な日用品や食料品を買う契約をした場合，契約の相手方は，夫婦のもう片方に対しても代金の支払いを求めることができます。

　夫婦になることによって，パートナーの財産を相続することもできるようになります。両親や祖父母，子や孫と違って，妻や夫は，もともとは血縁関係のない他人に過ぎません。子どもを通して血の繋がりはあると言えるのかもしれませんが，夫婦である条件に子どもがいることは含まれていません。しかし，

143

赤の他人同士が，夫婦になれば，相手の財産を優先的に相続することができるようになるのです。民法890条は，「被相続人の配偶者は，常に相続人となる」と定めています。本書の第3章でも触れたように，配偶者の法定相続分の割合は，相続人の中でももっとも大きいものになります。

　単身者向けの賃貸住宅の中には，夫婦であることを条件にして，2人で住むこと，同居人を追加することを認めているものもあります。配偶者の入院や手術にあたって，同意書や承諾書の提出を求められることもあります。分譲マンションの管理組合やPTA，自治会や町内会などでは，夫婦が実質的に一つの人格のように扱われることも少なくありません。

　このように，夫婦になるということは，共同生活をして親愛の情を深めるだけではなく，法的な権利と責務をお互いに帰属させるものでもあると言うことができます。したがって，婚姻の定義や要件，効果などは，現代社会では，法によって定められています。

　日本語では，夫婦や夫妻という言葉に，男性と女性というニュアンスが含まれています。「つま」という言葉は，もともとは男性にも女性にも当てはまる，今でいう「連れ合い」や「ツレ」のような意味であったそうですが，現在では，夫婦のうちの女性を妻，男性を夫と呼ぶことが一般的です。現行の民法典には，「夫婦」や「夫」「妻」「父」「母」そして「女」という言葉は何度も出てきますが，「男」という言葉は一つも出てきません。それでも，伝統的には，婚姻は男女間のものだと想定されてきました。

　日本国憲法24条第1項は，「婚姻は，両性の合意のみに基いて成立し，夫婦が同等の権利を有することを基本として，相互の協力により，維持されなければならない」と定めています。憲法典に「両性」と書かれている以上，憲法を改正しなければ，男性同士や女性同士の結婚である同性婚は認められないという見解があります。確かに，「両性（Both Sexes）」という言葉は，男という性と女という性，男性と女性という2つの性を意味しています。同条第2項は，「配偶者の選択，財産権，相続，住居の選定，離婚並びに婚姻及び家族に関するその他の事項に関しては，法律は，個人の尊厳と両性の本質的平等に立脚し

144

第10章　結婚

て，制定されなければならない」と定めています。ここでの「両性」は，男女のことであると理解しておく方がよいように思われます。この条文は，家族関係や婚姻における男女の不平等，男性の優位を是正するために制定されたものだからです。

　これに対して，日本国憲法24条第1項の「両性の合意のみに基づいて」という文言は，「合意のみ」というところに重点があります。婚姻は，親同士や「家」同士の間で決めるものではなく，夫婦になる2人の意思に基づいて成立するべきであるという，婚姻における当事者主義，自由主義の要請です。同性婚を禁止するために「両性」という言葉があえて使われることになったという証拠も見つかっていません。そうすると，同項の「両性」は，婚姻の当事者になるそれぞれの性，結婚する2人という意味に解釈してもよいのではないでしょうか。少なくとも，憲法は，同性カップルに対して婚姻や婚姻に準ずる関係性としての法的な保護を与えることを禁止しているわけではないと思います。

　海外に目を向けてみると，多くの国で同性婚が認められるようになってきています。例えば，2015年にアメリカ合衆国の連邦最高裁判所は，同性カップルにも「結婚する権利（Right to Marry）」があると判断しました。アメリカ合衆国では，1990年代以降，性的志向の自由の保障が進む一方で，それに反感をもつ人たちによって，同性婚を妨げたり，同性カップルに不利益を与えたりするための州憲法や，連邦や州の法律が作られていきました。1996年に連邦議会が制定した"Defense of Marriage Act"，「結婚防衛法」は，「結婚という語は，夫と妻として，一人の男性と一人の女性の間でなされる法的な結合のみを意味する」と定めていました。結婚を男女間のものに限定するための法律です。

　アメリカ合衆国では，夫婦や家族に関する法を定める権限は，州がもっています。この時期にすでに，州によっては，同性婚を認めているところもありました。「結婚防衛法」は，連邦政府との関係で，同性カップルの結合は結婚ではないと定めるものにすぎません。しかし，その結果，連邦政府が課している相続税や贈与税については，同性カップルには大きな不利益がありました。2013年に連邦最高裁判所は，まず，「結婚防衛法」を違憲と判断します。そし

145

て，「結婚防衛法」と類似した条文をもつオクラホマ州などの法律，州法については，2015年に違憲と判断しました。これによって，アメリカ合衆国では，すべての州で，同性カップルも結婚をすることができるようになりました。

② 婚姻の要件

　民法は，婚姻の成立の要件を定めています。よく知られているものとしては，婚姻適齢や近親婚の禁止があります。民法731条は，「婚姻は，18歳にならなければ，することができない」と定めています。なお，2018年に改正された民法が2022年4月に施行されるまでは，男は18歳，女は16歳が婚姻適齢とされていました。

　民法734条第1項は，「直系血族又は3親等内の傍系血族の間では，婚姻をすることができない」と定めており，同法735条は，「直系姻族の間では，婚姻をすることができない」と定めています。血縁の近い者同士の間に生まれた子どもは遺伝上の疾患をもつ可能性が高いという医学的な事実や，親族間での交際や結婚のもたらす倫理的な問題が，近親婚の禁止の主な理由です。また，日本を含む多くの国家では，複数の相手と婚姻をすること，重婚は禁止されています。刑法184条は，「配偶者のある者が重ねて婚姻をしたとき」は，その相手方とともに処罰されると定めています。

　2022年に削除される前の民法733条第1項は，「女は，前婚の解消又は取消しの日から起算して100日を経過した後でなければ，再婚をすることができない」と定めていました。「100日」の部分は，2016年の法改正までは，「6箇月」とされていました。女性は，婚姻を解消してから一定期間をおかなければ再び婚姻をすることができないとされていたのです。男性は，婚姻を解消した後，すぐにでも，相手がいれば，再婚をすることができました。女性のみに再婚が禁止される期間が設けられていたため，この仕組みは，女子再婚禁止期間と呼ばれていました。

　女子再婚禁止期間を大学の授業やゼミなどで紹介すると，ほぼ必ずと言って

146

第 10 章　結婚

いいほど，次のような意見が出されます。結婚生活に失敗して離婚をしたのだ
から，気に入った相手ができたとしても，すぐに再婚をするのではなく，冷静
になる時間が必要なのではないか。ある人と別れた後，別の人とすぐに再婚し
てしまうと，親族，特に子どもは混乱するのではないか。もし，こうした理由
に基づいて再婚禁止期間を設定するのであれば，女性だけではなく，男性にも
再婚が禁止される期間が必要でしょう。しかし，再婚禁止期間は，女性だけに
課されていました。いわゆる冷却期間の確保や，親族の混乱の防止という理由
では，女子再婚禁止期間の必要性をうまく説明することはできません。

　女子再婚禁止期間は，父親と子どもの間の親子関係をより明確にするために
設けられていました。近年では，「代理母」など，妊娠や出産が必ずしも母体
となった女性と生まれた子どもの間の遺伝上のつながりを意味しないこともあ
りますが，ほとんどの場合は，子どもが胎内から出てきたという客観的な事実
によって，女性は，母と子の関係，親子関係を証明することができます。男性，
父親の場合には，子どもとの親子関係について，妊娠や出産のような外見上明
らかな事実というものはありません。ところが，多くの場合，子どもの父親が
誰なのかということは，子どもにとって非常に重要です。生まれたばかりの子
どもは，保護者によって養育される権利をもち，この権利に相関する責務は，
母親だけではなく，父親も負っているからです。

　現行の民法772条第1項は，「妻が婚姻中に懐胎した子は，当該婚姻における
夫の子と推定する」と定めています。夫のいる女性が妊娠した子どもは，夫の
子どもであると「推定」されます。これを嫡出推定と呼びます。

　2022年に改正される前の民法772条第2項は，「婚姻の成立の日から200日を
経過した後又は婚姻の解消若しくは取消しの日から300日以内に生まれた子は，
婚姻中に懐胎したものと推定する」と定めていました。これは，離婚や再婚が
された場合に，生まれてくる子どもが離婚した元夫の子どもなのか，それとも
再婚相手の現夫の子どもなのかを明確にするためのルールでした。

　元夫であるＡの子どもなのか，現夫であるＢの子どもなのかをはっきりさせ
ておくためには，図1の2つの矢印が重ならないようにしておかなければなり

147

図1　2022年の民法改正以前の嫡出推定

（出所）筆者作成。

ません。2016年以前の民法では、再婚禁止期間は「6箇月」、おおむね180日間とされていました。2015年に最高裁判所が、女子再婚禁止期間を定めていた当時の民法733条第1項のうち、100日を超えて再婚を禁止している部分は、日本国憲法14条第1項に違反すると判断しました（最大判平成27（2015）年12月16日）。図1の2つの矢印が重ならないようにするためには、離婚後100日間の再婚を禁止すればよいにもかかわらず、約80日間を上乗せしていたことが、不合理であるとされたのです。

　この判決を受けて、国会は、民法を改正して、女子再婚禁止期間を100日間に短縮しました。しかし、よく考えてみると、離婚後に生まれてきた子どもを300日間は元夫の子どもと推定すること自体が、果たして合理的でしょうか。日本では、離婚は夫婦関係の破綻の最終局面で起こる出来事であることが多いと言われています。夫婦関係が次第に疎遠になり、寝室を分けるようになり、数年間の別居生活を経てから離婚をするようなケースでは、妊娠の前提となる性的交渉などありえません。また、現在では、親子関係を確認するためのDNA鑑定は、安価で容易に行うことができるそうです。科学的に親子関係を確認する手段が乏しかった時代に作られた嫡出推定のルールを、現代でもそのまま維持しておくべき理由はなさそうです。

　さらに、嫡出推定のルールは、ドメスティック・バイオレンス、いわゆるDVを繰り返す夫や元夫から命からがら逃げて生活をしている女性にとって、非常に恐ろしいものでもあります。子どもの出生によって「法律上の父」であると推定された夫や元夫に、現在の居住地などを知られることをおそれて、母

第 10 章　結婚

親が出生届を出すことができず，子どもが「無戸籍児」になってしまうことも
あります。

　2022年の民法改正では，嫡出推定のルールそのものが見直され，離婚後に女
性が再婚した場合は，その後に生まれた子どもは再婚相手の子どもと推定され
るようになりました。これにともなって，女子再婚禁止期間を定めていた民法
733条は削除されています。

③　婚姻と夫婦同氏制

　民法750条は，「夫婦は，婚姻の際に定めるところに従い，夫又は妻の氏を称
する」と定めています。これを夫婦同氏制と呼びます。夫婦同姓という言い方
が，より一般的かもしれません。夫婦同氏制は，1898年に制定された旧民法に
よって導入されました。日本のような一切の例外を許さない夫婦同氏制を採用
している国は，現在では，ほとんどないと言われています。

　夫婦同氏制を定める民法750条は，民法典の「第4編　親族」の中でも，「婚
姻の効力」の節に配置されています。夫婦になることは，当事者である男女の
氏，名字を統一する，より具体的には，片方の名字を変更するという法的な効
果をもたらします。しかし，夫婦同氏制は，婚姻の「効力」としてだけではな
く，婚姻の実質的な要件としても機能しています。

　民法739条第1項は，「婚姻は，戸籍法［……］の定めるところにより届け出
ることによって，その効力を生ずる」と定めています。婚姻届には「夫になる
人」と「妻になる人」の氏名などに加えて，「婚姻後の夫婦の氏」として「夫
の氏」と「妻の氏」のどちらを選択するのかを記入する欄が設けられています。
アメリカ合衆国のニューヨーク州で別姓のまま結婚をした日本人の夫婦が，別
姓の記載をした婚姻届を日本の役所に提出したところ，受け付けを拒否された
事例があります。

　なお，この夫婦については，外国で適法に結婚をしており，近親婚の禁止や
婚姻適齢の要件をクリアしているため，婚姻自体は有効に成立していると裁判

149

所は判断しています（東京地判令和3（2021）年4月21日）。「法の適用に関する通則法」の24条第1項は，「婚姻の成立は，各当事者につき，その本国法による」と定めており，同条第2項は，「婚姻の方式は，婚姻挙行地の法による」と定めています。この法律は，法の適用についての一般的なルールを定めている法律です。2006年に全部改正によって現在の名称になる前は，「法例」という，めずらしい名称の法律でした。国や地域によっても，法の内容は異なることがあります。国籍や居住地などが異なる人々に対して，どこの国の法を適用するのかを決めておかなければなりません。法学では，こうした役割を担っているルールのことを，国際私法や抵触法と呼んでいます。

　夫婦別姓が認められている国や地域で結婚をして，その結婚を日本でも法律上の婚姻として認めてもらうという方法をとることができる人は，ほんの一握りでしょう。したがって，日本では，夫婦の双方が名字の変更を望まない場合，婚姻をすること自体が実質的に妨げられている状況であると言えます。そのため，夫婦同氏制は，日本国憲法24条が保障しているはずの「婚姻の自由」を不当に制限しているという主張もなされています。

　女子再婚禁止規定一部違憲判決と同じ日に，最高裁判所は，夫婦同氏制は憲法に違反しないと判断しています（最大判平成27（2015）年12月16日）。裁判所も，夫婦同氏制というルールが，婚姻をすることの「事実上［の］制約」になっていることや，そのために婚姻をすることを断念している人々がいることは認めています。しかし，裁判所は，民法750条は「婚姻の効力の一つとして夫婦が夫又は妻の氏を称することを定めたものであり，婚姻をすることについての直接の制約を定めたものではない」と述べています。そして，「夫婦同氏制は，婚姻前の氏を通称として使用することまで許さないというものではなく，近時，婚姻前の氏を通称として使用することが社会的に広まっている」と指摘しています。通称の使用が広まれば，仮に婚姻に伴って戸籍上の名字が変更されたとしても，大した不利益にはならないと裁判所は考えているようです。

　夫婦同氏制は，性別による差別を禁止している日本国憲法14条第1項に違反するという見解もあります。日本では，96％を超える夫婦が夫の氏を称する婚

第10章　結婚

姻をしているとされており，夫婦同氏制は，実質的には，女性に対して名字の変更を迫る仕組みとなっています。形式的には性別などの特定の属性による区別，差別はされていないけれども，実質的にはその属性の者に不利益を与えるような仕組みは，間接差別と呼ばれています。例えば，企業が労働者の募集や採用のときに，身長や体重などの条件を課すことは，間接差別に当たると考えられています。成人の男女の平均的な身長や体重をふまえると，ある一定以上，あるいは，以下の身長や体重を条件とすることによって，実質的に女性や男性を差別することができます。「雇用の分野における男女の均等な機会及び待遇の確保等に関する法律」，いわゆる男女雇用機会均等法7条は，労働者の募集や採用，配置にあたって，業務の遂行上特に必要であるなどの合理的な理由のない間接差別をすることを禁止しています。

　最高裁判所は，民法750条は，「夫婦がいずれの氏を称するかを夫婦となろうとする者の間の協議に委ねているのであって，その文言上性別に基づく法的な差別的取扱いを定めているわけではなく，本件規定の定める夫婦同氏制それ自体に男女間の形式的な不平等が存在するわけではない」とした上で，「夫婦となろうとする者の間の個々の協議の結果として夫の氏を選択する夫婦が圧倒的多数を占めることが認められるとしても，それが，本件規定の在り方自体から生じた結果であるということはできない」と述べています。

　ある裁判官は，個別意見の中で，「夫の氏を称することが妻の意思に基づくものであるとしても，その意思決定の過程に現実の不平等と力関係が作用している」のであり，「その点の配慮をしないまま夫婦同氏に例外を設けないことは，多くの場合妻となった者のみが個人の尊厳の基礎である個人識別機能を損ねられ，また，自己喪失感といった負担を負うこととなり，個人の尊厳と両性の本質的平等に立脚した制度とはいえない」と指摘しています。

　裁判所の判決や決定の内容は，事件を担当している裁判官たちの合議，話し合いによって決まります。なお，簡易裁判所や地方裁判所などでは，裁判官が，合議体ではなく，一人で事件を取り扱うこともあります。より多くの裁判官が支持する考え方が，裁判所の判決や決定には反映されています。裁判所として

151

の意見や判断を，多数意見や法廷意見と呼ぶことがあります。日本では，最高裁判所の裁判官だけは，多数意見の考え方に同意をできないときには，個別の見解を表明することができます。これを個別意見や少数意見と呼びます。個別意見には，いくつかのパターンがあります。多数意見の結論には賛成であるけれども，そこに至る論理，理由付けについて賛成できないという見解を示したものは，「意見」と呼ばれます。結論にも理由付けにも賛成できるけれども，追加で何か物申しておきたいと考えた裁判官が，「補足意見」を書くこともあります。結論に同意することができないときは，「反対意見」を書きます。なお，アメリカ合衆国の連邦最高裁判所では，多数意見は "opinion"，反対意見は "dissenting opinion"，結論にのみ同意する意見は "concurring" と呼ばれています。

　ある法的な問題について最高裁判所が判断を示したときに，「反対意見」や，法廷意見の論理の重要な部分に同調していない「意見」の数がどのくらいあるのかということは，その司法判断の権威と関わります。多数意見がかろうじて過半数の裁判官の支持を得ているような場合には，裁判官の入れ替わりによって，その後の判決では結論が変わる可能性もあります。また，「反対意見」が世論を大きく「揺さぶる」ことで，法改正への道筋が作られることもあり得ます。夫婦同氏制をめぐっては，2015年の最高裁判所の判決では，5人の裁判官が，夫婦同氏制に一切の例外を設けないことは憲法に違反するという内容の個別意見を述べたり，そうした見解を支持したりしています。

④　夫婦同氏制と氏名権

　2015年の夫婦同氏制合憲判決の個別意見の中には，夫婦同氏制をめぐる議論のポイントは，夫婦が名字を統一することによるメリットの有無ではなく，夫婦同氏制に一切の例外を許さないことの合理性であるという指摘があります。その通りだと，私も思います。結婚している男女が名字を同じにすることによって，共同生活には不可欠な一体感が強くなったり，夫婦の間に生まれた子ど

第10章　結婚

もとの結びつきが見えやすくなったりすることがあるということは，誰も否定していません。また，夫婦同氏制が憲法に違反すると主張している人たちは，すべての夫婦に別姓を強要しようとしているわけでもありません。名字を変更すると不利益があるときに，別姓を選択できるようにしてほしいと求めているだけです。

　名字を変更することによる不利益，あるいは，名字を使い続けること，元の氏を続けて称することによる利益とは，どのようなものでしょうか。現在では，私たちは，国や地方公共団体との関係では，氏名だけではなく，マイナンバーという固有の番号によっても，識別され，把握されています。日常生活においても，IDやパスワード，顔や指紋，網膜などによる認証が普及しています。いわゆる「本人確認」のために氏名の果たす役割は，変わりつつあります。それでも，伝統的に，そして今なお，氏は，名とセットになることによって，個人を社会的に識別する機能を担っています。

　例えば，私は，「城野」という氏と，「一憲」という名がセットになった，「城野一憲」という氏名によって，社会的に認識，把握されています。一般的には，名よりも氏の方が社会的な関係の中ではよく使われています。定期試験の解答用紙や，授業中に配布しているミニッツペーパーには，受講者の氏名や学籍番号に加えて，授業の担当者の名称を書く欄があります。ほとんどの受講者は，「城野」「城野先生」「城野一憲」と記入しています。

　私の氏，名字が，仮に，「佐藤」に変わったとします。長年にわたって自分のものとして親しんできた氏名が変わることによって，私は，悲しくなったり，辛くなったりするかもしれません。これは，感情的な不利益です。さらに，社会的な関係においても，名字が変わることには不利益があります。私の場合，これまで公表してきた論文や，大学での教育歴，学会発表や講演などの職業上の業績は，すべて，「城野一憲」という氏名と結びついています。本書の著者も，「城野一憲」と表示されているはずです。私のことをよく知っている人でなければ，「城野一憲」と「佐藤一憲」が同一人物であるのか，別人であるのかは容易にはわかりません。氏の変更によって，変更前の氏名で築き上げてき

た社会的な評価や信用が失われかねないのです。

　裁判所も指摘しているように，通称を使用すること，法律上の氏ではなく婚姻前の氏を続称することによって，こうした不利益はある程度は緩和されます。しかし，通称はあくまで通称であって，法律上の氏は，やはり変更されています。これも裁判所が指摘しているように，現在では，通称の使用が認められる場面は，以前に比べればかなり多くなっています。多くの大学では，婚姻によって氏が変わった教員が婚姻前の氏を使用して仕事をすることが認められています。ただし，大学によっては，法律上の氏と通称としての氏を併記させていることもあります。

　通称の使用は，常に認められるわけではありません。私たちは，政府や勤務する会社などとの関係では，法律上の氏名で自分を呼称するように求める請求権（Claim）をもちます。しかし，通称の場合は，こうした請求権を与えるかどうかは，現状では，相手の判断次第です。したがって，通称を使用している人は，場面に応じて2つの氏を使い分けなければなりません。また，通称としての氏と法律上の氏が併記されることによって，婚姻をしている事実や，元の氏を使い続けたいという意思を示していることが，広く公表されてしまいます。こうした点をふまえると，通称の使用によって氏の変更による不利益を完全に解消することはできないだけではなく，通称の使用による不利益もあるのではないかと思います。

　裁判所は，「氏名は，社会的にみれば，個人を他人から識別し特定する機能を有するものであるが，同時に，その個人からみれば，人が個人として尊重される基礎であり，その個人の人格の象徴であって，人格権の一内容を構成するものというべきである」と述べています（最大判平成27（2015）年12月16日）。日本国憲法13条が保障する人格権には，名誉権やプライバシーの権利だけではなく，氏名に関する権利も含まれています。

　他方で，「氏は，婚姻及び家族に関する法制度の一部として法律がその具体的な内容を規律しているもの」であるとされています。私たちは，日常生活において，自分の呼称をある程度自由に決める権利，特権（Privilege）をもちま

154

す。私が，著名な元メジャーリーガーにあやかって，自分のことを「イチロー」と呼称，自称しているとします。そうすることを禁止されていないという意味では，私たちは，自分の呼称を決める特権をもちます。しかし，そうした呼称で自分を呼ぶことを他者に対しても求めることができるのかどうか，請求権までもつかどうかは，別の問題です。そもそも，法律上の氏は，名と同様に，自分で決めるものではありません。氏は，多くの場合，血縁や地縁などを表しており，名は，親が子どもに何かしらの気持ちを込めてつけるものです。問題になっているのは，法律上の氏として使い続けてきた名字を，婚姻の後も使い続ける権利が保障されるべきなのかどうかです。

最高裁判所は，「氏が，親子関係など一定の身分関係を反映し，婚姻を含めた身分関係の変動に伴って改められることがあり得ることは，その性質上予定されているといえる」と述べています。結婚や夫婦に関する法制度の枠組みの中で，婚姻という法的関係に自発的に入ろうとする人に対して氏の変更，統一を求めることには一定の合理性があると考えているのです。

5 家族と立法裁量

しかし，夫婦の氏を統一するよう求めることに合理性があるとしても，それに一切の例外を許さないことに合理性があるとまでは言えないように思います。それにもかかわらず，夫婦同氏制をめぐる裁判で，最高裁判所が夫婦同氏制を支持し続けているのは，なぜでしょうか。

裁判所によれば，「夫婦同氏制の採用については，嫡出子の仕組みなどの婚姻制度や氏の在り方に対する社会の受け止め方に依拠するところが少なくなく，この点の状況に関する判断を含め，この種の制度の在り方は，国会で論ぜられ，判断されるべき事柄にほかならないというべきである」とされています（最大判平成27（2015）年12月16日）。結婚や夫婦などの家族に関わるルールの変更は，国民や社会に多大な影響を及ぼします。こうした事柄を決めるのは，裁判官ではなく，選挙によって選ばれた国会議員であると裁判所は考えているようです。

立法裁量を尊重しているのです。

　もっとも，国会にも，夫婦同氏制の見直しの動きがないわけではありません。別姓のまま夫婦になることも認める仕組み，いわゆる選択的夫婦別姓を導入するための民法の改正法案は，何度も国会に提出されています。2010年には，政府による法案の提出に備えて，法務省が改正案を作成しました。これらの改正法案や改正案には，夫婦同氏制の見直しだけではなく，男女の婚姻適齢の統一や，嫡出子と非嫡出子の相続差別の解消，女子再婚禁止期間の短縮なども含まれていました。そのおおもとになっているのが，法務大臣の諮問機関である法制審議会が1996年に作成した，「民法の一部を改正する法律案要綱」です。

　この「要綱」は，民法を改正する場合のポイント，要点になる事柄がまとめられたものです。「夫婦の氏」については，「夫婦は，婚姻の際に定めるところに従い，夫若しくは妻の氏を称し，又は各自の婚姻前の氏を称する」「夫婦が各自の婚姻前の氏を称する旨の定めをするときは，夫婦は，婚姻の際に，夫又は妻の氏を子が称する氏として定めなければならない」とされています。もし，夫婦に複数の子どもがいるときは，子ども全員が同じ氏を名乗ることになっています。さらに，子どもは，届出によって氏を変更することもできるとされています。

　結婚をするときには，様々な事柄についての選択や判断をしなければなりません。同居の有無や，新居の場所，家計の管理，家事の分担，結婚式や披露宴の有無，指輪，新婚旅行，そして，妊娠や育児など多岐にわたります。これらの事柄を，はっきりとは決めなかったり，具体的な判断を先送りしたりするのも，消極的な意味での選択だと言えます。こうした様々な選択の中に，子どもの氏を夫婦どちらの氏にするのかという選択が，たった一つ付け加わるかもしれない。それだけです。

　実は，「要綱」が1996年の時点で提案していた事柄は，そのほとんどがすでに実現しています。男女の婚姻適齢のズレや，女子再婚禁止期間，非嫡出子の相続差別がなくなったように，夫婦同氏制も，今後，選択的夫婦別姓の導入のようなかたちで見直される日が来るのかもしれません。

第 10 章　結婚

☑コラム⑪　「看做す」規定

　民法886条第 1 項は，「胎児は，相続については，既に生まれたものとみなす」
と定めています。法における「看做す」という言葉は，本来性質の異なるものを
同じものとして扱うときに使われます。母親の胎内にいる胎児は，まだ生まれて
きてはいません。生物としてのヒトは，出生，つまり胎内から出てくることによ
って，権利能力をもつ人間になります。胎児は，権利や責務をもつことはできま
せん。しかし，相続が発生するときには，胎児のことを，すでに生まれた人間と
同じように法律上は扱うことになります。

　なお，「推定」の場合とは違い，「看做す」規定によって決められていることを，
当事者間の合意や反証などによって覆すことはできません。

157

第11章	人間らしい生活

① 自由権と参政権と社会権

　本書の第9章でも触れた，精神的自由権と経済的自由権の区別は，権利が対象としている事柄，権利の内容に基づくものです。権利の性質に着目した区分として，自由権と参政権，社会権という分類があります。この分類は，憲法上の権利をもつ人が国家との関係でどのような立場に置かれているのかという点に注目をしています。

　思想の自由や信仰の自由，表現の自由，職業選択の自由は，通常は，自由権に分類されています。ある人が自由権をもつとき，国家は，その人の選択や行為に対して，原則として干渉や介入をすることはできません。信仰の選択や意見の表明，職業の選択などの場面では，私たちは，こうしなさい，こうしてはいけませんといった指示や命令を国家から受ける立場には置かれていません。

　参政権は，国民が選挙における投票や立候補をしたり，公職や公務に就いたりするための権利です。国家に対して働きかけ，国家を動かしていくための権利と言うことができます。日本国憲法15条第1項は，公務員の選定と罷免の権利を保障しています。また，大日本帝国憲法19条は，「日本臣民ハ法律命令ノ定ムル所ノ資格ニ応シ均ク文武官ニ任セラレ及其ノ他ノ公務ニ就クコトヲ得」と定めていました。

　なお，日本国憲法には，公務に就く権利，公務就任権について，はっきりと定めた条文はありません。政治的関係における差別を禁止している日本国憲法14条第1項や，職業選択の自由を規定している22条第1項が公務就任権を保障しているとする学説もあります。もっとも，国家が活動するためには，誰かが，

158

第11章 人間らしい生活

国家の代わりに，国家のために，国家を代表して，活動をしなければなりません。民主主義の国家においては，その構成員である国民が公務に就く権利をもつことは，当然のことであると考えることができます。ただし，参政権と同様に，国家の構成員には誰が含まれるのか，より具体的には，定住して社会に定着している外国人は公務に就く権利をもつのかという問題は残ります。最高裁判所は，東京都の職員である特別永住者の原告が管理職選考試験の受験を拒否された事例において，「地方公務員のうち，住民の権利義務を直接形成し，その範囲を確定するなどの公権力の行使に当たる行為を行い，若しくは普通地方公共団体の重要な施策に関する決定を行い，又はこれらに参画することを職務とするもの」，いわゆる「公権力行使等地方公務員」への就任を日本国籍の保有者だけに認めることは憲法に違反しないと判断しています（最大判平成17（2005）年1月26日）。

　社会権は，私たちの人間らしい生活を維持するために，国家に対して一定の行為や給付を求める権利であるとされています。自由権が，国家による干渉や介入を拒むためのものであるのに対して，社会権の思想は，現実の人々の生活を脅かす貧困や公害などの問題を解決するために，国家が市場や社会に対して積極的な介入をすることを要請しています。こうした思想は，本書の第9章でも触れた，企業の経済活動の制限，経済規制立法を促す考え方とも結びついています。1日や1週間当たりの労働時間の上限や，1時間当たりの賃金の最低金額を設定することは，企業の経済活動の制限や，労働者と雇用者との間の雇用契約への介入を通じて，一般的な労働者に人間らしい生活を保障しようとするものでもあるからです。

　現在でも有効な憲法典の中では最も古いものに属しているアメリカ合衆国憲法は，社会権の条文を置いていません。大日本帝国憲法は，「法律の留保」の下で自由権と参政権を保障していましたが，社会権の条文を備えてはいませんでした。20世紀の半ばを過ぎると，権利章典の中に労働や教育に関する権利を列挙することが一般的になります。憲法が保障している権利は，歴史的に見ると，自由権や参政権に始まり，社会権に続いていくという説明ができるかもし

159

れません。これを憲法や権利章典の「発展」と捉える見解もあります。

　権利の構造という点では，自由権に分類されている権利には，特権（Privilege）の要素が含まれています。政府に対して，何かをしたり，しなかったりする義務（Duty）を負っている状態では，私たちは「自由」であるとは言えません。これに対して，社会権は，無償かつ十分な内容の教育の提供や，人間らしい生活に必要な給付を国家に対して求める請求権（Claim）の要素を含んでいます。

　ただし，自由権に分類されている権利や自由であっても，請求権の要素を備えていることがあります。例えば，取材の自由には，取材によって集めた資料を押収しないように求める権利が，黙秘権には，自白を強要するための拷問をしないように求める権利が含まれています。これらの請求権に共通しているのは，国や地方公共団体に対して，何かをしないこと，不作為を求めている点です。そうすると，社会権が国家に対して一定の作為を求める権利の要素を備えているのに対して，自由権は不作為を求める権利を含んでいると考えることもできます。もっとも，内心の自由に基づいて法義務の免除を求める権利や，集会の自由に基づく公の施設の利用権には，代替の課題の提示や，施設の利用環境の整備など，国や地方公共団体に対して，何かをしないことではなく，一定の行為をすることを求める権利，つまり作為請求権も含まれています。自由権に分類されている権利にも社会権の性質があることや，社会権にも「自由権的要素」が備わっていることが，しばしば指摘されています。

　いくつかの要素によって構成されている法的権利には，その本質や「中核（Core）」となるような要素が含まれていると考える立場もあります。例えば，表現の自由の「中核」には，言いたいことを言うための特権という要素が置かれている，憲法が保障している権利や自由の本質は，特権や請求権を取り上げられることを防ぐための免除権（Immunity）である，といった考え方です。こうした考え方に従えば，国家に対する作為請求権を「中核」あるいは本質とする権利が社会権であると言うこともできるかもしれません。

　ただし，法的権利やその要素には，星や原子のように，重力や引力，化学反応などによる物理的な力が働くわけではありません。したがって，ある法的権

160

第 11 章　人間らしい生活

利を構成しているいくつかの要素の中で，いったいどれが「中核」に当たるのかを決めるときには，権利やその構成要素の中で，どれがより重要であり，優先されるべきなのかという価値判断が介在していることがあります。また，ある法的権利について分析し，その特徴を明らかにするためには，法的権利の「中核」や本質を決定しなければならないというわけでもありません。報道機関のもつ取材源秘匿権について，情報を開示しない特権，開示を強制させない請求権，これらの権利を奪われない免除権のうち，いずれかを「中核」であると決定することによって，この権利の特徴がより分析的に明らかになるわけではないと思います。

②　日本国憲法の社会権条項

日本国憲法25条第 1 項は，「すべて国民は，健康で文化的な最低限度の生活を営む権利を有する」，同条第 2 項は，「国は，すべての生活部面について，社会福祉，社会保障及び公衆衛生の向上及び増進に努めなければならない」と定めています。25条は，いわゆる生存権を保障するとともに，社会権条項の総則規定としての役割があります。26条は，すべての子どもが各自の能力に応じた平等かつ十分な教育を無償で受ける権利，教育を受ける権利を保障しています。27条と28条は，勤労の権利と「義務」や，児童の酷使の禁止，労働者の団結権や団体交渉権，労働条件を法律で定めることなどを保障しており，これらの権利は，労働基本権と総称されています。

1946年 2 月11日に GHQ が日本政府に提示した憲法草案，いわゆる GHQ 案の中には，児童の酷使の禁止や，無償の義務教育の確立，労働者の団結する権利の保障などの他に，「生活のあらゆる領域において，法律は，社会福祉，自由，正義及び民主主義の促進と拡大のために設計されなければならない」という記述がありました。権利章典の中にこうした規定を置くことには，すでに前例がありました。1919年に制定されたドイツ共和国の憲法典，いわゆるワイマール憲法は，「ドイツ人の基本権 [Grundrechte] 及び基本義務」の節において，

「経済生活の秩序は，すべての人に人間たるに値する生存を保障する目的をもつ正義の原則に適合しなければならない」と定めていました。ワイマール憲法は，労働条件を改善するための「団結の自由」なども保障しており，権利章典の中に初めて本格的に社会権条項を組み込んだ憲法です。

　GHQ 案を提示された日本政府は，GHQ との交渉を経て，1946年 6 月20日に，大日本帝国憲法の改正案，いわゆる政府案を天皇の勅書というかたちで帝国議会の衆議院に提出します。大日本帝国憲法73条第 1 項は，「将来此ノ憲法ノ条項ヲ改正スルノ必要アルトキハ勅命ヲ以テ議案ヲ帝国議会ノ議ニ付スヘシ」と定めていました。また，同条第 2 項は，憲法改正の議事の定足数を「総員三分ノ二以上［ノ］出席」，改正の議決は「出席議員三分ノ二以上ノ多数」によるとしていました。占領下における日本政府は，明治憲法体制における憲法改正の仕組みを使って，国民主権と平和主義，基本的人権の尊重を原理とする「新しい憲法」を制定するという方法を選択したのです。なお，この憲法改正議会に先だって，女性参政権や，選挙権年齢の引き下げを実現する衆議院議員選挙法の改正が行われています。

　憲法改正議会では，政府案に対するいくつかの重要な修正もされています。「健康で文化的な最低限度の生活を営む権利」を保障している日本国憲法25条第 1 項の生存権条項の追加もその一つです。政府案では，「法律は，すべての生活部面について，社会の福祉，生活の保障及び公衆衛生の向上及び増進のために立案されなければならない」とだけ定められていました。

　生存権条項は，帝国議会の衆議院における審議の過程で，議員からの提案に基づいて追加されています。この条文のルーツとして，憲法研究会という団体が1945年12月に公表した「憲法草案要綱」があります。この憲法研究会案の中には，「国民ハ健康ニシテ文化的水準ノ生活ヲ営ム権利ヲ有ス」という，現行の日本国憲法25条第 1 項とほぼ対応した記述もありました。

　憲法研究会案は，民間の団体が私的に作成した憲法案，いわゆる私擬憲法の一つであり，政府や議会が作成したものではありません。ただし，政治や経済，憲法史などの専門家によって作成され，広く公表され，当時の内閣にも届けら

162

第11章 人間らしい生活

れたものでした。さらに，GHQがこの案を英文に翻訳し，詳細にその内容を検討した記録も残されています。

③ 生存権の権利性

生存権や，教育を受ける権利，労働基本権をよりよく保護するために，国会は，様々な法律を制定しています。1950年に制定された現行の生活保護法は，「この法律は，日本国憲法第25条に規定する理念に基き，国が生活に困窮するすべての国民に対し，その困窮の程度に応じ，必要な保護を行い，その最低限度の生活を保障するとともに，その自立を助長することを目的とする」と定めています。1947年に制定された旧教育基本法の前文は，「ここに，日本国憲法の精神に則り，教育の目的を明示して，新しい日本の教育の基本を確立するため，この法律を制定する」と宣言していました。労働基準法や労働組合法，ストライキなどの労働争議への対応を定めた労働関係調整法も，1945年から1949年にかけて制定されています。その後も，日本国憲法の下で，社会保障や教育，労働に関する法令や制度は拡充されていきました。

本書の各章でも見てきたように，表現の自由や信教の自由などの自由権と関わり合いがある法令や制度も，もちろん数多く存在しています。しかし，これらの法令や制度は，どちらかというと，そうした権利や自由を制限するために作られているものです。したがって，公道でのデモ行進に対する制限を定めた法令や，銀行の業務の範囲を限定する規制が存在しなくなった場合，集会の自由や経済活動の自由の保障は，自然と実現することになります。

自由権は，「消極的権利（Negative Rights）」，社会権は，「積極的権利（Positive Rights）」と言い換えられることもあります。国家や政府に対して積極的な行為，作為を求めるものが積極的権利であり，不作為を求めるものが消極的権利です。ある相手に対する不作為の要求は，その相手がいなくなることでも実現されます。したがって，ある政府の廃止は，その政府が自由な言論や集会を妨げなくなることを意味します。しかし，生存権を保障するために生活保護法

163

を制定し，保護の基準を作り，保護費の支給の業務を行っている政府が存在しなくなったときに，生存権の保障が実現するわけではありません。このように考えると，生存権をはじめとする社会権は，やはり，自由権とは異なる性質の権利であると言えそうです。

　日本国憲法の制定からしばらくの間は，日本国憲法25条第1項は，個々の国民に権利を保障したものではなく，「プログラム規定」であるという考え方が支配的でした。「プログラム」という言葉は，組織や団体の立場や目的，方針について列挙した文書，綱領という意味で使われています。憲法の生存権条項は，貧しい人々の救済，救貧や，人々が貧困に陥ることの予防，防貧を国家という団体の目的や方針として掲げたものであるという意味です。最高裁判所も，同項は「すべての国民が健康で文化的な最低限度の生活を営み得るよう国政を運営すべきことを国家の責務として宣言したもの」であり，「国家は，国民一般に対して概括的にかかる責務を負担しこれを国政上の任務としたのであるけれども，個々の国民に対して具体的，現実的にかかる義務を有するのではな［く］」「この規定により直接に個々の国民は，国家に対して具体的，現実的にかかる権利を有するものではない」と述べていました（最大判昭和23（1948）年9月29日）。

　日本国憲法25条1項は「プログラム規定」に過ぎないということの理由としては，「健康で文化的な最低限度」という同項の抽象的な文言からは，保障されるべき生存権の内容を決めることができないという見解も示されていました。もっとも，権利章典の条文は，そのほとんどが抽象的な言葉で書かれています。生存権や，教育を受ける権利の条文は，思想・良心の自由や職業選択の自由を保障する条文に比べると，むしろ具体的に書かれています。法典が抽象的な言葉を使っていることそのものは，そこで「権利」と書かれているものが法的権利ではないことの理由にはなりません。

　生存権の権利性を否定する理由として，財政上の制約が挙げられることもありました。戦後しばらくの間，戦争による破壊だけではなく，海外の領土の喪失や，それに伴う500万人以上の「引揚者」の発生などによって，日本の経済

第 11 章　人間らしい生活

や財政は破綻していました。社会福祉のための給付には，財政支出が必要です。支出をするかどうかは，国の幅広い裁量に委ねられており，究極的には，選挙や議会政治といった民主主義のプロセスによって決定されます。

　確かに，国や地方公共団体には，社会保障や教育に関する幅広い権能（Power）が与えられています。しかし，国が幅広い権能をもつとしても，国によって創設されたり，変更されたりする国民の法的地位が，およそ請求権（Claim）や特権（Privilege）という法的権利になることができないというわけではありません。一旦法令や予算によって財政支出の裏付けがなされれば，それに基づいて一定の給付や行為を求めることができる状態を法的権利と呼ぶのには，特段の支障はありません。

　生存権の権利性をめぐる議論を大きく前に進めた憲法訴訟があります。この裁判は，原告である朝日茂さんの名字を冠して，朝日訴訟と呼ばれています。朝日さんは，結核の療養のために，国立の医療機関に長期間にわたって入所していました。結核は，生命に関わる肺の病気であり，伝染病でもあるため，罹患すれば働いて生活費を稼ぐことはままなりません。また，朝日さんには，頼りになる親族がいませんでした。

　朝日さんは，生活保護法に基づいて医療費と生活費の扶助を受けていましたが，このうち生活費は月額600円でした。朝日さんが裁判を起こした1957年頃の大卒の国家公務員の初任給は，月額 1 万円ほどでした。ちなみに当時の大学進学率は10％前後です。また，当時の生活保護法の下では，マーケット・バスケット方式という方法によって，支給する金額が計算されていました。生活に必要な食料品や衣類などの品目を積み上げていき，その総額を計算する仕組みです。算定基準を見ると，衣類に充てる費用として月額102.9円が計上されており，肌着は16.66円，パンツは10円とされています。この金額で購入することができたのは，パンツは 1 年間に 1 着，肌着は 2 年間に 1 着でした。また，品目の中には，「お茶」「新聞」「葉書」の項目はありましたが，娯楽のための物品や，不足しがちな栄養を補うものは含まれていませんでした。

　これが人間らしい生活を保障したものであると，胸を張って言うことができ

165

るのでしょうか。朝日さんは，生活保護法に基づいて厚生大臣が設定した月額600円という基準金額は健康で文化的な最低限度の生活を維持する上で十分ではない違法なものであると主張して，裁判を起こします。当初，この裁判は，無謀なものだと見られていたようです。「プログラム規定」説に従えば，裁判所がこうした主張を聞き入れる見込みはありません。

　ところが，第一審の東京地方裁判所は，朝日さんの訴えを認めました（東京地判昭和35（1960）年10月19日）。裁判所は，厚生大臣が定める保護基準は，「要保護者の健康で文化的な生活水準」を維持する上で不十分である場合には，生活保護法の規定に違反し，日本国憲法25条の理念をみたさないものであり，無効であるとしました。何が「健康で文化的な生活水準」に当たるのかについて，裁判所は詳細に考察していますが，朝日さんの主張を受け入れた理由として，「補食」の必要性があります。病院の食事は，学校や刑務所と同じように，予算上の制約があるだけではなく，大勢に同時に提供される「集団給食」であることがほとんどです。長期間の入所をしている患者には，栄養はもちろん，精神的な満足を得るための追加的な食事である「補食」が必要なのは明らかであるとされています。

　控訴審の東京高等裁判所では，朝日さんの主張は退けられます（東京高判昭和38（1963）年11月4日）。ただし，裁判所は，「月額600円という基準額は，3か月をこえる入院入所中の単身患者の日用品費としてかなり低額であるとの感を免れない」「入院入所患者の日用品費として月額670円程度という数字が得られ，本件日用品費の基準月額600円はこれを約1割下回ることとなる」「本件日用品費の基準がいかにも低額に失する感は禁じ得ない」などと述べて，基準金額の低さを繰り返し指摘しています。保護基準が違法であるとまでは言えないけれども，基準金額は決して十分なものではないと考えていたのです。

　朝日さんは，最高裁判所へ上告しますが，1964年2月14日に亡くなります。その後は，朝日さんの養子が，その遺志を継いで，裁判を続けました。しかし，最高裁判所は，朝日さんの死亡によって訴訟は終了したと判断します（最大判昭和42（1967）年5月24日）。生活保護を受給する権利は保護を必要とする者に

第 11 章　人間らしい生活

与えられた「一身専属の権利」であるということが，その理由です。

　法的権利には，他人に譲り渡すことができるものがあります。例えば，私は，マンションの区分所有権を適当な価格で他人に譲り渡すことができます。また，もし私が死んだ場合，相続によって，区分所有権は誰かのものになります。これに対して，生活保護受給権は，他人に譲渡可能な法的権利ではなく，受給者が亡くなったときに誰かに相続される権利でもないとされています。

　もっとも，保護基準の定めていた金額が低すぎたとすると，朝日さんは，本来は，もう少し多い金額を受け取るべきであったということになります。朝日さんへの実際の支給額と，本来支給されるべきだった金額の差額は，朝日さんにとっては損失であり，国にとっては不当な利益，不当利得であったと言えます。朝日さんの保護受給権が消滅するとしても，国が不当に得た金額の返還を求める権利まで，一緒に消滅すると考えるべきでしょうか。

　最高裁判所は，保護基準が違法であった場合に発生する不当利得の返還請求権は，保護受給権を前提にした権利であると考えています。ある人がもつ複数の法的権利の間に，前提となる権利と，派生的な権利という区別がされることがあります。ある法的権利が「中核」であり，その他の権利がその周辺にあるといった言い方は，このような前提と派生の関係を示すためにも用いられることがあります。不当利得返還請求権をもつのは，保護受給権をもつ生活保護の受給者だけであると裁判所は考えているのです。したがって，この権利も朝日さんの死亡によって消滅したとされました。

④　生存権の法的性格

　最高裁判所は，「なお，念のために」という前置きをした上で，日本国憲法25条第1項に規定されている生存権の法的性格を説明しています。裁判所によれば，同項による生存権の保障は，「すべての国民が健康で文化的な最低限度の生活を営み得るように国政を運営すべきことを国の責務として宣言したにとどまり，直接個々の国民に対して具体的権利を賦与したものではな〔く〕」「具

167

体的権利としては，憲法の規定の趣旨を実現するために制定された生活保護法によつて，はじめて与えられているというべきである」とされています（最大判昭和42（1967）年5月24日）。また，裁判所は，「右の権利は，厚生大臣が最低限度の生活水準を維持するにたりると認めて設定した保護基準による保護を受け得ることにあると解すべきである」とも述べています。

　生活保護を申請し，支給が認められた人は，特定の金額を期日までに国から給付してもらう請求権（Claim）をもちます。しかし，この権利の内容の一つでもある具体的な支給額は，居住地や世帯の人数，本人の年齢や健康状態などに基づいて算出されます。出産や葬式に必要な費用など，実際に必要になったときに実費が支給されることもあります。法的権利としての保護受給権の具体的な内容は，裁判所も述べているように，生活保護法や国務大臣，現在では厚生労働大臣の定めている支給基準によって定まるものです。

　ただし，最高裁判所は，「〔国務大臣が〕現実の生活条件を無視して著しく低い基準を設定する等憲法および生活保護法の趣旨・目的に反し，法律によつて与えられた裁量権の限界をこえた場合または裁量権を濫用した場合には，違法な行為として司法審査の対象となる」とも述べています。国務大臣には，生活保護の支給基準や内容を決定するための幅広い権能（Power）が与えられていますが，それには一定の限界もあるとされているのです。国務大臣のもつ権能の制限は，その無能力（Disability）に相関する免除権（Immunity）を国民がもつということを意味しています。ただし，裁判所の説明では，これは憲法上の免除権というよりは，生活保護法という法律によって保障された権利であるとされています。

　ところで，朝日さんの死亡によって訴訟が終了するのであれば，朝日さんたちが裁判の中で主張していた事柄について，裁判所は必ずしも言及する必要はなかったはずです。朝日訴訟における生存権の法的性格についての最高裁判所の見解は「傍論」であると言われることがあります。

　傍論（Obiter Dictum）は，判決理由（Ratio Decidendi）と対置される概念です。アメリカ合衆国やイギリスのような判例法の国では，裁判所の判決には，「先

例（Precedents）」としての法的拘束力が与えられています。そのため，裁判所は，制定法だけではなく，先例によって構成されている判例法にも基づいて裁判をしなければなりません。したがって，裁判官が判決の中で述べていることを，法的拘束力をもつ判決理由の部分と，そうではない傍論の部分に区別をしておく必要があります。

　日本法においても，判例には一定の拘束力があると考えられています。ただし，日本と判例法の国とでは，判決に備わっている拘束力の性質が異なります。日本でも，裁判所の判断は，訴訟の当事者の権利や責務に対する法的効力をもちます。さらに，最高裁判所の司法判断には，下級裁判所や国会，内閣に対する実質的な拘束力があります。民事訴訟法318条第1項は，「上告をすべき裁判所が最高裁判所である場合には，最高裁判所は，原判決に最高裁判所の判例［……］と相反する判断がある事件その他の法令の解釈に関する重要な事項を含むものと認められる事件について，申立てにより，決定で，上告審として事件を受理することができる」と定めています。刑事訴訟法405条にも，ほぼ同様の定めがあります。下級裁判所の裁判官たちは，あえて最高裁判所の判例とは異なる判断を自分たちがしたとしても，結局は当事者が上告の申立てをして，最高裁判所が自分たちの判断をまず間違いなく覆すであろうことをよく理解しています。そのため，下級裁判所は，通常は，最高裁判所の考え方に沿って司法判断をします。また，国会は，時間と労力を費やして制定した法律が裁判所によって違憲無効とされることがないように，法案の作成や審議に際して，裁判所の司法判断の内容をよく調べておきます。しかしこれは，裁判所の判決や決定に，憲法や法律と同視されるような法的拘束力があることを意味しません。下級裁判所は，憲法や法律に従わなければなりませんが，最高裁判所の司法判断と異なる内容の判断をしてはならないわけではないからです。

⑤　生存権訴訟の展開

　朝日訴訟をきっかけとして，生存権の保障が適切になされているのかどうか

を争うための裁判，いわゆる生存権訴訟への道が大きく開かれました。その後の生存権訴訟では，生活保護の水準だけではなく，社会保障に関する様々な法令や制度の内容や運用の合憲性や合法性が検討されるようになっています。

1970年に始まった，いわゆる堀木訴訟では，社会保障給付の併給を禁止する法律の合憲性が問題となりました。この裁判の原告である堀木文子さんは，視覚障害があったため，当時の国民年金法に基づいて，視力障害者に支給される障害福祉年金を受給していました。堀木さんは，離別した内縁の夫との間に生まれた子どもを母子世帯として養育していたことから，当時の児童扶養手当法に基づいて，母子世帯に支給されていた児童扶養手当の受給を申請しました。国は，障害福祉年金と児童扶養手当の併給はできないと法律が定めていることを理由に，この申請を認めませんでした。

社会保障のための制度が拡充されていく過程では，異なる制度の間の調整が必要になります。同じような事情や理由に基づいて，いわば「二重取り」のような受給がなされることは，社会保障制度の公平性を損ないます。児童扶養手当は，受給者に対する所得保障であり，障害福祉年金と「基本的に同一の性格を有するもの」であるということが，併給禁止の理由とされていました。

堀木さんは，併給の禁止を定めた法律は，日本国憲法13条，14条第1項，25条第2項に違反すると主張して，裁判を起こしました。最高裁判所は，併給の禁止は不合理とまでは言えないとして，堀木さんの訴えを退けました（最大判昭和57（1982）年7月7日）。裁判所によれば，「憲法25条の規定の趣旨にこたえて具体的にどのような立法措置を講ずるかの選択決定は，立法府の広い裁量にゆだねられており，それが著しく合理性を欠き明らかに裁量の逸脱・濫用と見ざるをえないような場合を除き，裁判所が審査判断するのに適しない事柄である」とされています。

国会には，社会保障のための制度を設計するにあたって，広範な判断の余地が与えられています。この立法裁量が無制約のものではないとすれば，社会保障給付の受給権を創設したり，改廃したりするための国会の権能（Power）には，一定の限界があると言えます。したがって，日本国憲法25条によって保障

第11章　人間らしい生活

される生存権には，制限された権能，すなわち，無能力（Disability）と相関する権利である，憲法上の免除権（Immunity）の要素も含まれているということになります。

　生存権訴訟を通じて明らかにされたように，「健康で文化的な最低限度の生活」の保障にあたって，国は，憲法や生活保護法に基づくある種の法的な責務を負っており，この責務に相関する権利を国民はもちます。現在では，日本国憲法25条第1項は，「具体的権利」を個々の国民に対して保障したものではないけれども，だからといって「プログラム規定」であるわけでもなく，「抽象的権利」を規定したものであると考えられています。

　社会保障制度も人間が作るものであるため，制度の狭間に陥ってしまう人たちが出てくることもあります。1991年までの国民年金の仕組みでは，20歳以上の学生の国民年金への加入は任意とされていました。もし20歳未満で交通事故などによって障害を負ったときは，障害福祉年金が支給されました。また，20歳以上で障害を負ったときは，国民年金に加入していれば，障害基礎年金を受給することができました。ところが，20歳以上で国民年金に未加入の学生が障害を負うと，このどちらも受け取ることができませんでした。

　そもそも，学生は，お金を稼ぐ能力がまだ乏しいという理由で，国民年金への加入が任意とされていました。現行の制度では，20歳以上のすべての国民に国民年金への加入義務がありますが，学生の間は，保険料の納付を猶予してもらうこともできます。稼ぐ力がないという点では違いはないにもかかわらず，19歳の学生と20歳の年金未加入の学生を区別することに，合理性はありません。

　国民年金に未加入のまま学生のときに障害を負い，「無年金」とされた原告たちは，障害福祉年金の給付や損害賠償を求めて裁判を起こしました。障害年金の仕組みを作るにあたって，国会が一種の設計ミスをしていたのではないかという主張もなされました。最高裁判所は，立法裁量論に基づいて，原告らの主張を退けました（最2小判平成19（2007）年9月28日）。ただし，国会は，原告たちのような学生無年金障害者を救済するために，2004年に「特定障害者に対する特別障害給付金の支給に関する法律」を制定しています。

171

戦後，多くの国で，福祉や社会保障の仕組みが拡充されてきました。しかし，現在では，財政難を理由として，社会保障費や生活保護費は削減の対象に真っ先に挙げられることもあります。日本では，2000年ごろから，生活保護費を圧縮するための基準の改定が繰り返されるようになりました。憲法学や社会保障法学では，こうした現象のことを「制度後退」と呼んでいます。

　「制度後退」の場面では，最低限度の生活を保障するために設定されていたはずの給付の水準が，そこからさらに切り下げられていることになります。最高裁判所によれば，生活保護受給権は，単に国が決めた金額を受け取る権利ではなく，人間らしい生活をすることができるだけの金額を受け取るという内容を備えた請求権（Claim）です。もし，社会権に分類されている権利にも憲法上の免除権の要素が含まれているのであれば，この請求権の剝奪や制限は，自由権に分類されている権利の制限の場面と，それほど構図が異なるわけではありません。「制度後退」の場面では，裁判所は，国会や国務大臣の権能が適切に行使されているのかどうかを，しっかりとチェックするべきでしょう。

☑コラム⑫　法学と比較法研究

　近代以降の日本の法制度は，西洋法を模範として発展してきました。例えば，内閣制度はイギリス，刑法理論はドイツ，民法典はフランス，司法審査制はアメリカ合衆国の法や制度，学説から多大な影響を受けています。こうした西洋法，外国法の継受のプロセスでは，外国法がいかなるものであるのかを知るための比較法（Comparative Law）の研究は不可欠でした。

　日本では，現在でも，比較法研究が盛んです。私たちが，他者と自己との比較を通じて，自分自身が何者であるのかを知ることがあるように，ある国家や社会の法も，異なる場所や時代の法との比較をすることによって，その性質をより明確に認識することができます。そして，様々な外国法に共通した，普遍的な要素があるとすれば，それは法の不可欠な構成要素の一つであるのかもしれません。

第12章	所有と財産

① 財産の所有

　私たちは，土地や建物，自動車などの財産を自分のものとして持つこと，所有することができます。所有する財産を自由に使用したり，譲渡したり，廃棄したりすることもできます。財産を所有する権利は，近代立憲主義の憲法がその初期から保護してきた権利の一つです。フランス人権宣言17条は，「所有は，神聖かつ不可侵の権利」であるとしています。また，アメリカ合衆国憲法の修正5条は，「何人も［……］法の適正な手続によらずに，生命，自由または財産［property］を奪われることはない」と定めています。大日本帝国憲法27条第1項は，「日本臣民ハ其ノ所有権ヲ侵サルヽコトナシ」と定めていました。

　日本国憲法29条第1項は，「財産権は，これを侵してはならない」と定めています。現代社会では，所有の対象となる財産が多岐にわたっているだけではなく，財産権の内容も多様なものになっています。民法は，財産権を物権と債権に区分しています。物権は，土地や建物，自動車，机，眼鏡など，形のある物，有体物を対象とする権利です。日本の民法典では，「第2編　物権」が，占有権や所有権，質権などの物権の取得方法や内容などを定めています。債権は，他者に対して，一定の行為や給付をすることを求める権利です。債権をもつ人のことを債権者，行為や給付をする責務を負っている人のことを債務者と呼びます。多くの場合，債権と債務は，請求権（Claim）と義務（Duty）に対応しています。債務者は，債権者の求めに応じて，債務を誠実に履行しなければなりません。期限までに履行をしなかったり，不十分な履行をしたりした場合には，債務者は，債務不履行によって債権者に生じた損害を賠償する義務を負

うこともあります。

　民法175条は,「物権は,この法律その他の法律に定めるもののほか,創設することができない」と定めています。物権には,民法などの法律によって定められているいくつかの類型があり,それ以外の内容の権利を当事者が勝手に作り出すことはできません。これを物権法定主義と呼びます。債権には,こうした限定はありません。当事者たちの必要に応じて,様々な内容の債権や債務を契約によって設定することができます。ただし,民法90条によれば,「公の秩序又は善良の風俗」,いわゆる公序良俗に反する内容の契約は,無効となります。例えば,絶対服従の関係を無期限に続けるという債務を負わせる奴隷契約は,公序良俗に違反すると考えられています。

　民法は,物権の対象となる財産を動産と不動産に分けています。民法86条第1項は,「土地及びその定着物は,不動産とする」と定めています。ある土地の所有者と,その土地の上にある建物の所有者は,異なっていることもあります。また,土地や建物などの不動産には非常に高い価値があるため,その取引がなるべく安全に行われるように,登記という仕組みが,国によって整備されています。相続や売買などによって不動産の所有者などが変更されたときには,その事実を登録することができます。これを不動産登記と呼んでいます。登記された事柄は,一般にも公開されており,法務局で誰でも閲覧をすることができます。不動産の住所や面積,構造,所有者,抵当権者などが公示されているのです。

　民法177条は,「不動産に関する物権の得喪及び変更は,不動産登記法[……]その他の登記に関する法律の定めるところに従いその登記をしなければ,第三者に対抗することができない」と定めています。Aが,自分の所有する土地をBに売却したとします。Bは,Aとの関係では,土地の所有権が自分に移ったことを主張できます。Aは,運営する会社の資金繰りに困っており,Bに売却したはずの土地を,まだ自分の土地であるということにして,Cにも売却してしまいました。これを二重譲渡と呼びます。AとBの間で行われた土地の売買については,Cは「第三者」です。もし土地の所有権がBに移っていることが

174

登記されていれば、Bは、Aに対してはもちろん、Cに対しても、その土地が自分のものであると主張できます。

　Cが、Aがその土地の所有者であるという公示を信じて売買契約を結び、Bよりも先に所有権移転登記を済ませてしまったとします。Bは、CとAの間の契約については、「第三者」です。このとき、Cは、Aだけではなく、Bやその他の「第三者」に対して、その土地が自分のものだと主張することができます。こうなると、Bは、その土地の所有者であると主張することはもはやできません。土地の購入のために支払った代金の返還などを、Aに対して求めていくことになるでしょう。ちなみに、不動産登記に関わる法律事務の専門家として、司法書士がいます。

　民法86条第2項は、「不動産以外の物は、すべて動産とする」と定めています。土地や建物以外の有体物、教科書や眼鏡、スマートフォンなどの私たちにとって身近な物品は、ほとんどすべて動産です。動産には不動産のような一般的な登記の仕組みはありませんが、法人による動産の譲渡に限定した動産譲渡登記制度や、自動車や航空機などの登録制度が設けられています。また、犬や猫、ハムスターのような動物は、法律上は物の一種、動産として扱われます。人身売買は違法ですが、動物の生体販売は、今のところ、日本では合法です。ただし、「命あるものである動物」については、動物愛護や人間と動物の共生という観点から、「動物の愛護及び管理に関する法律」などの法令によってその所有者や占有者、飼料の製造者や販売者に特別の責務も課されるようになってきています。

２　所有権の基礎付け

　現代社会に生きている私たちは、日常生活に必要としている物のほとんどを、対価を支払い、他者から譲り受けるという方法によって入手しています。小売店で商品を購入するときは、売買契約を結び、相手から提示された金額を支払うことによって、商品の所有権が小売店からあなたに移転されます。

対価の支払いを伴わない贈与や相続という方法でも，私たちは所有権を得ることができます。祖父母と孫，親と子，夫と妻の間では，大なり小なり，物のやり取りがなされているものです。

　さらに，私たちは，自ら何かを新たに作り出すことによっても，所有権を得ることができます。あなたがベランダや家庭菜園などで育てて収穫した野菜や果物は，あなたのものになります。紙と鉛筆や作画用のペンタブレットを使ってあなたが描いたイラストや漫画は，あなたの作品となり，それを複製したり公衆へ送信したりする権利である著作権，知的財産権があなたに帰属します。

　このように，所有や財産に関する権利は，私たちの日常生活とも深く関わっています。もっとも，憲法典があえてこうした権利を明記しているのは，所有権もまた，良心の自由や表現の自由，職業選択の自由などと同様に，常に保護されてきたわけではないからです。例えば，奴隷制度は，人間を物と看做すことによって，所有されている側の人間が所有権をもつことを否定する仕組みであると言うことができます。アメリカ合衆国における南北戦争よりも前の時期，いわゆるアンテ・ベラム期に奴隷の経験をしたフレデリック・ダグラスの手記の中には，ダグラスが稼いだお金を奴隷主が取り上げるシーンが出てきます。奴隷主は，ダグラスからいったんすべてを取り上げておいて，そこからほんのわずかな部分だけを，慈悲や思いやりの証拠として，ダグラスに渡すのです。

　また，イギリスやその影響を受けた国では，妻となった女性が所有権をもつことを制限する「カバーチャー（Coverture）」という仕組みがありました。女性は，結婚をすると，夫である男性の付属物のような存在になり，財産の取得や契約の締結を単独で行うことができなくなるという仕組みです。戦前の日本の民法典は，妻となった女性は借金や相続，財産の贈与のときに「夫ノ許可」を得なければならないと定めていました。

　汗水を流して働いて得たものが，決して自分のものにはならず，他人の財産になってしまうという状況は，自らの身体を拘束されている状態と同視することもできます。所有権は，経済活動に関する権利であるだけではなく，身体的自由権や，個人の尊重，平等の保護とも関わる権利であると言えそうです。

176

第12章 所有と財産

　17世紀のイギリスの哲学者であるジョン・ロックによれば，私たち人間が「政治的共同体（Commonwealth）」を作るのは，各人にとって「固有のもの（property）」である生命や自由，財産をよりよく保護するためです。ここでの"property"という言葉には，一般的な訳語である「財産」や「所有（権）」に限定されない，幅広い内容が含まれているのですが，そもそも，生命や自由だけではなく，ある種の財産もまた，私たち人間にとって「固有のもの」であると言えるのでしょうか。

　生命は，私たちが人間であることの条件です。したがって，「固有のもの」であると言えます。なお，死んだ人間は，法律上は物の一種になります。遺体や遺骨の扱い方には特別なルールが設けられていますが，これは，生きている人間に対して様々な権利を与え，責務を課すものです。「死者の自由」や「死後の世界での義務」を論じるのは，法学の仕事ではありません。

　人間は本来的に自由な存在なのか，人間にとって自由が「固有のもの」であるのかという問題には，現在でも決着はついていません。それでも，私たち人間は選択や判断を積み重ねながら生きていると言うことはできると思います。そして，私たちの多くは，思想や信仰，職業，交際，結婚などについての自由な選択が保障されていることが人間らしい生き方にとって不可欠であると考えていると思います。

　ロックは，自由な人間は自らの身体を所有しているという前提に立った上で，自分の身体を使って得たもの，つまり，労働の成果とした得られたものを各人は所有することができると考えています。野山を開墾して作った畑からの収穫物や，野生動物を狩猟して手に入れた皮や肉を加工したものは，そうした作業に取り組んだ各人の所有物になります。ロックの考え方は，私たちの日常的な感覚からも受け入れやすいものです。

　ただし，私たちは自分の身体を所有しているという「自己所有権」の考え方を突き詰めようとすると，ややグロテスクな結論が導き出されることもあります。私たちは，所有しているマンションや自転車を自由に使用したり，販売したりすることができます。しかし，自分の臓器や血液を販売することは，多く

177

の国で禁止されています。例えば、「臓器の移植に関する法律」の11条第1項は、「何人も、移植術に使用されるための臓器を提供すること若しくは提供したことの対価として財産上の利益の供与を受け、又はその要求若しくは約束をしてはならない」と定めています。また、人間の身体が財産であるならば、土地や建物という財産の所有者には固定資産税が課されているように、国家は私たちの身体にも「課税」をすることが許されると考えるべきでしょうか。「眼球のくじ」と呼ばれる有名な思考実験があります。事故や病気などで視力を失った人を回復させるために、健康な両目を持つ人たちにくじを引かせて、くじに当たった人には片方の眼球を強制的に提供させる仕組に対する賛否を考えさせるものです。

③ 私有財産の制度

「自己所有権」と労働による私有財産の獲得という説明が一見すると受け入れやすいのは、それが理論的に正しいからというよりは、財産の私的な所有を肯定する社会に私たちが生きているからであるのかもしれません。田植えや稲刈りは村の総出で行い、収穫物の一定の割合を領主に納め、残りは村の共同体で管理しているような社会では、田畑や収穫物を各人が自分だけのものにしている、私有しているという発想は希薄だったのではないでしょうか。

日本国憲法29条による財産権の保障は、個人の権利というよりは、私有財産の制度を保障したものであると言われることがあります。この見解は、いわゆる東西冷戦期には、社会主義への移行を日本国憲法は許容していないという趣旨で示されることもありました。旧ソビエト連邦諸国や中華人民共和国などの「東側」の国々では、土地や畑、工場などの生産力を有する財産は「国有化」されていました。中華人民共和国憲法6条第1項は、「中華人民共和国の社会主義的経済システムの基礎は、生産手段の社会主義的公有制、すなわち全人民所有制および勤労大衆の集団所有制である」と述べています。

ただし、社会主義の国家でも、個人や企業が一切の財産の私有を認められて

第 **12** 章　所有と財産

いなかったというわけではないようです。また，「西側」の国々でも，あらゆる財産が私有されていたわけではなく，重要な土地や工場，産業などが「国有化」されていることもありました。

　憲法による財産権の保障が私有財産の制度の保障に留まるという見解は，所有や財産に関する具体的で個別的な権利を憲法が私たちに直接保障しているわけではないという趣旨で述べられることもあります。日本国憲法29条第2項は，「財産権の内容は，公共の福祉に適合するやうに，法律でこれを定める」としています。所有権や抵当権，質権，著作権などの内容は，憲法典ではなく，民法や著作権法などの法律によって具体的に定められています。国会は，私有財産の制度という枠の中で，立法によって，所有や財産に関する様々な権利の内容を決めることができます。

　これは，本書の第11章でも触れた生存権の保障についての考え方に似ている部分があります。日本国憲法25条による生存権の保障について，最高裁判所は，「健康で文化的な最低限度の生活」を維持するための給付を受ける権利は，「具体的権利としては，憲法の規定の趣旨を実現するために制定された生活保護法によつて，はじめて与えられているというべきである」と述べています（最大判昭和42（1967）年5月24日）。憲法の規定に基づいて具体的な権利の保障がなされているわけではないという点で，財産権と生存権には共通性があります。

　ただし，生存権や，教育を受ける権利は，国家による給付を求める請求権（Claim）をその要素にしています。したがって，これらの権利に相関する責務の主体になるのは，国や地方公共団体，それらの機関に限られます。道義的な問題はさておき，飢餓に苦しむ貧しい人々が人間らしい生活をできるようにする法的な責務をあらゆる人が負っているわけではありません。これに対して，所有や財産に関する権利は，国家と私人の間だけではなく，市民同士の，私人間の関係においても保障されなければなりません。そもそも，土地や財産に関する権利の保障は，近代立憲主義の憲法が登場するよりもはるか昔から，公権力の主要な関心事でした。民法典の中でも，財産法と呼ばれる領域には，人々の間の経済的な取引や，その前提となる財産の所有を規律している点で，近代

179

立憲主義の憲法よりもはるかに長い歴史をもつようなルールが含まれています。

④ 財産権の内容

　所有や財産に関する権利の具体的な内容が法律によって定められるものであるとしても，そうした権利に対してどのような制約を課しても，およそ憲法上は問題にはならないと考えられているわけではありません。

　最高裁判所は，所有の一形態である共有に関する権利を制限していた森林法の規定を違憲無効としたことがあります（最大判昭和62（1987）年4月22日）。違憲とされた当時の森林法186条は，森林の共有者は，「その共有に係る森林の分割を請求することができない」と定めていました。

　民法は，一つの不動産や動産を複数人が所有すること，共有することを認めています。民法249条第1項は，「各共有者は，共有物の全部について，その持分に応じた使用をすることができる」と定めています。運送事業を始めたAとBとCが，お金を出し合って購入した業務用の配送トラックを共有しているとします。共有者である3人は，それぞれが，配送トラックの「全部」を使用することができます。トラックを動かすときには常に3人が揃わなければならないというわけではありません。また，Cは荷台だけしか使えないというわけでもありません。ただし，トラックの使用にあたっては，各自の「持分」が考慮されます。もし，Aがトラックの購入や維持などのための費用の大半を負担しているような場合には，Aは大きな「持分」をもちます。トラックの使用方法について3人の意見が一致しないときには，Aの判断が優先されます。

　トラックのような動産だけではなく，不動産の共有も一般的なものです。マイホームを建てたり，マンションを購入したりするときに，土地や建物を夫婦や親子の共有にすることはよくあります。また，相続によって，それまでは被相続人の単独所有であった土地や建物が，相続人たちの共有になっていくこともあります。

　ところで，ある建物を複数の人が所有していると聞いて，いわゆる分譲マン

ションのようなものを思い浮かべる人も多いかもしれません。203号室はD，302号室はE，601号室はFが所有をしているイメージです。これは，共有ではなく，区分所有です。203号室を所有しているのはDであり，EやFは，203号室の所有者ではありません。ただし，区分所有の対象となっているマンションの一室が複数人に共有されている場合もあります。Fは，区分所有権をもつ601号室を配偶者であるGと共有しているかもしれません。また，たいていの分譲マンションでは，エントランスや廊下，エレベーターなどは「共用部分」とされています。

　民法256条第1項は，「各共有者は，いつでも共有物の分割を請求することができる」と定めています。共有物の分割には，いくつかの方法があります。各共有者の持分の割合に応じて，物理的に分けてしまうこともできます。広い土地などは切り分けてしまって，相続人である子どもや孫たちがそれぞれ新しく家を建てたりすることもあります。

　もっとも，解体するとその機能や価値が損なわれたり，解体することができなかったりするような財産もあります。配送トラックは，タイヤやエンジン，荷台などのパーツに解体することができます。しかし，パーツに分けられてしまうと，車両としての価値や機能を発揮することは，もはやできません。

　共有物を売却して得た金銭を持分の割合に応じて分配するという方法によって，共有物を分割することもできます。FとGが共有していたマンションの601号室の価格が3,000万円だったとします。Fの持分の割合が3分の2，Gは3分の1であったとすると，Fは2,000万円，Gは1,000万円を分割によって受け取ることができます。

　もし，共有者の中に共有物の全体について単独所有への移行を望む人がいた場合，他の共有者に対してその持分の割合に応じた金額を支払うことによって，共有の関係を解消することができます。飼い猫にはほとんど値は付かないと言われていますが，FとGが夫婦で飼育していた猫に，仮に1万円の価値があるとしましょう。FとGの持分の割合が等しかったとすると，Fは5,000円をGに支払うことによって，その猫の単独所有者になることができます。

181

当時の森林法186条但書は，森林の共有者が「各共有者の持分の価額に従い
その過半数をもつて分割の請求をすることを妨げない」と定めていました。原
告は，森林を共有している兄との間で経営方針をめぐって対立しており，共有
を分割によって解消して，単独所有へ移行することを望んでいました。ところ
が，父親から贈与された共有の森林の持分の割合は，原告と兄がそれぞれ2分
の1ずつでした。兄とは話し合いもできないような状態になっており，このま
までは，共有を解消することはできません。そこで，原告は，森林法186条に
よる共有森林の分割請求権の制限は，日本国憲法29条が保障している財産権の
不当な制約であると主張しました。民法の特別法である森林法186条の規定が，
もし違憲無効とされれば，原告は，通常の共有物の分割と同じ手順で兄との共
有を解消することができるようになります。

　裁判所は，単独所有は「近代市民社会における原則的所有形態」であり，共
有から単独所有へと移行するための共有物の分割請求権は，「共有の本質的属
性として，持分権の処分の自由とともに，民法において認められるに至つたも
のである」としています。したがって，「当該共有物がその性質上分割するこ
とのできないものでない限り，分割請求権を共有者に否定することは，憲法上，
財産権の制限に該当し，かかる制限を設ける立法は，憲法29条2項にいう公共
の福祉に適合することを要する」と判断されました。

　共有者たちは，明確で共通した目的をもって共有財産を管理したり，使用し
たりしているとは限りません。例えば，相続によって財産が共有物となった場
合には，職業や居住地，共有財産に関する理解度などがまったく異なる人々が
共有者になってしまうこともあります。所在が不明の共有者や，連絡を取るこ
とが難しい共有者が含まれることもあります。裁判所によれば，共有のこうし
た性質は，共有の対象となっている財産が本来発揮できるような機能，共有物
の「経済的価値」をかえって損なうこともあるとされています。

　森林法違憲判決では，裁判所は，財産権の制限が憲法に適合するかどうかを，
立法目的とその実現のための手段に注目して検討しました。「森林の細分化を
防止することによつて森林経営の安定を図り，ひいては森林の保続培養と森林

第 12 章　所有と財産

の生産力の増進を図り，もつて国民経済の発展に資する」という森林法186条
の立法目的は，「公共の福祉に合致しないことが明らかであるとはいえない」
とされます。しかし，「共有森林につき持分価額 2 分の 1 以下の共有者に一律
に分割請求権を否定しているのは，同条の立法目的を達成するについて必要な
限度を超えた不必要な規制」であるため，同条は日本国憲法29条第 2 項に違反
して無効であると判断されました。

　共有森林の分割は，森林法186条但書の場合の他に，遺産の分割においても
可能であるとされていました。また，この事件の原告と被告のように，共有者
たちが激しく対立したり，交渉もできなくなったりしているような場合には，
分割請求権を制限したとしても，共有森林の経営が順調になされるとは限りま
せん。かえって，共有者の双方が森林に手を入れることができず，その荒廃を
招くこともあり得るのです。持分の割合が 2 分の 1 以下の共有者の分割請求権
のみを制限するのは，それほど賢明な内容のルールであるとは言えないという
ことが，裁判所の判断のポイントであるように思われます。

　国会は，所有や財産に関する請求権（Claim）や特権（Privilege）の内容を定
める権能（Power）をもちます。しかし，この権能は絶対的なものではなく，
財産権の本質とでもいうべき権利を剝奪したり，過度に制約したりすることは
できません。そうすると，法律によってその内容が定められている権利，例え
ば，共有物の分割に関する権利についても，憲法上の免除権（Immunity）の要
素が備わっていると言えそうです。

⑤　収用と補償

　国や地方公共団体は，公共の利益を促進するために，私たちから財産を取り
上げることもあります。例えば，土地収用法は，「公共の利益となる事業に必
要な土地等の収用又は使用に関し，その要件，手続及び効果並びにこれに伴う
損失の補償等について規定し，公共の利益の増進と私有財産との調整を図り，
もつて国土の適正且つ合理的な利用に寄与すること」をその目的として掲げて

います。道路や鉄道を整備したり，学校や病院を建設したりするためには，一定の広さの土地が必要です。また，こうした施設を置くべき場所は，どこでもよいというわけではありません。施設の設置に適した土地をすでに誰かが私有しているときに，国や地方公共団体は，所有者がたとえ反対の意思を示したとしても，一定の手続を経ることで，強制的にその土地を取り上げることができます。これを収用と呼んでいます。

　土地収用法68条は，「土地を収用し，又は使用することに因つて土地所有者及び関係人が受ける損失は，起業者が補償しなければならない」と定めています。日本国憲法29条第3項は，「私有財産は，正当な補償の下に，これを公共のために用ひることができる」としています。したがって，財産を収用された人がもつ損失補償の請求権（Claim）は，法律だけではなく，憲法によっても保障された法的権利であると言えます。

　収用には正当な補償が必要であるという考え方には，長い伝統があります。フランス人権宣言17条は，「所有」という「神聖かつ不可侵の権利」は，「適法に確認された公の必要が明白にそれを要求する場合で，かつ，正当かつ事前の補償のもとでなければ，これを奪われない」と述べています。アメリカ合衆国憲法の修正5条も，「何人も，正当な補償なしに，私有財産を公共の用のために徴収されることはない」と定めています。

　なお，損失補償と似ている用語として，損害賠償があります。どちらも，ある人が失った利益を，その原因を作った人が金銭的に埋め合わせるためになされるものですが，後者は，違法な行為によって与えた不当な損害に対する償いという意味で用いられています。日本国憲法17条は，「何人も，公務員の不法行為により，損害を受けたときは，法律の定めるところにより，国又は公共団体に，その賠償を求めることができる」と定めています。国や地方公共団体の職員，公務員の行為によって損害を受けた人は，国家賠償法に基づいて，国などに対して損害賠償を請求することができます。これに対して，適法な行為によって発生した損失を埋め合わせるためになされる給付は，損失補償と呼ばれています。公共の利益のための収用は，土地収用法などの法律によってその内

184

第 12 章　所有と財産

容やプロセスが定められた適法な行為であるため，損害賠償ではなく，損失補
償を求めることができます。

　土地収用法70条本文は，「損失の補償は，金銭をもつてするものとする」と
定めています。通常は，収用される土地の価格などに見合った金額が，権利者
に対して支払われます。同条但書によれば，都道府県に置かれている収用委員
会が認めた場合には，金銭の支払いの代わりに他の土地を提供する「替地」と
いう方法での補償も可能です。

　日本国憲法29条第3項が求めている「正当な補償」については，収用される
財産の市場価格や，引越しなどのために必要な費用も含めて補償するべきであ
るという考え方と，財産を収用するときの目的や，その当時の社会的，経済的
な事情を考慮して，合理的と認められる金額であれば十分であるという考え方
があります。憲法学では，前者を完全補償説，後者を相当補償説と呼んでいま
す。現在では，基本的には，完全補償説が収用における実務では採用されてい
ると言われています。

　日本国憲法が制定された時期の日本では，大規模な収用が全国で実施されて
いました。戦前の日本の農村では，ごく少数の地主が広大な農地を所有してい
ました。多くの農民は，地主から土地を借りて農作業に従事する，小作農とい
う立場でした。GHQ は，農村を民主化するために，政府が地主から強制的に
買い上げた土地を小作農に分配して自作農への転換を進める政策，いわゆる農
地改革を強力に推進していました。相当補償説という考え方は，農地改革によ
って所有する土地を買い上げられた地主が起こした裁判の中で，買収価格は憲
法の定める「正当な補償」に値するものであると裁判所が判断したときに示さ
れたものです（最大判昭和28（1953）年12月23日）。

　なお，財産の利用方法の制限と，財産の収用が，ほとんど同視できる場合も
あります。例えば，河川敷になっている土地には，河川法などに基づいた利用
制限がかけられています。建物を建てることもできず，農作業もできないよう
な土地を所有していたとしても，実質的には，何も所有していないのと同じで
はないでしょうか。また，建築基準法43条第1項は，「建築物の敷地は，道路

185

［……］に2メートル以上接しなければならない」と定めています。非常に古い住宅の建っている土地の中には，この接道の条件を満たしていないものがあります。もしその住宅を解体して新しい家を建てようとしても，建築の許可が下りません。住宅地にあるにもかかわらず，住宅を建てられないようにされてしまった土地には，価値はあまりありません。

　法律の制定や改正によって，土地や建物などの利用方法に関する規制が新たに追加されたことで，それまではできていた財産の利用ができなくなったような場合には，補償を受けることはできるのでしょうか。法律が特別な救済の規定を置いていれば，それに従って補償を受けることができます。もし，法律がそうした規定を置いていないときには，日本国憲法29条第3項に基づいて，損失補償を求めることはできるのでしょうか。また，損失補償のルールが定められていないことが，同項に違反すると言えるのでしょうか。

　憲法学では，財産権の制限が「特別の犠牲」を強いるものであるときには，損失補償が必要になると考えています。道路や病院などを建設するために私有地を収用することは，経済活動の促進や公衆の健康の維持という公共の利益の増進，「公共の福祉」のために，その土地の所有者である一部の人に対して犠牲を強いるものです。財産権の制限が，広く一般の人にも適用される規制なのか，それとも，限られた範囲の人にだけ影響するものであるのかを考える必要があります。また，河川の近くの土地や，険しい斜面を含んだ土地などの中には，近隣の住民の安全のために規制をかけることがそもそも当然であるような場所もあります。こうした土地を所有したり，利用したりしている人は，例えば災害の防止のための規制がかけられたとしても，規制による不利益や損失を我慢する，受忍するべきです。

　国家がある種の財産を収用するとき，単なる金銭的な損失にはとどまらない影響がもたらされることがあります。財産法学者のベルナデッタ・アツアヘネは，人々が長年にわたって築き上げてきた財産を取り上げることは，「尊厳の収用（Dignity Taking）」にあたり，その損失の補償にあたっては，金銭的な給付に留まらない救済策を講じる必要があると指摘しています。

186

第 **12** 章　所有と財産

　不動産や動産などの財産は，私たちの生活を物質的に支えるものですが，何かを所有することは，精神的な充足や安息とも結びついています。人間らしい生活や，豊かなコミュニケーション活動，共同体との関わりを維持するためにも，財産は不可欠です。こうしたことをふまえると，財産権は，現在でも，重要な憲法上の権利の一つであると言えます。

☑コラム⑬　予防接種禍と損失補償

　日本国憲法29条第3項の「正当な補償」条項を類推適用して，予防接種の副作用による死亡や健康被害の金銭的な救済を試みた判決があります。予防接種の実施は，統計上は確実に，一定数の健康被害を引き起こします。副作用によって死亡したり，後遺症を負ったりした子どもやその親たちが起こした裁判の中で，東京地方裁判所は，「財産上特別の犠牲が課せられた場合と生命，身体に対し特別な犠牲が課せられた場合とで，後者の方を不利に扱うことが許されるとする合理的理由は全くない」と述べています（東京地判昭和59（1984）年5月18日）。伝染病の予防という公共の利益のために，一部の人々の生命や身体に結果として犠牲を強いたのであれば，国は「正当な補償」をしなければならないとされました。当時，適法に実施された予防接種による被害を救済するための法令が存在しなかったため，裁判所は，憲法を直接の根拠とした損失補償を認めるために，このような考え方を用いたのです。

187

<table>
<tr><td>第13章</td><td>刑事手続</td></tr>
</table>

① 時代劇の中の刑事手続

　いわゆる時代劇の中でも，近世の江戸を舞台とした作品には根強い人気があります。江戸時代の末期，天保の改革の頃を描いたテレビドラマ『遠山の金さん』シリーズでは，主人公の遠山金四郎は，町奉行という要職にありながら，普段は「遊び人の金さん」として江戸の町の人々と交流しています。偉い人が身分を隠して庶民の生活空間に入り込み，町の様々なトラブルを解決していくという構図は，『暴れん坊将軍』や『水戸黄門』『鬼平犯科帳』などの作品でも見られます。

　勧善懲悪ものと呼ばれる時代劇には，たいていはお決まりのパターンがあります。『遠山の金さん』シリーズでは，各話の終盤に金さんは悪党たちと大立ち回りを演じて，右胸と右肩から上腕部にかけて彫られた立派な桜吹雪の入れ墨を露わにします。悪党たちは，遅れて駆け付けてきた「お奉行所」の役人たちによってひっ捕らえられ，つまり拘束され，裁きの場である「お白洲」に引き出されます。裁きを下すのは「遊び人の金さん」，もとい，北町奉行の遠山左衛門尉様です。悪党たちは色々と申し開きをして，罪を認めようとしません。そこで遠山様，もとい，金さんは肩衣を一部脱いで，桜吹雪の入れ墨を悪党たちに見せつけます。悪党は，悪行のすべてを金さん，もとい，遠山様に見られていたということに気がつき，観念して罪を認めます。

　これはあくまでフィクションです。近世の江戸の刑事手続の実態を理解するためには，時代劇ではなく，近世史や法制史などの研究成果を見る必要があることは言うまでもありません。それでも，こうした創作物の中での刑事手続の

描写は，犯罪捜査や裁判に対して一般の人々がもつイメージをある程度反映しているようにも思います。

『遠山の金さん』シリーズにおける遠山左衛門尉は，いわゆる「名奉行」として描かれています。悪党たちを確実に処罰しているという点では，確かに「名裁き」と言えるかもしれません。しかし，その処罰のプロセスについては，現代の視点から見ると，様々な問題があります。まず，悪党たちを裁きの場に引き出すためのおぜん立てをした「遊び人の金さん」と，悪党たちが罪を犯したのかどうかを吟味して裁きを下す地位にある北町奉行の遠山左衛門尉は，同一の人物です。犯罪の嫌疑をかけて被疑者を取り押さえさせた人が，被疑者を裁くわけですから，有罪という結論は最初から見えています。そのため，劇中での「お白洲」でのやり取りは，客観的な事実を明らかにするためのものというよりは，悪党に罪を認めさせ，罰を受けることを観念させるためのものとして描かれています。

また，捕えられた悪党たちには，過酷な取調べが待っています。「おい，こいつにもっと石を抱かせろ」というセリフが，時代劇にはしばしば出てきます。近世の刑事手続では，被疑者に肉体的な苦痛を与えて自白を引き出すための拷問が行われていました。実際には，拷問をするときの要件や手順についてのルールも存在していたようですが，被疑者を海老責や石抱などの拷問にかけるための施設が，町奉行の管理する敷地内にも置かれていました。

犯罪者の取締りや治安の維持は，国家の重要な役割の一つです。現代社会では，刑事手続における被疑者や被告人の権利が尊重されなければならないと考えられるようになっています。また，近代以降の国家では，犯罪の捜査と被疑者の拘束，被告人の訴追，有罪無罪の判断と量刑の権限は，単独の組織や官職ではなく，異なる機関に分配されるようになっています。奉行所の長官がもっていたような刑事手続に関する権限は，現代の日本では，警察官や検察官，裁判官という異なる地位と機能を与えられた機関に分配されています。

② 令状主義

　日本国憲法の特徴の一つとして，刑事手続に関して特別に詳細な規定を置いている点を挙げることができます。権利章典の中の約3分の1の条文が，刑事手続に関する規定で占められています。これは，明治憲法体制における刑事手続の問題点を克服するためであると考えられています。明治憲法体制では，被疑者や被告人の権利保障は，極めて手薄でした。政治犯の疑いをかけられた人やその家族が官憲の拷問によって殺害されたり，収監された被疑者が劣悪な環境のために衰弱死したりする事件が，しばしば起きていました。そもそも，当時の日本の支配者層は，そうしたことが重大な問題であるとは考えていなかった節もあります。占領下の1945年9月末に哲学者の三木清が衛生状態の劣悪な収監先で病死した事件は，GHQにも衝撃を与えたと言われています。

　日本国憲法33条は，「何人も，現行犯として逮捕される場合を除いては，権限を有する司法官憲が発し，且つ理由となつてゐる犯罪を明示する令状によらなければ，逮捕されない」と定めています。「司法官憲」とは，裁判官のことです。警察官は，犯罪の容疑がかけられている者を拘束するにあたって，裁判官の発する令状をあらかじめ得ておかなければなりません。この令状は，一般には逮捕状と呼ばれています。また，35条は，住居に立ち入ったり，所持品を押収したりするときにも，令状が必要であると定めています。一昔前の刑事ドラマの登場人物たちは，令状など示さずに疑わしい人物を拘束したり，「ヤサ（被疑者の自宅）」に踏み込んでいたりしましたが，近年の作品では，刑事手続のルールをふまえた描写もされるようになっています。

　私たちは，自らの身体を自由に動かす特権（Privilege）や，自宅などのプライベートな場所への他人の侵入を拒むための請求権（Claim）をもちます。憲法は，逮捕や家宅捜索にあたって裁判官の発した令状を要求することによって，人身の自由やプライバシーの権利の不当な侵害を防いでいます。

　令状なしの逮捕が許される場面として，日本国憲法33条は，現行犯を挙げて

います。目の前で犯罪が行われているような場合には，令状の発付を待つ必要はありません。この現行犯逮捕は，警察官だけではなく，一般人，私人も行うことができます。もっとも，犯罪者に一般人が立ち向かうのは大変危険なことです。また，どのような行為が犯罪であるのかは，一般人には簡単には判断できない場合もあります。「私人逮捕」などと称して，正当な理由もないのに他人を拘束したり，監禁したりすると，それが罪に問われることもあります。

　刑事訴訟法210条第1項前段は，「検察官，検察事務官又は司法警察職員は，死刑又は無期若しくは長期3年以上の拘禁刑にあたる罪を犯したことを疑うに足りる十分な理由がある場合で，急速を要し，裁判官の逮捕状を求めることができないときは，その理由を告げて被疑者を逮捕することができる」と定めています。これは，緊急逮捕と呼ばれています。現行犯ではないにもかかわらず，逮捕状を得ずに警察官や検察官が被疑者を拘束することは，憲法には違反しないのでしょうか。最高裁判所は，「罪状の重い一定の犯罪のみについて，緊急已むを得ない場合に限り，逮捕後直ちに裁判官の審査を受けて逮捕状の発行を求めることを条件とし，被疑者の逮捕を認めることは，憲法33条規定の趣旨に反するものではない」と判断しています（最大判昭和30（1955）年12月14日）。同項後段は，緊急逮捕をしたときには，「直ちに裁判官の逮捕状を求める手続をしなければならない」と定めています。また，「逮捕状が発せられないときは，直ちに被疑者を釈放しなければならない」とも定めています。こうした「厳格な制約」があれば，令状の発付よりも前に被疑者を逮捕することも許されると裁判所は考えているようです。

③　被疑者・被告人の権利

　日本国憲法34条前段は，「何人も，理由を直ちに告げられ，且つ，直ちに弁護人に依頼する権利を与へられなければ，抑留又は拘禁されない」と定めています。同条後段は，「何人も，正当な理由がなければ，拘禁されず，要求があれば，その理由は，直ちに本人及びその弁護人の出席する公開の法廷で示され

なければならない」と定めています。身体の拘束は，私たちの社会的，経済的，精神的な活動に多大な影響を及ぼします。人身の自由だけではなく，精神的自由権や経済的自由権をよりよく保護するためにも，とりわけ長期間の拘束には，正当かつ十分な理由を要求するべきです。

　現行の法制度では，被疑者は，警察官によって逮捕されてから検察官に起訴されるまでの間，単一の容疑では，留置施設や拘置所に最長で23日間にわたって拘束される可能性があります。複数の容疑を順番に切り替えていくことで，拘束は数か月間になることもあります。さらに，起訴がされた後も，被告人の拘束が続けられることもあります。これほど長期間の拘束がなされる可能性があることは，被疑者や被告人に対して，有罪を認めること，自白をすることを迫る効果があると言われています。警察官や検察官の見立てた筋書きの通りに自白をして，調書にサインをすれば早めに解放してもらえるけれども，無罪を主張して争うと長期間の拘束がされるかもしれないという状況に置かれたとき，あなたは，「それでも私はやっていない」と言い続けることができるでしょうか。

　被疑者や被告人は，弁護人依頼権をもちます。検察官は刑法や刑事訴訟法などの刑事法の専門家であり，その主張に対抗するためには，やはり，法律の専門家である弁護士の力を借りる必要があります。裁判は，非常に複雑なルールに従ってなされるゲームの一種と言えます。このことは，刑事裁判に限らず，民事裁判にも当てはまります。ゲームの仕組みに詳しければ，ゲームを有利に進めることができます。日本国憲法37条第3項は，「刑事被告人は，いかなる場合にも，資格を有する弁護人を依頼することができる」と定めています。「被告人が自らこれを依頼することができないときは，国でこれを附する」ともされており，国がその費用を負担して選任される弁護人は国選弁護人と呼ばれています。憲法上は，国選弁護人を付けることを求める請求権（Claim）は，「被告人」のもつ権利であるとされていますが，現在では，起訴される前の被疑者にも，この権利が与えられています。刑事訴訟法37条の2第1項は，「被疑者に対して勾留状が発せられている場合において，被疑者が貧困その他の事

192

由により弁護人を選任することができないときは，裁判官は，その請求により，被疑者のため弁護人を付さなければならない」と定めています。

　刑事裁判では，被告人が犯したとされる犯罪行為の内容を具体的に明らかにしていくことになります。犯罪に関する事実は，当事者や関係者，専門家などによる証言や，捜査機関などが収集した物などの証拠に基づいて，裁判官や裁判員が認定します。日本国憲法37条第2項は，「刑事被告人は，すべての証人に対して審問する機会を充分に与へられ，又，公費で自己のために強制的手続により証人を求める権利を有する」と定めています。

　日本国憲法38条第1項が保障している黙秘権の構造については，本書の第1章でも触れました。同条第2項は，「強制，拷問若しくは脅迫による自白又は不当に長く抑留若しくは拘禁された後の自白は，これを証拠とすることができない」と定めています。ほぼ同様の規定が，刑事訴訟法319条第1項にもあります。刑事訴訟法は，証拠に基づく事実の認定について，裁判官に広い判断の余地を与えています。裁判官は，証拠の採否についての職務上の特権（Privilege）をもつと言えそうです。しかし，拷問などの違法な行為によって得られた自白については，これを証拠とすることが禁止されています。

　英米法には，証拠排除法則（Exclusionary Rule）という原則があります。違法な方法で収集された証拠を被告人に不利な証拠として用いることはできないというルールです。違法収集証拠排除原則と呼ばれることもあります。日本でも，最高裁判所は，「証拠物の押収等の手続に，憲法35条及びこれを受けた刑訴法218条1項等の所期する令状主義の精神を没却するような重大な違法があり，これを証拠として許容することが，将来における違法な捜査の抑制の見地からして相当でないと認められる場合においては，その証拠能力は否定されるものと解すべきである」と述べています（最1小判昭和53（1978）年9月7日）。この事件では，警察官が本人の承諾を得ずに被告人の上着の内ポケットに手を差し入れ，所持していた覚せい剤を取り出したことが，職務質問に伴う任意の所持品検査として許容される限度を超えたために違法であるとされています。ただし，裁判所は，押収手続の違法が重大であるとは言えないとして，押収さ

れた覚せい剤の証拠能力を認めています。

　日本国憲法38条第3項は，「何人も，自己に不利益な唯一の証拠が本人の自白である場合には，有罪とされ，又は刑罰を科せられない」と定めています。これは，自白の補強法則と呼ばれています。「私がやりました」という自白だけを証拠として被告人を有罪にすることはできません。「自白は証拠の女王」と言われることがあります。本人が，このような動機で，こういう風にやりましたと白状しているのであれば，それでもう十分ではないかと考える人もいるかもしれません。しかし，もし被告人を有罪にするのに本人の自白さえあればよいということになると，刑事手続は極めていい加減なものになりかねません。証拠となる凶器や遺留品を探し出し，関係者の証言を集めるのには，大変な労力がかかります。警察官や検察官も人間であるため，なるべく少ない労力で確実に被疑者を拘束し，被告人を有罪にしたいと考えています。被疑者や被告人も人間であるため，長期間にわたって拘束され，厳しい取り調べを連日，深夜まで受ければ，楽になりたい一心から「私がやりました」と言ってしまうこともあります。皆さんも，緊張や混乱した状態で思ってもいないことを口に出してしまった経験があるのではないでしょうか。こうした人間の気質をふまえると，人間を有罪にするためには，本人の自白以外の，より客観的な証拠を揃えなければならないとするルールは，非常に合理的であるように思われます。

④ 「残虐な刑罰」の禁止

　日本国憲法36条は，公務員による「拷問」だけではなく，「残虐な刑罰」も禁止しています。この条文は，死刑制度の存廃をめぐる論争の中でも言及されることがあります。

　日本では，法定刑の中に死刑が含まれている犯罪類型として，刑法199条の殺人罪の他にも，108条の現住建造物等放火罪や，126条第3項の汽車転覆等致死罪，240条の強盗致死罪，ハイジャック防止法2条の航空機強取等致死罪，人質強要処罰法4条第1項の人質殺害罪などがあります。基本的には，死刑は，

194

人の生命を奪うという重大な罪を犯した者に対して適用されるものです。ただし，刑法77条第1項第1号の内乱罪や，81条の外患誘致罪などのように，直接的に人の生命を奪ったわけではない場合にも，死刑が科されることはあり得ます。

　外国に目を向けてみると，死刑を廃止した国や，死刑の執行を停止している国は，かなりの数に上ります。アメリカ合衆国では，州によって，死刑を存置しているところと，廃止しているところがあります。日本では，戦後，治安維持法や国防保安法，陸軍刑法などの，死刑を規定していた法律の多くが廃止されました。また，非常に短い期間ですが，死刑の執行がなされていなかった時期もあります。それでも，日本は，現在でも，死刑を多くの犯罪の法定刑として存置しており，実際に執行している国の一つです。

　死刑の合憲性，違憲性という論点があります。もし死刑が「残虐な刑罰」であるとすると，憲法は死刑を禁止していると言うことができます。最高裁判所は，戦後すぐの時期に，「刑罰としての死刑そのものが，一般に直ちに［日本国憲法36］条にいわゆる残虐な刑罰に該当するとは考えられない」と述べて，死刑制度は合憲であると判断しています（最大判昭和23（1948）年3月12日）。裁判所は，「国民個人の生命の尊貴といえども，法律の定める適の手続によつて，これを奪う刑罰を科せられることが，［日本国憲法31条に］明［ら］かに定められている」のは，「死刑の威嚇力によつて一般予防をなし，死刑の執行によつて特殊な社会悪の根元を絶ち，これをもつて社会を防衛せんとしたものであり，また個体に対する人道観の上に全体に対する人道観を優位せしめ，結局社会公共の福祉のために死刑制度の存続の必要性を承認したものと解せられる」と述べています。

　最高裁判所も指摘しているように，刑罰の目的には，特別予防と一般予防があります。死刑が執行されることによって，凶悪な罪を犯した一人の人間は，二度と罪を犯すことはできなくなります。死刑は，再犯を防ぐという意味では，究極の特別予防の効果をもつと言えます。また，死刑という極刑に処せられることをおそれて，凶悪な罪を犯すことを思いとどまる者がいるかもしれません。

これは，刑罰の一般予防の効果です。ただし，死刑制度がある国や地域，社会では死刑になるような凶悪な犯罪が少ないというわけではないそうです。

　刑法11条第1項は，「死刑は，刑事施設内において，絞首して執行する」と定めています。現在の日本における死刑は，いわゆる絞首刑です。犯罪者に死刑を科すことが合憲であるとしても，絞首刑という死刑の執行の方法が憲法によって禁止されている「残虐な刑罰」に当たるものかどうかを論じる余地は十分にあります。死刑合憲判決の中で，最高裁判所は，「死刑といえども，他の刑罰の場合におけると同様に，その執行の方法等がその時代と環境とにおいて人道上の見地から一般に残虐性を有するものと認められる場合には，勿論これを残虐な刑罰といわねばならぬから，将来若し死刑について火あぶり，はりつけ，さらし首，釜ゆでの刑のごとき残虐な執行方法を定める法律が制定されたとするならば，その法律こそは，まさに憲法第36条に違反するものというべきである」とも述べています。日本では，明治の初期までは，こうした残虐な執行方法が用いられていました。例えば，近代司法制度の成立に尽力した，初代の司法卿でもある江藤新平は，いわゆる「佐賀の乱」の責任を取らされて斬首され，さらし首にされています。1874年，明治7年の出来事です。

　刑法11条第2項は，「死刑の言渡しを受けた者は，その執行に至るまで刑事施設に拘置する」と定めています。死刑に処されることが確定した者，死刑囚は，死刑が執行されるまでの間は，懲役や禁錮，拘禁刑が科された受刑者が拘束されている刑務所ではなく，拘置所に収監されます。死刑の執行までのプロセスの適切性をめぐる議論もあります。現在の日本では，死刑囚に対して，いつ死刑が執行されるのかを執行の直前になるまで伝えません。さらに，死刑が執行されるまでの期間が長期にわたることもあります。この期間に，冤罪であることが判明して，裁判がやり直され，無罪が確定して釈放されるケースもごく稀にあります。長期間にわたって，死刑がいつ執行されるのかがわからない状態に置かれたことで，心身を消耗させ，廃人のようになってしまった死刑囚や元死刑囚もいます。悪いことをしたのだから，そのくらいの報いを受けるのは当然であると考える人もいるかもしれません。しかし，死刑囚に科されるの

第 13 章　刑事手続

は，あくまで死刑であって，いつ終わるとも知れない残酷な苦しみを長期間に
わたって与える刑ではありません。死刑の運用についても，憲法の観点から論
じる余地があると言えそうです。

　最後に，現行法で死刑が科されている犯罪類型の中に，死刑を科すべきでは
ないものが含まれているかどうかも検討する余地があります。日本の刑法は，
法定刑の幅を非常に広く設定しています。もし，あなたが，誰かから度重なる
陰湿なハラスメントを受けたため，思い余ってその相手を殺害してしまったと
します。実際に相手から殴られたり，首を絞められたりしたときに命の危険を
感じて，反撃行為によって相手を殺害してしまったのであれば，正当防衛が認
められ，あなたに科される刑はかなり軽くなり，場合によっては無罪になるか
もしれません。執行猶予になる可能性もあります。しかし，もしそうした事情
がないとすると，殺人犯であるあなたには，裁判官や裁判員の判断次第で，死
刑が科される可能性があります。刑法199条は，「人を殺した者は，死刑又は無
期若しくは 5 年以上の拘禁刑に処する」と定めているからです。

　「第 1 級殺人罪」や「謀殺罪」という犯罪が，外国の映画やドラマ，事件報
道などには登場することがあります。殺人行為をいくつかに類型化，ランク分
けをしておいて，周到な準備をした上での計画的な殺人や，盗みや強制性交な
どの手段として人を殺害した場合にのみ，被告人に死刑を科すことができるよ
うにしている国もあります。単なる故意の殺人罪，いわゆる故殺罪の法定刑は
有期の拘禁刑に限られているところもあります。

　さらに，刑法203条は，「第199条及び前条の罪の未遂は，罰する」と定めて
います。刑法43条本文は，「犯罪の実行に着手してこれを遂げなかった者は，
その刑を減軽することができる」と定めているため，裁判官や裁判員は，殺人
未遂の行為をした被告人に科される刑を一切減軽せず，最高刑である死刑とし
てもよいのです。実際には，裁判官には量刑の「相場」のようなものがあるた
め，殺人未遂罪に死刑が適用される蓋然性はありません。裁判員裁判では，量
刑が重くなる傾向があると言われていますが，控訴によって，裁判官のみによ
る刑事裁判を受ける機会は保障されています。それでも，もしあなたが人を殺

197

そうとして殺人未遂罪に問われた場合には，あなたには死刑が科される可能性があります。

死刑については，その執行の方法や運用，適用される罪の類型などが適切なものであるのかという検証を続けていく必要があると私は考えています。そしてこのことは，究極の刑である死刑だけではなく，罰金や没収などの財産刑や，懲役や禁錮，拘禁刑という自由刑についても，同様ではないでしょうか。

⑤ 法定手続の保障

日本国憲法31条は，「何人も，法律の定める手続によらなければ，その生命若しくは自由を奪はれ，又はその他の刑罰を科せられない」と定めています。この法定手続の保障の規定は，憲法が死刑制度の存在を想定していること，つまり，死刑が合憲であることの根拠の一つとして挙げられることもあります。もっとも，この規定のポイントは，死刑を科すことを含めた国家の刑罰権の行使の正当化というよりは，国家は刑罰権を行使するときには「法律の定める手続」に従わなければならないと定めている点にあります。

犯罪と刑罰があらかじめ法律によって明確に定められていなければならないという原則は，罪刑法定主義と呼ばれています。近代刑法の大原則であり，刑法学のテキストでは必ず触れられています。大日本帝国憲法23条は，「日本臣民ハ法律ニ依ルニ非スシテ逮捕監禁審問処罰ヲ受クルコトナシ」と定めていました。現在は，日本国憲法31条が，罪刑法定主義の原則を定めていると考えられています。

罪刑法定主義には二つの意義があると言われています。一つ目は，民主主義です。犯罪の要件や刑罰の内容は，議会が制定する法律によって定められていなければなりません。日本では，国会の制定する法律だけではなく，地方公共団体の定める条例によっても，刑罰を科すことができると考えられています。国会議員や，地方公共団体の議会の議員は，選挙によって選ばれています。罪刑法定主義の原則は，国家の刑罰権に対して，民主的なコントロールを及ぼす

第 **13** 章　刑事手続

ためのものです。

　罪刑法定主義のもう一つの意義は，自由主義です。刑法は，殺人や窃盗，飲酒運転などの危険で有害な行為をすることを禁止しています。私たちには，こうした危険で有害な行為の類型に当てはまらないようなものであれば，あらゆる行為をする自由があります。もし，どのような行為が犯罪として処罰されるのかがはっきりわからないようになると，私たちは，不意に逮捕されたり，処罰されたりするのをおそれて，様々な活動を自粛するかもしれません。

　日本国憲法39条は，「何人も，実行の時に適法であつた行為又は既に無罪とされた行為については，刑事上の責任を問はれない」と定めています。行為の実行の時点では適法であったけれども，その後，そうした行為を処罰する法律が事後的に制定された場合に，行為の時点に遡（さかのぼ）って，遡及（そきゅう）して処罰することは許されません。この原則は，遡及処罰の禁止や法の不遡及と呼ばれています。もし遡及処罰が認められると，行為時に合法とされていた行為を理由にして，ほとんど不意打ちのように処罰がなされるという点で，被告人には不利益が大きくなります。また，今は適法な行為も今後違法とされて遡って処罰されるかもしれないということになると，私たちの自由な行動は萎縮してしまいます。

　法に背き，危険で有害な行為をした犯罪者を処罰することによって，正義が実現されます。正義や公正を意味する "justice" という言葉には，司法や裁判，裁判官という意味もあります。例えば，アメリカ合衆国の連邦最高裁判所の裁判官は "Justice" と呼ばれています。連邦最高裁判所の長官，首席裁判官は "Chief Justice" です。日本の法務省は，"Ministry of Justice" をその英語表記としています。法務省は，民法や刑法などの基本的な法制度の立案や，訴訟制度の設計，刑務所の運営，人権擁護などを担当する役所です。また，その特別の機関として，検察庁が置かれています。法や裁判は，正義や公正という価値と切り離すことはできません。

　正義を実現していくためには，単に法律が罪刑を明確に定めているだけではなく，犯罪や刑罰と関わるルールの内容が適正なものであることも必要です。

199

軽微な違法行為に対して極刑が科されるような社会は，公正という価値を大切にしている社会であるとは言えないでしょう。日本国憲法は，犯罪と刑罰を定めている法律の内容の適正さを確保する機能も担っています。本書の第3章でも触れた尊属殺重罰規定判決では，殺人事件の被害者と加害者が親子の関係であるときに，法定刑を死刑と無期懲役に限定することは，不合理な差別であるとされました（最大判昭和48（1973）年4月4日）。また，本書の第8章でも触れたように，国民の「知る権利」のために報道機関の記者が国家秘密へアクセスする行為は，取材・報道の自由に基づいて，違法ではないとされることがあり得ます（最1小決昭和53（1978）年5月31日）。日本国憲法36条による「残虐な刑罰」の禁止も，刑罰を定める法律の内容が適正なものであることを要求していると言えます。

　さらに，令状主義や黙秘権，証拠排除法則などに関する規定が憲法典に置かれていることをふまえると，日本国憲法は，国家が刑罰権を行使するときの手順や過程，プロセスが適正であることも要求していると考えるべきでしょう。加害者を処罰することによって実体的な正義を実現するだけではなく，逮捕や捜索，取調べ，起訴，裁判という刑事手続のプロセスの全体が，適正なものでなければなりません。

　密輸船に積み込まれていた第三者の所有物である貨物を没収することが憲法に違反するのかどうかが問題となった事件で，最高裁判所は，密輸された貨物の所有者に「何ら告知，弁解，防御の機会を与えることなく，その所有権を奪うことは，著しく不合理であつて，憲法の容認しないところである」と述べた上で，そうした機会を与えずに第三者の所有物を没収することは，「適正な法律手続によらないで，財産権を侵害する制裁を科するに外ならない」と判断しています（最大判昭和37（1962）年11月28日）。犯罪に使用された物や，犯罪によって得られた収益を国が取り上げることを，没収と呼びます。この第三者所有物没収事件では，密輸を試みて逮捕された被告人に，懲役の付加刑として，没収が科されていました。付加刑は，主刑に伴って科される刑です。刑法9条は，「死刑，拘禁刑，罰金，拘留及び科料を主刑とし，没収を付加刑とする」と定

めています。また，19条第1項各号は，没収の対象となるものを規定しています。

　ただし，裁判所は，第三者の所有物を没収することそのものを憲法違反としたわけではありません。この判決の後，「刑事事件における第三者所有物の没収手続に関する応急措置法」が制定され，同法の定める手続に従って，密輸品などの犯罪貨物の没収がなされるようになりました。

　裁判所によれば，単に手続が法律によって定められているだけではなく，不利益を被る者に「告知，弁解，防御の機会」が与えられていなければ，手続は適正であるとは言えません。現在では，刑事手続だけではなく，公権力の行使一般において，適正手続（Due Process）の要請があると考えられています。「新東京国際空港の安全確保に関する緊急措置法」や，同法に基づく空港の施設や敷地内における工作物の使用禁止命令の合憲性が争われた成田新法事件において，最高裁判所も，「憲法31条の定める法定手続の保障は，直接には刑事手続に関するものであるが，行政手続については，それが刑事手続ではないとの理由のみで，そのすべてが当然に同条による保障の枠外にあると判断することは相当ではない」と述べています（最大判平成4（1992）年7月1日）。

　1993年に制定された行政手続法は，「処分，行政指導及び届出に関する手続並びに命令等を定める手続に関し，共通する事項を定めることによって，行政運営における公正の確保と透明性［……］の向上を図り，もって国民の権利利益の保護に資すること」をその目的に掲げています。運転免許の更新や，児童手当の受給，事業の開始，子どもの入学などの場面で，私たちは，国や地方公共団体の行政機関によって，新たに責務を課されたり，権利を与えられたりしています。行政手続法は，行政処分がなされるときの手続に関する一般原則を法定することによって，適正手続の要請に応えようとしています。

　行政手続法は，行政機関に対して，申請に対する審査の基準を具体的に定めて公開しておくことや，申請がされたときにはすぐに審査を開始すること，申請を拒否するときには必ずその理由を示すことなどを求めています。特に，相手方に責務を課したり，その権利を制限したりする不利益処分をするときには，

行政機関は，処分の相手方が意見を述べることができるようにしておかなければなりません。行政手続法は，こうした意見陳述のための手続を，聴聞や，弁明の機会の付与と呼んでいます。

　行政処分に不満や不服があるときには，私たちは，行政不服審査法などの法律に基づいて，処分をした行政機関の上級行政庁に審査請求をすることができます。また，行政処分が違法であると考えるのであれば，処分の取消しや無効の確認を求めて，国や地方公共団体などを被告として行政訴訟を起こすこともできます。本書の第9章でも触れた薬事法の距離制限をめぐる事件は，薬局の開設の不許可処分の取消しを求める行政訴訟です。さらに，行政処分によって損害を被ったのであれば，国家賠償請求訴訟を起こすこともできます。本書の第5章でも触れた「君が代」と「日の丸」をめぐる訴訟の中には，教育委員会による懲戒処分の違法性を争うものがあります。

　不服申立てや取消訴訟，国家賠償請求訴訟を通じて，私たちは，行政機関の活動を合法性や合憲性の観点から是正することができます。ただし，こうした手続や裁判には，相応の時間や費用もかかります。法律や行政に特別に詳しい人は別として，国や地方公共団体と争うことそのものが容易なことではありません。公権力の行使が適正手続の要請に従って遂行されていれば，国民や住民の権利や利益が不当に侵害されるリスクは軽減されます。

　行政機関は，その権能（Power）を行使するときに，相手方に対して行政処分をする理由を伝えて，聴聞や，弁明の機会を与える責務を負っています。こうした責務に相関する権利を，私たちが行使したり，享受したりすることによって，公権力の行使は，より公正で適切なものになっていくはずです。このように考えると，法的権利の保護には，権利の主体にとっての利益の確保だけではなく，社会全体の利益の促進という効果もあると言えそうです。

✓コラム⑭　法の不遡及の例外

　法の不遡及の原則には，例外も認められています。犯罪や刑罰に関する法律に

第 13 章　刑事手続

ついても，遡及適用が一切されていないわけではありません。まず，被告人や被
疑者にとって有利な変更は，遡及して適用されることがあります。刑法 6 条は，
「犯罪後の法律によって刑の変更があったときは，その軽いものによる」と定め
ています。また，被疑者にとって不利な変更も，遡及適用されることがあります。
例えば，2010年の刑事訴訟法の改正による殺人罪の公訴時効の廃止は，法改正よ
りも前に発生した事件にも遡って適用されています。

第14章	統治のための諸権利

① 権力の分立

　多くの国の憲法典は，権利章典だけではなく，国や地方の政治の仕組み，統治機構についての規定を備えています。日本国憲法では，第4章が国会，第5章が内閣，第6章が裁判所について定めており，他にも，天皇や財政，地方自治，憲法改正に関する章などが設けられています。憲法学のテキストでは，権利章典が保障している権利だけではなく，統治機構についても多くのページが割かれているのが一般的です。

　近代憲法の統治機構の特徴の一つが，公権力の濫用を防止するための権力の分立です。その中でも，三権分立がよく知られています。統治のための権限を立法権，行政権，司法権の三権に分け，そのそれぞれを相互に独立した機関，典型的には，議会，内閣あるいは大統領，裁判所に委ねるという仕組みです。裁判所が司法審査の権限をもつのかどうか，行政権の主体を独任制の大統領とするのか，合議体の内閣とするのかといった点などについての違いはありますが，ほとんどの国の憲法は，三権分立を採用しています。近代以降の国家や社会は，基本的には，法に基づいて，法に従いながら，法を作ったり，変えたりしながら作動しています。したがって，法の制定，執行，解釈のサイクルに着目した役割の分担は，普遍的なもの，つまり，どこの国でも通用するものであると言えます。

　日本国憲法は，地方自治を保障することによって，統治のための権限を，国の政府，中央政府だけではなく，地方の政府にも分配しています。これも一種の権力分立であると考えることができます。アメリカ合衆国のような連邦制の

204

第14章　統治のための諸権利

国家では，連邦を構成している州や邦は，独自の憲法や立法権，司法権などをもつこともあります。また，国や地方の政府の内部には，外交や財政，福祉や社会保障，教育，治安維持，国防などの，担当している仕事の性質に応じた分業の仕組みが必ず組み込まれています。

　個人や組織体に分配された統治のための権限もまた，法的権利としての特権（Privilege）や請求権（Claim），権能（Power），免除権（Immunity）の要素を備えていることがあります。憲法典は，私たち一人ひとりが，一個の独立した人間，個人として尊重され，幸福を追求していくための法的権利を保障しているだけではなく，国や地方公共団体を動かしていくときに必要な法的権利を分配していると言えます。

　日本国憲法4条第1項は，「天皇は，この憲法の定める国事に関する行為のみを行ひ，国政に関する権能を有しない」と定めています。これは，権限を分配するためのルールとしては，かなり異質なものです。通常は，誰かが何かしらの権限を有しているということを定めておけば，それで十分です。そもそも，誰それは何々に関する権限をもたない，有していないということは，いくらでも記述をすることができます。裁判官は法律を作る権限をもちません。外国との条約を結ぶ権限も有していません。地方公共団体の条例を定める権限も，憲法を改正する権限も，裁判官は有していません。

　それにもかかわらず，「国政に関する権能」を天皇が有していないことを日本国憲法があえて定めているのは，明治憲法体制において天皇がもっていた統治に関する様々な権限を，日本国憲法の下での天皇はもはやもたないということをはっきりと示すためです。大日本帝国憲法4条は，「天皇ハ国ノ元首ニシテ統治権ヲ総攬シ此ノ憲法ノ条規ニ依リ之ヲ行フ」と定めていました。天皇は国の統治権をすべて掌握しており，それを憲法に従って行使するという意味です。大日本帝国憲法の下では，帝国議会や国務大臣，裁判所は，それぞれが，天皇の立法権や行政権，司法権の行使を補佐する役割を受け持っていました。憲法典は，これを「輔弼（ほひつ）」や「協賛（きょうさん）」という言葉で表しています。また，軍隊を指揮する権限である統帥権（とうすいけん）や，軍隊の編制や規模を決定する権限，外国と

の間で条約を締結する権限などについても，それぞれ，天皇の権限の行使を補佐するための役職や組織が置かれていました。

　日本国憲法では，天皇は主権者としての地位から降ろされ，主権者である国民が支持し続ける限りで，国家と国民統合の「象徴」の地位にいることができます。シンボルとしての天皇には，内閣総理大臣と最高裁判所長官の任命や，法律の公布，国会の召集などの「国事に関する行為」をする役割が憲法によって与えられていますが，これらはいずれも形式的で儀礼的な行為に過ぎません。日本国憲法3条は，「天皇の国事に関するすべての行為には，内閣の助言と承認を必要とし，内閣が，その責任を負ふ」と定めています。「助言と承認」という言葉が使われていますが，総理大臣や最高裁長官の人選について，天皇が自ら提案をしたり，提示された案を拒否したりすることができるわけではありません。

　なお，ある種の権限がないことをあえて定めている条文として，憲法の三大原理の一つでもある平和主義を規定している日本国憲法9条を挙げることができるかもしれません。憲法の平和主義条項は，もともとは，軍事力の保有と行使のための権能を，国家は一切もたないことを定めたルールでもあったと言えます。国家が軍事力を組織化し，それを行使するためには，法令を制定し，国民に様々な権利を与え，責務を課すことが必要になりますが，そうした法令を制定することはできないという意味です。

　もっとも，戦後長い間，政府は，外国による武力攻撃から日本を守るための必要最小限度のものであれば，軍事力の保有や行使も憲法上認められると考えてきました。私も，こうした解釈を基本的には支持しています。ただし，近年の政府は，国家は，国民の生命や自由を守るという名目があれば，自国が武力攻撃をされていないとしても，他国とともに，先制攻撃を含めた軍事力の行使が可能であり，そのための軍事力を保有することも許容されると主張しています。こうした見解は，憲法の平和主義条項を空文化するものであると私は考えています。

第 **14** 章　統治のための諸権利

② 国会と議員

　日本国憲法41条は,「国会は, 国権の最高機関であつて, 国の唯一の立法機関である」と定めています。国会は, 衆議院と参議院によって構成され, それぞれに,「全国民を代表する選挙された議員」が所属しています。議会に 2 つの院が置かれている仕組みを二院制と呼びます。本書の第 4 章でも触れたように, 大日本帝国憲法も二院制を採用していました。イギリスや, アメリカ合衆国, ドイツ連邦共和国は二院制を, ニュージーランドや韓国は一院制を採用しています。

　衆議院議員と参議院議員は, 国会議員と総称されています。また, 衆議院議員は「代議士」と呼ばれることがあります。大日本帝国憲法の下で, 国民から選挙で選ばれた衆議院議員は国民を代表して国政を論じる者であると考えられていたことの名残です。参議院議員は「代議士」と呼ばれることはありませんが, 国民の代表であり, 公選される点では, 衆議院議員と違いはありません。

　日本国憲法は, 国会議員にいくつかの「特権」を与えています。これらは, 議員の「特典」と呼ばれることもあります。まず, 国会議員は歳費受領権をもちます。日本国憲法49条は,「両議院の議員は, 法律の定めるところにより, 国庫から相当額の歳費を受ける」と定めています。議員の受ける歳費や旅費などの金額は,「国会議員の歳費, 旅費及び手当等に関する法律」に具体的に規定されています。国会議員は, 一定の金額を国から受け取るための請求権 (Claim) をもち, この請求権は, 憲法上の免除権 (Immunity) によって保護されていると言えます。

　日本国憲法50条は,「両議院の議員は, 法律の定める場合を除いては, 国会の会期中逮捕されず, 会期前に逮捕された議員は, その議院の要求があれば, 会期中これを釈放しなければならない」と定めています。これは, 議員の不逮捕特権と呼ばれています。国会は, 年間を通じて常に活動をしているわけではなく, 会期という決められた期間中に活動をしています。52条は,「国会の常

207

会は，毎年一回これを召集する」としています。会期には，慣例で1月に召集されている常会，いわゆる通常国会だけではなく，臨時会，臨時国会と，特別会，特別国会の3種類があります。国会法33条によれば，議員が国会の会期中に逮捕されるのは，「院外における現行犯罪の場合」と，所属している「院の許諾」がある場合です。参議院議員については，同法100条が，参議院の緊急集会の期間中の不逮捕特権を認めています。なお，国会の会期中に，国会議員を起訴したり，告訴したりするのを制限する規定はありません。

　会議で反対意見を封じるための手段の一つは，異論を唱えそうな人を会議に出席させないことです。権威主義国家では，政府や与党が警察権を濫用して，野党や少数派の議員が議会に出席することができないように拘束してしまうことがあります。こうしたことを防ぐために，議員の不逮捕特権が保障されていると言われています。もっとも，日本国憲法と国会法は，「院の許諾」がある場合には，会期中に議員を逮捕することを認めています。許諾の判断のための採決は多数決によるため，院内の多数派が認めてしまえば，結局，会期中でも議員の逮捕は可能です。そうすると，日本国憲法50条が，逮捕をしないように求める請求権や，拘束をされない特権（Privilege）を，個々の議員に与えているとは言えません。むしろ，所属している議員の拘束を防ぐための，各議院がもつ権能（Power）を保障したものと考えるべきでしょう。

　本書の第7章でも触れたように，他者の社会的評価を貶めたり，プライバシーを侵害したりすると，私たちは，不法行為責任を問われたり，刑罰を科されたりする可能性があります。日本国憲法51条は，「両議院の議員は，議院で行つた演説，討論又は表決について，院外で責任を問はれない」と定めています。これは，議員の免責特権と呼ばれています。閣僚や官僚の不正を追求したり，企業の不祥事について議論したりするためには，名誉権やプライバシーの権利が保護している領域にも踏み込むような発言や討論をすることも必要です。名誉毀損やプライバシー侵害のリスクを気にすることなく自由に発言することが保障されているという点では，個々の議員には院内における発言の特権が与えられていると言えます。

208

第 14 章　統治のための諸権利

　国会議員に与えられている「特権」あるいは「特典」は，議員という法的地位に付随した権利です。これらの権利は，辞書的な意味での「特権」です。ただし，これらの「特権」の中には，特定の行為についての義務（Duty）を課されていないという意味での特権に属するものも含まれています。また，国会議員に様々な「特権」を憲法が保障しているのは，議員という地位に就いている人間の個人的な利益を守るためではなく，国会や議院がその権限である立法権や予算審議権，条約承認権，国政調査権を確実に行使することができるようにするためです。

③　内閣と国務大臣

　日本国憲法65条は，「行政権は，内閣に属する」と定めています。内閣は，「その首長たる内閣総理大臣及びその他の国務大臣」によって組織されます。内閣総理大臣以外の国務大臣の定員は，内閣法2条第2項が定めており，現行法では14人を原則として，さらに3人までの増員が認められています。他にも，特別法によって一時的な増員がされることもあります。近年では，内閣の構成員である閣僚の人数は，概ね20人前後で推移しています。

　内閣法4条は，「内閣がその職権を行うのは，閣議によるものとする」と定めています。独任制の機関，つまり，単独で行政権を行使することができる大統領とは異なり，内閣総理大臣や，その他の国務大臣は，閣議という合議を通じて，内閣という組織体として，行政権を行使しています。また，日本国憲法66条第3項は，「内閣は，行政権の行使について，国会に対し連帯して責任を負ふ」と定めています。そのため，閣議による決定に至るためには，全会一致，つまり，内閣の構成員のすべてが合意をすることが必要であるとされています。

　内閣の首長である内閣総理大臣は，国会議員の中から，国会の指名に基づいて，天皇によって任命されます。日本国憲法68条第1項本文は，「内閣総理大臣は，国務大臣を任命する」と定めています。また，同条第2項は，「内閣総理大臣は，任意に国務大臣を罷免することができる」とも定めています。権力

の濫用を防ぐためのルールである憲法では，「任意」，つまり，権限をもつ人の意思のみに任せるということは，かなり例外的です。内閣総理大臣は，自らの意思のみに従って内閣の構成員を決める権限，非常に強力な人事権をもちます。ただし，同条第1項但書は，国務大臣の過半数は国会議員の中から選ばれなければならないと定めています。通常は，閣僚のほとんどは，議会で多数派を占めている与党の国会議員が兼ねています。国務大臣が充てられている中央省庁の長としての大臣だけではなく，副大臣や大臣政務官といった政治任用のポストも，そのほとんどすべてを与党の議員が兼ねています。議会の多数派に属している議員が内閣やそれに連なる行政機構を支配しているという点で，日本における議院内閣制は，立法権と行政権を実質的に一体化するように運用されていると言えそうです。

　内閣や国務大臣には，憲法や法令によって様々な権限が与えられています。その中に，委任立法の権限があります。日本国憲法73条第6号は，内閣の行う事務として，「この憲法及び法律の規定を実施するために，政令を制定すること」を挙げています。また，国家行政組織法12条第1項は，「各省大臣は，主任の行政事務について，法律若しくは政令を施行するため，又は法律若しくは政令の特別の委任に基づいて，それぞれその機関の命令として省令を発することができる」と定めています。政令や府省令などの行政機関が定めるルールは，命令と呼ばれています。命令といっても，個別的に何かをするように命じる指示や指令のようなものではなく，法律と同じような形式を備えたルールとして制定されるものです。法律が，政令や省令に対して，特定の事柄に関するルールを定めることを任せている，委任しているときに，そうしたルールを制定すること，あるいは，そうして制定されたルールのことを委任立法と呼びます。政令や省令の名称は，〇〇法施行令，〇〇法施行規則というものが一般的ですが，例外も数多くあります。

　国会は，「唯一の立法機関」として，立法権，法律を作る権限を独占しています。しかし，あらゆるルールを法律の中に書き込もうとすると，かえって不合理な事態を招くこともあります。細かい事柄まで詳細に記した法律は，膨大

210

な分量になってしまうため，何がどこに書かれているのかがわかりにくくなります。法律はすべての国民が従わなければならないルールであるということをふまえると，法律に書かれている事柄が一般の人々にとってあまりにも理解しにくいことは問題です。また，法律は，社会の変化に応じて，適切にメンテナンスをする必要があります。法律を改正したり，廃止したりするためには，衆参両院で議決をしなければなりません。あまり細かい事柄まで法律に書き込んでいると，頻繁に法律の改廃を繰り返すことになります。立法には，時間も手間もかかります。もし，必要な法改正がとても追いつかないような状況になると，法律は死文化してしまうかもしれません。

さらに，国会議員は，私たちによって選ばれた優れた人，「選良」かもしれませんが，あらゆる事柄についての専門性を備えていることまでは，通常は保証されていません。例えば，製造や販売の規制が必要な物質，有毒な薬物の種類を指定するときには，医学や薬学の知見もふまえた専門的な判断が必要になります。こうした知見をもち合わせている人が，確実に国会議員に選ばれているとは限りません。したがって，基本的な事柄や重要な事柄，特に，国民の権利や責務に関するものは法律で定めておいて，専門性を必要とするものや，社会の変化に応じて頻繁に見直しが必要そうなものについては，その具体的な内容の決定を政令や省令に委任しておくことは，理に適っていると言えます。

委任立法の例を一つだけ挙げておきます。学校教育法は，学校の種類や目的，就学年数などを定めている法律です。学校教育法33条は，「小学校の教育課程に関する事項は［……］文部科学大臣が定める」としています。この委任を受けて制定されている文部科学省令，学校教育法施行規則52条は，「小学校の教育課程については，この節に定めるもののほか，教育課程の基準として文部科学大臣が別に公示する小学校学習指導要領によるものとする」としています。幼稚園や中学校，高等学校，特別支援学校の教育課程についても，同様の規定があります。小学校や中学校などでの学習の目的や内容，方法を記した学習指導要領は，これらの規定に基づく文部科学大臣の告示として定められています。

内閣や国務大臣もまた，委任立法によって，国民の権利や責務を変動させる

権能（Power）をもちます。通常は，権能をもつ人には，その権能を行使するかどうか，いつ行使するのか，どのような内容の権利や責務を与えたり，制限したりするのかということについて，幅広い裁量があります。これに対して，委任立法の権限は，法律による委任の目的や，法律の内容に従って行使されなければなりません。法哲学者のジョセフ・ラズは，こうした権限のことを「指定された権能（Directed Powers）」と呼んでいます。

④　裁判官と裁判員

　明治憲法体制における最上級の通常裁判所であった大審院は，大日本帝国憲法ではなく，裁判所構成法という法律によって設置された機関でした。裁判官の人事や，裁判所の施設の管理，裁判のための規則の制定などの司法行政権は，国務大臣である司法大臣の権限とされていました。裁判官の地位や報酬も，それほど高くはなかったそうです。また，行政裁判所や，軍事裁判所である陸海軍の軍法会議が，通常裁判所とは別系統の特別裁判所として設置されていました。明治憲法体制における裁判所は，政治部門からの独立性や，国民の権利の擁護者としての性格は乏しかったと言われています。憲法研究者の奥平康弘は，特に治安維持法などによる市民的自由の制限の場面では，裁判所は行政権の「侍女」に過ぎなかったと指摘しています。

　日本国憲法76条第1項は，「すべて司法権は，最高裁判所及び法律の定めるところにより設置する下級裁判所に属する」と定めています。現行法では，下級裁判所は，高等裁判所，地方裁判所，家庭裁判所，簡易裁判所の4種類があります。77条第1項は，「最高裁判所は，訴訟に関する手続，弁護士，裁判所の内部規律及び司法事務処理に関する事項について，規則を定める権限を有する」としています。大審院とは異なり，最高裁判所は司法行政権も有しているのです。また，76条第2項は，「特別裁判所は，これを設置することができない」と定めており，最高裁判所に上訴をすることができない，独立した系統の裁判所を設置することはできません。

212

第14章 統治のための諸権利

　現在の最高裁判所は，長官を含む15人の裁判官によって構成され，通常は，5人ずつの小法廷，第1小法廷から第3小法廷に分かれて，高等裁判所の判決や決定に対して上告がされた事件を審理しています。ほとんどの事件は小法廷で審理されていますが，裁判所法10条は，法令や処分が憲法に違反しているかどうかを判断するときや，憲法や法令の解釈を変更するときには，小法廷ではなく，15人全員で構成される大法廷で裁判をしなければならないと定めています。尊属殺重罰規定判決（最大判昭和48（1973）年4月4日）や，薬事法違憲判決（最大判昭和50（1975）年4月30日），森林法違憲判決（最大判昭和62（1987）年4月22日）は，いずれも，大法廷の判決です。上告事件が，小法廷と大法廷のどちらで審理されているのかを見ることで，最高裁判所の司法判断の結果を事前にある程度予測することもできます。

　日本国憲法76条第3項は，「すべて裁判官は，その良心に従ひ独立してその職権を行ひ，この憲法及び法律にのみ拘束される」としています。裁判官は，裁判に臨むときには，誰からも指揮や命令を受けることなく，法とその職業的な良心のみに従って仕事をしなければなりません。ある種の職業の遂行にあたっては，専門性や職業上の倫理に基づいた自律的な判断が求められます。裁判官は，職権行使の自律性を憲法によって保障されている特別な公務員です。本書の第10章でも触れたように，最高裁判所の裁判官は，法廷意見に対して賛同ができないときには，反対意見などの個別意見を表明することもできます。

　日本国憲法78条前段は，「裁判官は，裁判により，心身の故障のために職務を執ることができないと決定された場合を除いては，公の弾劾によらなければ罷免されない」と定めており，同条後段は，「裁判官の懲戒処分は，行政機関がこれを行ふことはできない」と定めています。弾劾（Impeachment）は，一定の任期が保障されている公務員を，犯罪や非行を理由に罷免するための仕組みです。64条第1項や，国会法などの法律に基づいて，国会は，両議院の議員で組織する裁判官弾劾裁判所を設置しています。身分の安定は，裁判官が法と良心のみに基づいて自律的に職権を行使するための条件の一つです。一定の身分保障が法律によって認められている職としては，例えば，教育委員会や公安

213

委員会の委員を挙げることができます。裁判官については，憲法が身分保障を定めていることが，やはり独特であると言えます。

さらに，裁判官は，相当額の報酬を定期的に受けること，任期中はその額を減額されないことが憲法によって保障されています。国会議員の歳費と同様に，裁判官にも，一定の報酬を受けるための請求権（Claim）と，この権利を保護するための憲法上の免除権（Immunity）が保障されています。

なお，最高裁判所や下級裁判所の法廷が原則として奇数人の裁判官で構成されているのに対して，裁判官弾劾裁判所の裁判員の人数は，14人という偶数になっています。これは，国会法125条第1項が，「裁判官の弾劾は，各議院においてその議員の中から選挙された同数の裁判員で組織する弾劾裁判所がこれを行う」と定めており，裁判官弾劾法16条第1項が，「裁判員の員数は，衆議院議員及び参議院議員各7人」と定めているためです。ちなみに，ドイツの連邦憲法裁判所には，下院に当たる連邦議会と，上院に当たる連邦参議院がそれぞれ半数ずつを選出した，16人の裁判官が所属しているそうです。

裁判は，法を適用して解決することが可能なトラブル，法的紛争を，当事者のどちらかの「勝訴」というかたちで終局的に解決することを目指して行われるものです。裁判によって決定された事柄には，たとえまったく納得がいかなかったとしても，当事者は従わなければなりません。法に基づく裁きを否定することは，自分たちの権利を守っている法の体系や秩序そのものの否定につながります。そのため，裁判の当事者は，何とかして自分に有利な判決や決定を勝ち取ろうとします。もちろん，有利な判断をさせるために裁判官に賄賂を渡したり，裁判官やその家族を脅迫したりすれば，厳しく処罰されます。行政訴訟や憲法訴訟では，当事者の一方は，国や地方公共団体などの政府です。政府は，法令を改廃したり，予算を削減したり，人事権を行使したりすることによって，あるいは，そうすると示唆することで，いわば，制度を通じて合法的に裁判官に対して圧力をかけることもできます。裁判官の独立を保障するための憲法の規定は，議会や内閣という政治部門から裁判官が不当な干渉や圧力を受けることがないようにするためのものです。同様に，裁判官の独立は，司法権

第 14 章　統治のための諸権利

の内部でも保障されるべきでしょう。

　2004年に「裁判員の参加する刑事裁判に関する法律」, 通称, 裁判員法が制定され, 2009年から裁判員裁判が実施されています。裁判員制度は, いわゆる司法制度改革の一環として,「国民の司法参加」を実現するために導入されました。有権者から選ばれた裁判員が, 裁判官とともに裁判体を構成し, 殺人罪や現住建造物等放火罪など, 被告人に死刑や無期拘禁刑が科される可能性がある重大な犯罪を扱う刑事裁判の第一審において, 事実認定から量刑までを行っています。

　現行法では, 裁判員を選ぶためのプロセスは, 以下のようなものです。まず, 市町村の選挙管理委員会が, 地方裁判所から割り当てられた人数分を掲載した裁判員候補者予定者名簿を作成します。この予定者は, くじ引きで選ばれます。予定者名簿を選挙管理委員会から送付された地方裁判所は, 裁判員候補者名簿を作成します。この段階で, 候補者名簿に載った人には, その旨の通知が届きます。そして, 裁判員裁判の対象になる事件の裁判が始まることが決まると, 裁判所は, 候補者を呼び出します。このとき呼び出される候補者も, くじ引きで選ばれます。裁判所に出頭した候補者に対して, 検察官や弁護士も同席して, 質問などの調査をします。辞退が認められた候補者や, 裁判員になることができないことが確認された候補者をリストから除いた上で, 裁判員裁判に実際に加わる人を裁判所が選任します。この選任も, くじ引きによります。

　裁判員法は, 裁判員候補者が, 裁判所から呼び出しを受けたにもかかわらず正当な理由なく出頭しないときや, 質問票に虚偽の記載をしたときなどは,「過料に処する」と定めています。過料は, 科料とは異なり, 刑罰ではありませんが, 国民は裁判員裁判に参加する義務（Duty）を負うことがあり, その義務の違反に対しては公権力による制裁も科されているのです。本書の第5章でも触れたように, 国民の政治参加のための権利である選挙権や被選挙権は, 憲法によっても保障された法的権利であるのに対して, 裁判員になることは, 国が私たちに課している法的な責務ということになります。そして, この責務は, 憲法に直接の根拠をもつものではなく, 国民に刑事裁判の仕事をさせるために,

215

裁判員法などの法令によって新たに創設された責務です。

　したがって，裁判員制度が憲法に違反するものかどうかを論じる余地があります。最高裁判所は，裁判員制度は，意に反する苦役の禁止を定めている日本国憲法18条や，法定手続を定めた31条，裁判を受ける権利を保障している32条，迅速な公開裁判を求める37条第1項などには違反しないと判断しています（最大判平成23（2011）年11月16日）。裁判員制度が合憲であるとする最高裁判所の説明そのものには，それほど不合理な点はありません。ただし，最高裁判所は，裁判員制度を導入して運用している，ある種の当事者でもあります。ある制度を積極的に推進している主体が，その制度の合法性や合憲性についての裁定を自らするときには，相応の慎重さが求められるはずです。

　死刑制度と同様に，制度の大枠が，つまり，国民が刑事裁判の第一審に加わるということが憲法上許容されるとしても，実際の裁判員制度の運用の方法がどのようなものであっても憲法には違反しないと考えるべきではありません。裁判員裁判については，審理にかかる日数の長期化や，守秘義務の範囲が広いこと，被害者や現場の様子を目にすることになる裁判員の心身の健康のフォローが十分ではないといった問題も指摘されています。

⑤　国民と住民

　日本国憲法の前文は，「主権が国民に存する」と宣言しています。日本国憲法1条も，天皇の「象徴」としての地位は，「主権の存する日本国民の総意に基づく」としています。憲法の三大原理の一つが，国民主権です。

　ところで，国民が主権を有しているということは，どのような状態を指しているのでしょうか。主権という言葉は，様々な意味で使われています。他国による自国の領土や領海，領空への侵入や，内政問題に対する干渉が，主権の侵害であると言われることがあります。ここでは，主権という言葉は，国家の対外的な独立性と対内的な支配権のことを意味しています。国家は，自国の領域を管理し，自国の内部の問題を排他的に処理することができます。内政干渉や

第14章　統治のための諸権利

領空侵犯，領土の占領は，相手国の支配権を否定することになります。日本国憲法の前文は，「われらは，いづれの国家も，自国のことのみに専念して他国を無視してはならないのであつて，政治道徳の法則は，普遍的なものであり，この法則に従ふことは，自国の主権を維持し，他国と対等関係に立たうとする各国の責務であると信ずる」と述べています。この意味での主権は，ほとんどすべての国家が備えているものです。

　主権を，権能（Power）のような法的権利の一種ととらえることもできます。国民のもつ主権がある種の権能であるとすると，この意味での主権は，本書の第4章でも触れた選挙権や被選挙権のように，その主体となる範囲を限定する必要があります。最高裁判所の裁判官の国民審査では，投票資格をもつ「国民」は，投票による多数決によって最高裁判所の裁判官のもつ法的な地位や権利を奪うことができます。また，日本国憲法96条第1項は，「この憲法の改正は，各議院の総議員の3分の2以上の賛成で，国会が，これを発議し，国民に提案してその承認を経なければならない」と定めています。憲法改正のための国民投票に参加する資格をもつ「国民」は，国会が発議した憲法改正案を投票によって承認する，あるいは，承認しないことによって，統治のための権限や，国民の権利や責務を変動させることができます。なお，現在では，憲法改正のための国民投票の方法や効力は，「日本国憲法の改正手続に関する法律」，通称，国民投票法によって具体的に定められています。

　国民主権の原理を掲げた憲法の下でも，法律の制定や，予算の執行，法的紛争の裁定などの権限を一般の国民が行使できるわけではありません。こうした権限は，国会や内閣，裁判所に与えられています。それでは，なぜ，こうした組織体や，それらに属する公務員には，統治のための様々な権限が与えられているのでしょうか。過去には，誰かが国家の統治権，主権をもつ理由として，神からの授権や，世襲による相続などが挙げられることもありました。しかし，現代社会では，国家の統治権は，すべての国民のために，国民の信任に応えるかたちで行使されなければならないと考えられるようになっています。国民主権という言葉は，国家の統治を正当化する最終的な権威が国民であるという意

217

味で用いられることもあります。

　日本国憲法は，国家の統治のための権限を，国会や内閣，裁判所などに分配しています。私たち国民は，代表者を選び，信任することを通じて，国家の統治に間接的に関わっています。こうした仕組みのことを間接民主制と呼びます。国の統治機構では，国会議員が私たちを代表しています。地方公共団体については，日本国憲法93条第2項に基づいて，議会の議員だけではなく，その長も住民によって公選される，二元代表制が採用されています。

　日本国憲法95条は，「一の地方公共団体のみに適用される特別法は，法律の定めるところにより，その地方公共団体の住民の投票においてその過半数の同意を得なければ，国会は，これを制定することができない」と定めています。地方公共団体の「住民」には，国会のもつ立法の権限を制限するための権利，一種の免除権（Immunity）が与えられています。国民や住民が，国や地方の統治に関する直接的な意思決定をすることができる仕組みのことを，直接民主制と呼びます。地方自治法は，地方公共団体の長や議会の議員のリコール，解職や，条例の制定などのための直接請求の権利を住民に認めています。また，地方公共団体の合併や廃止については，特別の住民投票に法的な拘束力が与えられていることもあります。

　統治のための権限が，特定の役職や組織体に集中されると，それが濫用されたときの危険は高まります。他方で，あまりにも権限が分散していると，効率性や透明性が損なわれるおそれもあります。権限をもつ主体の範囲が不明確であると，権限の行使に対する責任の所在が不明瞭になるかもしれません。統治のための権限は，適切かつ明確に分配されることが必要だと言えそうです。

　☑コラム⑮　権利には義務が伴う？

　「権利には義務が伴う」と言われることがあります。日常生活の中でも耳にすることがあるこのフレーズは，実際には，いくつかの異なる意味で用いられているように思います。

第 14 章 統治のための諸権利

　まず，権利は無制限に行使できるわけではないという意味で使われていることがあります。確かに，表現の自由によって保護されている権利は，他者の名誉やプライバシーを不当に侵害するときには，一定の制限を受けます。

　また，一定の責務を果たすことが権利の行使や享有の条件であることを示すためにも，このフレーズは使われています。売買契約では，対価を支払う義務（Duty）を果たすことが，目的物の引き渡しの条件とされることがあります。

　本書では，ある人が権利をもつときには，その権利に相関する責務をもつ人がいると想定してきました。これも「権利には義務が伴う」ことの一例かもしれません。もっとも，ホーフェルドの権利図式における権利と責務の相関は，ある状態を，権利と責務をもつ人それぞれの立場から説明しているものです。両者が独立して存在していたり，片方がもう片方の根拠になるというわけではありません。

219

主要参考文献

（編著者名50音順）

芦部信喜（高橋和之補訂）『憲法　第八版』（岩波書店，2023年）

伊藤孝夫『日本近代法史講義』（有斐閣，2023年）

亀本洋『法哲学』（成文堂，2011年）

佐藤幸治『日本国憲法論［第2版］』（成文堂，2020年）

初宿正典・辻村みよ子編『新解説世界憲法集（第5版)』（三省堂，2020年）

田中英夫編集代表『英米法辞典』（東京大学出版会，1991年）

田中成明『現代法理学』（有斐閣，2011年）

出口雄一・神野潔・十川陽一・山本英貴編『概説日本法制史［第2版]』（弘文堂，2023年）

長谷部恭男『憲法　第8版』（新世社，2022年）

長谷部恭男『法とは何か：法思想史入門【増補新版】』（河出書房新社，2015年）

長谷部恭男・石川健治・宍戸常寿編『憲法判例百選Ⅰ・Ⅱ（第7版）』（有斐閣，2019年）

ジョセフ・ラズ（深田三徳訳）『権威としての法：法理学論集』（勁草書房，1994年）

Hohfeld, Wesley Newcomb. Some Fundamental Legal Conceptions as Applied in Judicial Reasoning, 23 Yale L. J. 16（1913）

Hohfeld, Wesley Newcomb. Fundamental Legal Conceptions as Applied in Judicial Reasoning, 26 Yale L. J. 710（1917）

Wenar, Lief. The Nature of Rights, 33 Phil. & Pub. Aff. 223（2005）

日本国憲法の制定の過程については，高見勝利監修のウェブサイト「日本国憲法の誕生」（https://www.ndl.go.jp/constitution/index.html）が参考になる。

あとがき

　まだ早稲田大学の大学院博士課程の院生だった頃，「法学概説」の講義を東京学芸大学の非常勤講師として担当することになったとき，内心では途方に暮れていたことを，今でも覚えています。法学一般について自分はいったいどれほど理解しているのだろうかと悩みつつ，毎回の講義に臨んでいました。

　初めて専任教員の職を得た鹿児島大学では，教育学部の文系研究棟6階の南側にあった私の研究室には，「法学研究室」の札がかかっていました。「法学概論」などの講義を担当しながら，倫理学や日本史学，西洋史学，地理学，経済学，社会認識教育学など数多くのゼミの中から「法学演習」を選択してくれたゼミ生たちと，文献や判例を読み，鹿児島地方裁判所や鹿児島県議会，国会の傍聴や訪問などのフィールドワークにも取り組みました。

　現在勤務している福岡大学では，法学部の「憲法」担当教員として，「憲法」「情報法」「演習（憲法）」「アメリカ法セミナー」などの授業に加えて，共通教育の「法学」も担当しています。

　法学部や法学研究科には，通常は，「法学」ではなく，「憲法」「刑法」「民法総則」「債権法」などの，より専門的な科目が配置されています。本書の内容も，私の専門分野に従って，憲法に関するトピックスが中心となっています。それでも，法学の一部としての憲法学を私なりに追求するために，権利を社会的な関係，一種の状態と捉える立場から，憲法が保障している権利の分析に取り組みました。この試みが果たしてうまくいくのかということの判断は，本書を通じた読者の皆さんとの交流の中で，少しずつ確かめていきたいと考えています。

　およそすべての出版物と同様に，本書の内容のほとんどは，多くの人たちとの交流を通じて得た知見や着想，示唆に支えられています。早稲田大学，武蔵

丘短期大学，東京学芸大学，鹿児島大学，志學館大学，そして福岡大学における交流の積み重ねの上に，本書があります。水島朝穂先生（早稲田大学名誉教授）には，学部生時代から現在に至るまで，変わらぬご指導を公私にわたって賜っていることについて，あらためて感謝を申し上げます。また，大学院生時代から現在まで，やはり公私にわたってご指導を頂いている田島泰彦先生（元上智大学教授）にも感謝を申し上げます。本書が限られた紙幅の中で「メディア」の章を設けているのは，田島先生のゼミや研究会を通じて，メディアの自由についての広範な検討をする機会があったからこそです。本書の草稿に目を通していただいた，同僚の畑中久彌先生（福岡大学法学部教授）と，学部と大学院の後輩の望月穂貴先生（早稲田大学比較法研究所招聘研究員）からは，大変有益なコメントを頂きました。ありがとうございました。

　本書の執筆にあたって参考にした，憲法学や法学の多くの先行研究やテキストについては，教科書という本書の性質や，紙幅が限られているという事情のために，「主要参考文献」に挙げたもの以外は，逐一これを紹介することが叶わないことを，お詫び申し上げます。

　ミネルヴァ書房の水野安奈さんから「法学」のテキスト執筆についてのお手紙をいただいたのは，2022年5月のことでした。福岡大学の講義「法学A」のシラバスをご覧になってのご提案ということでしたが，当時，私は，2020年から科研費（若手研究：課題番号20K13321）も得て，権利の構造や形態の研究に取り組んでおり，その成果を，無謀にも，講義にも盛り込もうとしていたところでした。水野さんが注目されたのは，どうやらそうした部分ではなかったようなのですが，「渡りに船」とばかりに執筆を進める私を適切に導いていただきました。執筆の企画から時宜を捉えた原稿の督促まで，大変お世話になりました。

　日頃あまり感謝の言葉をはっきりとは伝えていない，父，憲二と，母，一代にも，これまでの，文字通りの無条件の支援に感謝を述べたいと思います。研究分野はまったく異なりますが，多くの研究業績をもつ父は，年末年始の帰省の際に手渡した約200頁の草稿を丹念に読み，コメントをくれました。

あとがき

　そして最後に，私のもつ権利や責務についても，ときには私以上に適切に，それらを代行してくれている妻，友美子にも，あらためて感謝を述べて，「あとがき」を終えたいと思います。カバーデザインのイメージ作りや，長時間にわたる原稿の読み合わせにも，力を貸してもらいました。いつもありがとう。

2024年11月

城野一憲

資料　日本国憲法（条文）

　日本国民は，正当に選挙された国会における代表者を通じて行動し，われらとわれらの子孫のために，諸国民との協和による成果と，わが国全土にわたつて自由のもたらす恵沢を確保し，政府の行為によつて再び戦争の惨禍が起ることのないやうにすることを決意し，ここに主権が国民に存することを宣言し，この憲法を確定する。そもそも国政は，国民の厳粛な信託によるものであつて，その権威は国民に由来し，その権力は国民の代表者がこれを行使し，その福利は国民がこれを享受する。これは人類普遍の原理であり，この憲法は，かかる原理に基くものである。われらは，これに反する一切の憲法，法令及び詔勅を排除する。

　日本国民は，恒久の平和を念願し，人間相互の関係を支配する崇高な理想を深く自覚するのであつて，平和を愛する諸国民の公正と信義に信頼して，われらの安全と生存を保持しようと決意した。われらは，平和を維持し，専制と隷従，圧迫と偏狭を地上から永遠に除去しようと努めてゐる国際社会において，名誉ある地位を占めたいと思ふ。われらは，全世界の国民が，ひとしく恐怖と欠乏から免かれ，平和のうちに生存する権利を有することを確認する。

　われらは，いづれの国家も，自国のことのみに専念して他国を無視してはならないのであつて，政治道徳の法則は，普遍的なものであり，この法則に従ふことは，自国の主権を維持し，他国と対等関係に立たうとする各国の責務であると信ずる。

　日本国民は，国家の名誉にかけ，全力をあげてこの崇高な理想と目的を達成することを誓ふ。

第1章　天　皇

〔天皇の象徴的地位，国民主権〕

第1条　天皇は，日本国の象徴であり日本国民統合の象徴であつて，この地位は，主権の存する日本国民の総意に基く。

〔皇位の世襲と継承〕

第2条　皇位は，世襲のものであつて，国会の議決した皇室典範の定めるところにより，これを継承する。

〔天皇の国事行為に対する内閣の助言・承認・責任〕

第3条　天皇の国事に関するすべての行為には，内閣の助言と承認を必要とし，内閣が，その責任を負ふ。

〔天皇の国事行為の限定とその委任〕

第4条　天皇は，この憲法の定める国事に関する行為のみを行ひ，国政に関する権能を有しない。

②　天皇は，法律の定めるところにより，その国事に関する行為を委任することができる。

〔摂政〕

第5条　皇室典範の定めるところにより摂政を置くときは，摂政は，天皇の名でその国事に関する行為を行ふ。この場合には，前条第1項の規定を準用する。

〔天皇の国事行為―内閣総理大臣・最高裁長官任命〕

第6条　天皇は，国会の指名に基いて，内閣総理大臣を任命する。

②　天皇は，内閣の指名に基いて，最高裁判所の長たる裁判官を任命する。

〔天皇の国事行為―その他〕

第7条　天皇は，内閣の助言と承認により，国民のために，左の国事に関する行為を行ふ。

　一　憲法改正，法律，政令及び条約を公布すること。

　二　国会を召集すること。

資料　日本国憲法（条文）

　　三　衆議院を解散すること。
　　四　国会議員の総選挙の施行を公示すること。
　　五　国務大臣及び法律の定めるその他の官吏
　　　　の任免並びに全権委任状及び大使及び公使
　　　　の信任状を認証すること。
　　六　大赦，特赦，減刑，刑の執行の免除及び
　　　　復権を認証すること。
　　七　栄典を授与すること。
　　八　批准書及び法律の定めるその他の外交文
　　　　書を認証すること。
　　九　外国の大使及び公使を接受すること。
　　十　儀式を行ふこと。
〔皇室の財産授受〕
第8条　皇室に財産を譲り渡し，又は皇室が，
　財産を譲り受け，若しくは賜与することは，
　国会の議決に基かなければならない。

第2章　戦争の放棄

〔戦争の放棄，戦力の不保持，交戦権の否認〕
第9条　日本国民は，正義と秩序を基調とする
　国際平和を誠実に希求し，国権の発動たる戦
　争と，武力による威嚇又は武力の行使は，国
　際紛争を解決する手段としては，永久にこれ
　を放棄する。
②　前項の目的を達するため，陸海空軍その他
　の戦力は，これを保持しない。国の交戦権は，
　これを認めない。

第3章　国民の権利及び義務

〔日本国民たる要件〕
第10条　日本国民たる要件は，法律でこれを定
　める。
〔国民の基本的人権の永久不可侵性〕
第11条　国民は，すべての基本的人権の享有を
　妨げられない。この憲法が国民に保障する基
　本的人権は，侵すことのできない永久の権利
　として，現在及び将来の国民に与へられる。
〔自由及び権利の保持責任，濫用の禁止，利用
責任〕
第12条　この憲法が国民に保障する自由及び権
　利は，国民の不断の努力によつて，これを保
　持しなければならない。又，国民は，これを
　濫用してはならないのであつて，常に公共の

福祉のためにこれを利用する責任を負ふ。
〔個人の尊重〕
第13条　すべて国民は，個人として尊重される。
　生命，自由及び幸福追求に対する国民の権利
　については，公共の福祉に反しない限り，立
　法その他の国政の上で，最大の尊重を必要と
　する。
〔法の下の平等，貴族制度の否認，栄典の授与〕
第14条　すべて国民は，法の下に平等であつて，
　人種，信条，性別，社会的身分又は門地によ
　り，政治的，経済的又は社会的関係において，
　差別されない。
②　華族その他の貴族の制度は，これを認めな
　い。
③　栄誉，勲章その他の栄典の授与は，いかな
　る特権も伴はない。栄典の授与は，現にこれ
　を有し，又は将来これを受ける者の一代に限
　り，その効力を有する。
〔国民の公務員選定罷免権，公務員の本質，普
通選挙及び秘密投票の保障〕
第15条　公務員を選定し，及びこれを罷免する
　ことは，国民固有の権利である。
②　すべて公務員は，全体の奉仕者であつて，
　一部の奉仕者ではない。
③　公務員の選挙については，成年者による普
　通選挙を保障する。
④　すべて選挙における投票の秘密は，これを
　侵してはならない。選挙人は，その選択に関
　し公的にも私的にも責任を問はれない。
〔請願権〕
第16条　何人も，損害の救済，公務員の罷免，
　法律，命令又は規則の制定，廃止又は改正そ
　の他の事項に関し，平穏に請願する権利を有
　し，何人も，かかる請願をしたためにいかな
　る差別待遇も受けない。
〔公務員の不法行為による損害賠償〕
第17条　何人も，公務員の不法行為により，損
　害を受けたときは，法律の定めるところによ
　り，国又は公共団体に，その賠償を求めるこ
　とができる。
〔奴隷的拘束及び苦役からの自由〕
第18条　何人も，いかなる奴隷的拘束も受けな
　い。又，犯罪に因る処罰の場合を除いては，

225

その意に反する苦役に服させられない。

〔思想及び良心の自由〕

第19条 思想及び良心の自由は，これを侵してはならない。

〔信教の自由〕

第20条 信教の自由は，何人に対してもこれを保障する。いかなる宗教団体も，国から特権を受け，又は政治上の権力を行使してはならない。

② 何人も，宗教上の行為，祝典，儀式又は行事に参加することを強制されない。

③ 国及びその機関は，宗教教育その他いかなる宗教的活動もしてはならない。

〔集会・結社・表現の自由，検閲の禁止〕

第21条 集会，結社及び言論，出版その他一切の表現の自由は，これを保障する。

② 検閲は，これをしてはならない。通信の秘密は，これを侵してはならない。

〔居住，移転，職業選択，外国移住，国籍離脱の自由〕

第22条 何人も，公共の福祉に反しない限り，居住，移転及び職業選択の自由を有する。

② 何人も，外国に移住し，又は国籍を離脱する自由を侵されない。

〔学問の自由〕

第23条 学問の自由は，これを保障する。

〔家族生活における個人の尊厳と両性の平等〕

第24条 婚姻は，両性の合意のみに基いて成立し，夫婦が同等の権利を有することを基本として，相互の協力により，維持されなければならない。

② 配偶者の選択，財産権，相続，住居の選定，離婚並びに婚姻及び家族に関するその他の事項に関しては，法律は，個人の尊厳と両性の本質的平等に立脚して，制定されなければならない。

〔国民の生存権，国の保障義務〕

第25条 すべて国民は，健康で文化的な最低限度の生活を営む権利を有する。

② 国は，すべての生活部面について，社会福祉，社会保障及び公衆衛生の向上及び増進に努めなければならない。

〔教育を受ける権利，受けさせる義務〕

第26条 すべて国民は，法律の定めるところにより，その能力に応じて，ひとしく教育を受ける権利を有する。

② すべて国民は，法律の定めるところにより，その保護する子女に普通教育を受けさせる義務を負ふ。義務教育は，これを無償とする。

〔勤労の権利・義務，勤労条件の基準，児童酷使の禁止〕

第27条 すべて国民は，勤労の権利を有し，義務を負ふ。

② 賃金，就業時間，休息その他の勤労条件に関する基準は，法律でこれを定める。

③ 児童は，これを酷使してはならない。

〔労働者の団結権・団体行動権〕

第28条 勤労者の団結する権利及び団体交渉その他の団体行動をする権利は，これを保障する。

〔財産権〕

第29条 財産権は，これを侵してはならない。

② 財産権の内容は，公共の福祉に適合するやうに，法律でこれを定める。

③ 私有財産は，正当な補償の下に，これを公共のために用ひることができる。

〔納税の義務〕

第30条 国民は，法律の定めるところにより，納税の義務を負ふ。

〔法定手続の保障〕

第31条 何人も，法律の定める手続によらなければ，その生命若しくは自由を奪はれ，又はその他の刑罰を科せられない。

〔裁判を受ける権利〕

第32条 何人も，裁判所において裁判を受ける権利を奪はれない。

〔逮捕に対する保障〕

第33条 何人も，現行犯として逮捕される場合を除いては，権限を有する司法官憲が発し，且つ理由となつてゐる犯罪を明示する令状によらなければ，逮捕されない。

〔抑留・拘禁に対する保障〕

第34条 何人も，理由を直ちに告げられ，且つ，直ちに弁護人に依頼する権利を与へられなければ，抑留又は拘禁されない。又，何人も，正当な理由がなければ，拘禁されず，要求が

資料　日本国憲法（条文）

あれば，その理由は，直ちに本人及びその弁
護人の出席する公開の法廷で示されなければ
ならない。

〔住居侵入・捜索・押収に対する保障〕

第35条　何人も，その住居，書類及び所持品に
ついて，侵入，捜索及び押収を受けることの
ない権利は，第33条の場合を除いては，正当
な理由に基いて発せられ，且つ捜索する場所
及び押収する物を明示する令状がなければ，
侵されない。

②　捜索又は押収は，権限を有する司法官憲が
発する各別の令状により，これを行ふ。

〔拷問及び残虐な刑罰の禁止〕

第36条　公務員による拷問及び残虐な刑罰は，
絶対にこれを禁ずる。

〔刑事被告人の諸権利〕

第37条　すべて刑事事件においては，被告人は，
公平な裁判所の迅速な公開裁判を受ける権利
を有する。

②　刑事被告人は，すべての証人に対して審問
する機会を充分に与へられ，又，公費で自己
のために強制的手続により証人を求める権利
を有する。

③　刑事被告人は，いかなる場合にも，資格を
有する弁護人を依頼することができる。被告
人が自らこれを依頼することができないとき
は，国でこれを附する。

〔黙秘権，自白の証拠能力〕

第38条　何人も，自己に不利益な供述を強要さ
れない。

②　強制，拷問若しくは脅迫による自白又は不
当に長く抑留若しくは拘禁された後の自白は，
これを証拠とすることができない。

③　何人も，自己に不利益な唯一の証拠が本人
の自白である場合には，有罪とされ，又は刑
罰を科せられない。

〔遡及処罰の禁止，二重処罰の禁止〕

第39条　何人も，実行の時に適法であつた行為
又は既に無罪とされた行為については，刑事
上の責任を問はれない。又，同一の犯罪につ
いて，重ねて刑事上の責任を問はれない。

〔刑事補償〕

第40条　何人も，抑留又は拘禁された後，無罪

の裁判を受けたときは，法律の定めるところ
により，国にその補償を求めることができる。

第4章　国　会

〔国会の地位，立法権〕

第41条　国会は，国権の最高機関であつて，国
の唯一の立法機関である。

〔両院制〕

第42条　国会は，衆議院及び参議院の両議院で
これを構成する。

〔両議院の組織〕

第43条　両議院は，全国民を代表する選挙され
た議員でこれを組織する。

②　両議院の議員の定数は，法律でこれを定め
る。

〔国会議員及び選挙人の資格〕

第44条　両議院の議員及びその選挙人の資格は，
法律でこれを定める。但し，人種，信条，性
別，社会的身分，門地，教育，財産又は収入
によつて差別してはならない。

〔衆議院議員の任期〕

第45条　衆議院議員の任期は，4年とする。但
し，衆議院解散の場合には，その期間満了前
に終了する。

〔参議院議員の任期〕

第46条　参議院議員の任期は，6年とし，3年
ごとに議員の半数を改選する。

〔選挙に関する事項の法定〕

第47条　選挙区，投票の方法その他両議院の議
員の選挙に関する事項は，法律でこれを定め
る。

〔両議院議員兼職禁止〕

第48条　何人も，同時に両議院の議員たること
はできない。

〔議員の歳費〕

第49条　両議院の議員は，法律の定めるところ
により，国庫から相当額の歳費を受ける。

〔議員の不逮捕特権〕

第50条　両議院の議員は，法律の定める場合を
除いては，国会の会期中逮捕されず，会期前
に逮捕された議員は，その議院の要求があれ
ば，会期中これを釈放しなければならない。

〔議員の発言・表決の無責任〕

227

第51条 両議院の議員は，議院で行つた演説，討論又は表決について，院外で責任を問はれない。

〔常会〕

第52条 国会の常会は，毎年1回これを召集する。

〔臨時会〕

第53条 内閣は，国会の臨時会の召集を決定することができる。いづれかの議院の総議員の4分の1以上の要求があれば，内閣は，その召集を決定しなければならない。

〔衆議院の解散と総選挙，特別会〕

第54条 衆議院が解散されたときは，解散の日から40日以内に，衆議院議員の総選挙を行ひ，その選挙の日から30日以内に，国会を召集しなければならない。

② 衆議院が解散されたときは，参議院は，同時に閉会となる。但し，内閣は，国に緊急の必要があるときは，参議院の緊急集会を求めることができる。

③ 前項但書の緊急集会において採られた措置は，臨時のものであつて，次の国会開会の後10日以内に，衆議院の同意がない場合には，その効力を失ふ。

〔議員の資格争訟〕

第55条 両議院は，各々その議員の資格に関する争訟を裁判する。但し，議員の議席を失はせるには，出席議員の3分の2以上の多数による議決を必要とする。

〔議員の定足数，議決〕

第56条 両議院は，各々その総議員の3分の1以上の出席がなければ，議事を開き議決することができない。

② 両議院の議事は，この憲法に特別の定のある場合を除いては，出席議員の過半数でこれを決し，可否同数のときは，議長の決するところによる。

〔会議の公開と秘密会，会議録〕

第57条 両議院の会議は，公開とする。但し，出席議員の3分の2以上の多数で議決したときは，秘密会を開くことができる。

② 両議院は，各々その会議の記録を保存し，秘密会の記録の中で特に秘密を要すると認め

られるもの以外は，これを公表し，且つ一般に頒布しなければならない。

③ 出席議員の5分の1以上の要求があれば，各議員の表決は，これを会議録に記載しなければならない。

〔役員の選任，議院規則，懲罰〕

第58条 両議院は，各々その議長その他の役員を選任する。

② 両議院は，各々その会議その他の手続及び内部の規律に関する規則を定め，又，院内の秩序をみだした議員を懲罰することができる。但し，議員を除名するには，出席議員の3分の2以上の多数による議決を必要とする。

〔法律案の議決，衆議院の優越〕

第59条 法律案は，この憲法に特別の定のある場合を除いては，両議院で可決したとき法律となる。

② 衆議院で可決し，参議院でこれと異なつた議決をした法律案は，衆議院で出席議員の3分の2以上の多数で再び可決したときは，法律となる。

③ 前項の規定は，法律の定めるところにより，衆議院が，両議院の協議会を開くことを求めることを妨げない。

④ 参議院が，衆議院の可決した法律案を受け取つた後，国会休会中の期間を除いて60日以内に，議決しないときは，衆議院は，参議院がその法律案を否決したものとみなすことができる。

〔衆議院の予算先議と優越〕

第60条 予算は，さきに衆議院に提出しなければならない。

② 予算について，参議院で衆議院と異なつた議決をした場合に，法律の定めるところにより，両議院の協議会を開いても意見が一致しないとき，又は参議院が，衆議院の可決した予算を受け取つた後，国会休会中の期間を除いて30日以内に，議決しないときは，衆議院の議決を国会の議決とする。

〔条約の国会承認と衆議院の優越〕

第61条 条約の締結に必要な国会の承認については，前条第2項の規定を準用する。

〔議院の国政調査権〕

資料　日本国憲法（条文）

第62条　両議院は，各々国政に関する調査を行
　　ひ，これに関して，証人の出頭及び証言並び
　　に記録の提出を要求することができる。

〔国務大臣の議院出席〕
第63条　内閣総理大臣その他の国務大臣は，両
　　議院の一に議席を有すると有しないとにかか
　　はらず，何時でも議案について発言するため
　　議院に出席することができる。又，答弁又は
　　説明のため出席を求められたときは，出席し
　　なければならない。

〔弾劾裁判所〕
第64条　国会は，罷免の訴追を受けた裁判官を
　　裁判するため，両議院の議員で組織する弾劾
　　裁判所を設ける。
②　弾劾に関する事項は，法律でこれを定める。

第5章　内　閣

〔行政権と内閣〕
第65条　行政権は，内閣に属する。

〔内閣の組織，国務大臣の文民資格，国会に対
する連帯責任〕
第66条　内閣は，法律の定めるところにより，
　　その首長たる内閣総理大臣及びその他の国務
　　大臣でこれを組織する。
②　内閣総理大臣その他の国務大臣は，文民で
　　なければならない。
③　内閣は，行政権の行使について，国会に対
　　し連帯して責任を負ふ。

〔内閣総理大臣の指名，衆議院の優越〕
第67条　内閣総理大臣は，国会議員の中から国
　　会の議決で，これを指名する。この指名は，
　　他のすべての案件に先だつて，これを行ふ。
②　衆議院と参議院とが異なつた指名の議決を
　　した場合に，法律の定めるところにより，両
　　議院の協議会を開いても意見が一致しないと
　　き，又は衆議院が指名の議決をした後，国会
　　休会中の期間を除いて10日以内に，参議院が，
　　指名の議決をしないときは，衆議院の議決を
　　国会の議決とする。

〔国務大臣の任命と罷免〕
第68条　内閣総理大臣は，国務大臣を任命する。
　　但し，その過半数は，国会議員の中から選ば
　　れなければならない。

②　内閣総理大臣は，任意に国務大臣を罷免す
　　ることができる。

〔衆議院の内閣不信任，解散又は総辞職〕
第69条　内閣は，衆議院で不信任の決議案を可
　　決し，又は信任の決議案を否決したときは，
　　10日以内に衆議院が解散されない限り，総辞
　　職をしなければならない。

〔内閣総理大臣の欠缺又は総選挙後の内閣総辞
職〕
第70条　内閣総理大臣が欠けたとき，又は衆議
　　院議員総選挙の後に初めて国会の召集があつ
　　たときは，内閣は，総辞職をしなければなら
　　ない。

〔総辞職後の内閣の職務執行〕
第71条　前2条の場合には，内閣は，あらたに
　　内閣総理大臣が任命されるまで引き続きその
　　職務を行ふ。

〔内閣総理大臣の職務〕
第72条　内閣総理大臣は，内閣を代表して議案
　　を国会に提出し，一般国務及び外交関係につ
　　いて国会に報告し，並びに行政各部を指揮監
　　督する。

〔内閣の事務〕
第73条　内閣は，他の一般行政事務の外，左の
　　事務を行ふ。
　一　法律を誠実に執行し，国務を総理するこ
　　　と。
　二　外交関係を処理すること。
　三　条約を締結すること。但し，事前に，時
　　　宜によつては事後に，国会の承認を経るこ
　　　とを必要とする。
　四　法律の定める基準に従ひ，官吏に関する
　　　事務を掌理すること。
　五　予算を作成して国会に提出すること。
　六　この憲法及び法律の規定を実施するため
　　　に，政令を制定すること。但し，政令には，
　　　特にその法律の委任がある場合を除いては，
　　　罰則を設けることができない。
　七　大赦，特赦，減刑，刑の執行の免除及び
　　　復権を決定すること。

〔法律・政令の署名及び連署〕
第74条　法律及び政令には，すべて主任の国務
　　大臣が署名し，内閣総理大臣が連署すること

229

を必要とする。

〔国務大臣の訴追〕

第75条 国務大臣は，その在任中，内閣総理大
臣の同意がなければ，訴追されない。但し，
これがため，訴追の権利は，害されない。

第6章 司 法

〔司法権の独立〕

第76条 すべて司法権は，最高裁判所及び法律
の定めるところにより設置する下級裁判所に
属する。

② 特別裁判所は，これを設置することができ
ない。行政機関は，終審として裁判を行ふこ
とができない。

③ すべて裁判官は，その良心に従ひ独立して
その職権を行ひ，この憲法及び法律にのみ拘
束される。

〔最高裁判所の規則制定権〕

第77条 最高裁判所は，訴訟に関する手続，弁
護士，裁判所の内部規律及び司法事務処理に
関する事項について，規則を定める権限を有
する。

② 検察官は，最高裁判所の定める規則に従は
なければならない。

③ 最高裁判所は，下級裁判所に関する規則を
定める権限を，下級裁判所に委任することが
できる。

〔裁判官の身分保障〕

第78条 裁判官は，裁判により，心身の故障の
ために職務を執ることができないと決定され
た場合を除いては，公の弾劾によらなければ
罷免されない。裁判官の懲戒処分は，行政機
関がこれを行ふことはできない。

〔最高裁判所裁判官，国民審査〕

第79条 最高裁判所は，その長たる裁判官及び
法律の定める員数のその他の裁判官でこれを
構成し，その長たる裁判官以外の裁判官は，
内閣でこれを任命する。

② 最高裁判所の裁判官の任命は，その任命後
初めて行はれる衆議院議員総選挙の際国民の
審査に付し，その後10年を経過した後初めて
行はれる衆議院議員総選挙の際更に審査に付
し，その後も同様とする。

③ 前項の場合において，投票者の多数が裁判
官の罷免を可とするときは，その裁判官は，
罷免される。

④ 審査に関する事項は，法律でこれを定める。

⑤ 最高裁判所の裁判官は，法律の定める年齢
に達した時に退官する。

⑥ 最高裁判所の裁判官は，すべて定期に相当
額の報酬を受ける。この報酬は，在任中，こ
れを減額することができない。

〔下級裁判所裁判官〕

第80条 下級裁判所の裁判官は，最高裁判所の
指名した者の名簿によつて，内閣でこれを任
命する。その裁判官は，任期を10年とし，再
任されることができる。但し，法律の定める
年齢に達した時には退官する。

② 下級裁判所の裁判官は，すべて定期に相当
額の報酬を受ける。この報酬は，在任中，こ
れを減額することができない。

〔最高裁判所の違憲法令審査権〕

第81条 最高裁判所は，一切の法律，命令，規
則又は処分が憲法に適合するかしないかを決
定する権限を有する終審裁判所である。

〔裁判の公開〕

第82条 裁判の対審及び判決は，公開法廷でこ
れを行ふ。

② 裁判所が，裁判官の全員一致で，公の秩序
又は善良の風俗を害する虞があると決した場
合には，対審は，公開しないでこれを行ふこ
とができる。但し，政治犯罪，出版に関する
犯罪又はこの憲法第3章で保障する国民の権
利が問題となつてゐる事件の対審は，常にこ
れを公開しなければならない。

第7章 財 政

〔財政処理の基本原則〕

第83条 国の財政を処理する権限は，国会の議
決に基いて，これを行使しなければならない。

〔租税法律主義〕

第84条 あらたに租税を課し，又は現行の租税
を変更するには，法律又は法律の定める条件
によることを必要とする。

〔国費の支出及び債務負担と国会の議決〕

第85条 国費を支出し，又は国が債務を負担す

資料　日本国憲法（条文）

るには，国会の議決に基くことを必要とする。

〔予算の作成と国会の議決〕

第86条　内閣は，毎会計年度の予算を作成し，国会に提出して，その審議を受け議決を経なければならない。

〔予備費〕

第87条　予見し難い予算の不足に充てるため，国会の議決に基いて予備費を設け，内閣の責任でこれを支出することができる。

②　すべて予備費の支出については，内閣は，事後に国会の承諾を得なければならない。

〔皇室財産，皇室費用〕

第88条　すべて皇室財産は，国に属する。すべて皇室の費用は，予算に計上して国会の議決を経なければならない。

〔公の財産の支出・利用の制限〕

第89条　公金その他の公の財産は，宗教上の組織若しくは団体の使用，便益若しくは維持のため，又は公の支配に属しない慈善，教育若しくは博愛の事業に対し，これを支出し，又はその利用に供してはならない。

〔決算，会計検査院〕

第90条　国の収入支出の決算は，すべて毎年会計検査院がこれを検査し，内閣は，次の年度に，その検査報告とともに，これを国会に提出しなければならない。

②　会計検査院の組織及び権限は，法律でこれを定める。

〔内閣の財政状況報告〕

第91条　内閣は，国会及び国民に対し，定期に，少くとも毎年1回，国の財政状況について報告しなければならない。

第8章　地方自治

〔地方自治の原則〕

第92条　地方公共団体の組織及び運営に関する事項は，地方自治の本旨に基いて，法律でこれを定める。

〔地方公共団体の議会，長・議員等の直接選挙〕

第93条　地方公共団体には，法律の定めるところにより，その議事機関として議会を設置する。

②　地方公共団体の長，その議会の議員及び法

律の定めるその他の吏員は，その地方公共団体の住民が，直接これを選挙する。

〔地方公共団体の権能〕

第94条　地方公共団体は，その財産を管理し，事務を処理し，及び行政を執行する権能を有し，法律の範囲内で条例を制定することができる。

〔特別法の住民投票〕

第95条　一の地方公共団体のみに適用される特別法は，法律の定めるところにより，その地方公共団体の住民の投票においてその過半数の同意を得なければ，国会は，これを制定することができない。

第9章　改　正

〔憲法改正の発議・国民投票・公布〕

第96条　この憲法の改正は，各議院の総議員の3分の2以上の賛成で，国会が，これを発議し，国民に提案してその承認を経なければならない。この承認には，特別の国民投票又は国会の定める選挙の際行はれる投票において，その過半数の賛成を必要とする。

②　憲法改正について前項の承認を経たときは，天皇は，国民の名で，この憲法と一体を成すものとして，直ちにこれを公布する。

第10章　最高法規

〔基本的人権の本質〕

第97条　この憲法が日本国民に保障する基本的人権は，人類の多年にわたる自由獲得の努力の成果であつて，これらの権利は，過去幾多の試錬に堪へ，現在及び将来の国民に対し，侵すことのできない永久の権利として信託されたものである。

〔憲法の最高法規性，条約及び国際法規の遵守〕

第98条　この憲法は，国の最高法規であつて，その条規に反する法律，命令，詔勅及び国務に関するその他の行為の全部又は一部は，その効力を有しない。

②　日本国が締結した条約及び確立された国際法規は，これを誠実に遵守することを必要とする。

〔憲法尊重擁護の義務〕

231

第99条　天皇又は摂政及び国務大臣，国会議員，裁判官その他の公務員は，この憲法を尊重し擁護する義務を負ふ。

第11章　補　則

〔施行期日〕

第100条　この憲法は，公布の日から起算して6箇月を経過した日から，これを施行する。

②　この憲法を施行するために必要な法律の制定，参議院議員の選挙及び国会召集の手続並びにこの憲法を施行するために必要な準備手続は，前項の期日よりも前に，これを行ふことができる。

〔経過規定〕

第101条　この憲法施行の際，参議院がまだ成立してゐないときは，その成立するまでの間，衆議院は，国会としての権限を行ふ。

〔経過規定〕

第102条　この憲法による第1期の参議院議員のうち，その半数の者の任期は，これを3年とする。その議員は，法律の定めるところにより，これを定める。

〔経過規定〕

第103条　この憲法施行の際現に在職する国務大臣，衆議院議員及び裁判官並びにその他の公務員で，その地位に相応する地位がこの憲法で認められてゐる者は，法律で特別の定をした場合を除いては，この憲法施行のため，当然にはその地位を失ふことはない。但し，この憲法によつて，後任者が選挙又は任命されたときは，当然その地位を失ふ。

＊注　〔　〕の見出しと項番号（②③…）は編集部が付した。

判例一覧

（年代順，最高裁判所による法令違憲判決には，○をつけている）

最大判昭和23（1948）年 3 月12日　死刑合憲判決　195

最大判昭和23（1948）年 9 月29日　食糧管理法違反事件　164

最大判昭和24（1949）年 5 月18日　食糧緊急措置令違反事件　35

最大判昭和27（1952）年 2 月20日　国民審査法合憲判決　64

最大判昭和27（1952）年 8 月 6 日　朝日新聞石井記者事件　122

最大判昭和28（1953）年12月23日　農地改革事件　185

最大判昭和29（1954）年11月24日　新潟県公安条例事件　108

最大判昭和30（1955）年12月14日　緊急逮捕事件　191

最大判昭和31（1956）年 7 月 4 日　謝罪広告事件　74

最大判昭和32（1957）年 3 月13日　チャタレイ事件　104

最大判昭和33（1958）年 9 月10日　帆足計事件　36

東京地判昭和35（1960）年10月19日　朝日訴訟第一審　166

最大判昭和37（1962）年11月28日　第三者所有物没収事件　200

最大判昭和38（1963）年 5 月15日　加持祈祷事件　86

東京高判昭和38（1963）年11月 4 日　朝日訴訟控訴審　166

広島地判昭和42（1967）年 4 月17日　薬事法距離制限事件第一審　137

最大判昭和42（1967）年 5 月24日　朝日訴訟上告審　166, 168, 179

広島高判昭和43（1968）年 7 月30日　薬事法距離制限事件控訴審　137

最大判昭和44年（1969）年 6 月25日　「夕刊和歌山時事」事件　103

最大決昭和44（1969）年11月26日　博多駅事件　118

最大判昭和44（1969）年12月24日　京都府学連事件　28

最大判昭和47（1972）年11月22日　小売市場事件　140

○最大判昭和48（1973）年 4 月 4 日　尊属殺重罰規定判決　43, 200, 213

最大判昭和48（1973）年12月12日　三菱樹脂事件　126

最大判昭和49（1974）年11月 6 日　猿払事件　130

神戸簡判昭和50（1975）年 2 月20日　牧会活動事件　87

○最大判昭和50（1975）年 4 月30日　薬事法違憲判決　135, 136, 139, 213

○最大判昭和51（1976）年 4 月14日　衆議院議員定数訴訟　51

最大判昭和52（1977）年 7 月13日　津地鎮祭事件　95

最 1 小決昭和53（1978）年 5 月31日　外務省秘密電文漏洩事件　114, 200

最 1 小判昭和53（1978）年 9 月 7 日　違法収集証拠排除原則事件　193

最大判昭和53（1978）年10月 4 日　マクリーン事件　62

最 3 小判昭和56（1981）年 3 月24日　女子若年定年制事件　126

最大判昭和57（1982）年 7 月 7 日　堀木訴訟　170

最大判昭和58（1983）年 6 月22日　よど号ハイジャック記事抹消事件　112

最大判昭和59（1984）年12月12日　税関検査事件　101
○最大判昭和60（1985）年 7 月17日　衆議院議員定数訴訟　51
　最大判昭和61（1986）年 6 月11日　「北方ジャーナル」事件　101
○最大判昭和62（1987）年 4 月22日　森林法違憲判決　180, 213
　最 2 小判昭和63（1988）年 7 月15日　麹町中学内申書事件　78
　最 2 小判平成元（1989）年 1 月20日　公衆浴場事件　140
　最 2 小決平成 2 （1990）年 7 月 9 日　TBS ビデオテープ押収事件　123
　最 2 小判平成 3 （1991）年 9 月 3 日　バイク禁止校則事件　32
　最大判平成 4 （1992）年 7 月 1 日　成田新法事件　201
　最 3 小判平成 7 （1995）年 2 月28日　外国人地方参政権判決　62
　最大決平成 7 （1995）年 7 月 5 日　非嫡出子相続分差別合憲決定　47
　最 1 小決平成 8 （1996）年 1 月30日　オウム真理教解散命令事件　89
　最 2 小判平成 8 （1996）年 3 月 8 日　剣道受講拒否事件　80, 84
　最大判平成 9 （1997）年 4 月 2 日　愛媛県玉串料訴訟　95
　最 3 小判平成14（2002）年 9 月24日　「石に泳ぐ魚」事件　102
　最大判平成17（2005）年 1 月26日　外国人公務就任権事件　159
○最大判平成17（2005）年 9 月14日　在外国民選挙権制限違憲判決　66
　最 3 小決平成18（2006）年10月 3 日　NHK 記者事件　122
　最 2 小判平成19（2007）年 9 月28日　学生無年金障害者訴訟　171
○最大判平成20（2008）年 6 月 4 日　国籍法違憲判決　48
　最大判平成22（2010）年 1 月20日　空知太神社事件上告審　96
　最 2 小判平成23年（2011）5 月30日　国旗国歌訴訟　75
　最大判平成23（2011）年11月16日　裁判員制度訴訟　216
　最 1 小判平成24（2012）年 2 月16日　空知太神社事件差戻後上告審　96
　東京地判平成25（2013）年 3 月14日　成年被後見人選挙権訴訟　61
○広島高判平成25（2013）年 3 月25日　選挙将来無効判決　51
○最大決平成25（2013）年 9 月 4 日　非嫡出子相続分差別違憲決定　47
○最大判平成27（2015）年12月16日　女子再婚禁止規定一部違憲判決　5, 67, 148
　最大判平成27（2015）年12月16日　夫婦同氏制合憲判決　150, 154, 155
　大阪高判平成27（2015）年12月16日　政治活動アンケート事件　76
　最 2 小決平成31（2019）年 1 月23日　性同一性障害特例法合憲決定　5
　東京地判令和 3 （2021）年 4 月21日　海外別氏婚事件　150
○最大判令和 4 （2022）年 5 月25日　在外国民国民審査権制限違憲判決　67
○最大決令和 5 （2023）年10月25日　性同一性障害特例法違憲決定　4, 22

索　引

あ　行

新しい人権　29
違憲状態　50
一身専属の権利　167
一般法　7
一般予防　196
一票の格差　49
委任立法　210
違法性　86
ウェナー，ライフ　21
営業の自由　135
公の施設　109

か　行

会期　208
外国人の権利　62
外国法　55, 172
解釈　26
下級裁判所　212
学説　31
華族制度　41
環境権　29
環境法　132
間接差別　151
間接選挙　64
間接的効力　126
間接民主制　218
期日前投票　66
貴族院　56
起訴便宜主義　117
義務（Duty）　16
客観訴訟　53
教育を受ける権利　161
行政処分　137, 201
行政訴訟　137
競争法　132
共有　180

共有物の分割　181
許可　107
緊急逮捕　191
近親婚の禁止　146
近代立憲主義　9, 14, 83
欽定憲法　41
経済的自由権　128
権威　32
検閲（Censorship）　99
厳格審査　129
現行犯逮捕　191
原審　96
権能（Power）　17
憲法改正　25, 162
憲法典　1
憲法の番人　37
憲法附属法　56
権利　10, 13, 15, 20
　　──章典　24
　　──能力　11
　　──の中核（Core）　160, 167
行為能力　23
公共の福祉　35, 128
皇室典範　81
公序良俗　174
硬性憲法　25
構成要件　85
控訴　96
後段　38
幸福追求権　27
公法　125
公務就任権　158
拷問　189
国際私法　150
国事に関する行為　206
国籍　47
国選弁護人　192
国民主権　216

235

国民審査 63
国務大臣 210
国会 207
　——議員 207
国家秘密 114
国憲 55
個別意見 152
固有のもの（Property） 177
婚姻 143, 149
　——適齢 146
　——の自由 150

さ　行

在外選挙 66
罪刑法定主義 198
債権 173
最高裁判所 212
最高法規 5, 110
財産権 173
裁判員 215
　——制度 215
裁判官 213
　——弾劾裁判所 214
　——の独立 214
歳費受領権 207
差別 5, 39
残虐な刑罰 194
三権分立 204
三審制 96
参政権 158
私擬憲法 162
死刑制度 194
自己決定の権利 29
自己実現 97
自己情報コントロール権 28
自己所有権 177
自己統治 99, 129
事実婚 143
自主規制 100
事情判決 51
私人間効力論 125
自然人 10
事前抑制 100

思想・良心の自由 70
思想犯 70
実刑 43
執行猶予 43
児童ポルノ 105
自白 192
　——の補強法則 194
私法 125
司法審査 37
社会権 159
社会的身分 42
謝罪広告 74
集会の自由 106
宗教法人 88
自由権 158
重婚 146
私有財産の制度 178
収用 184
14条第1項後段の列挙事由 41
主刑 200
主権 216, 217
取材・報道の自由 116
取材源秘匿権 121
準正 48
消極的権利（Negative Rights） 163
消極目的規制 139
証言拒絶権 122
上告 96
証拠排除法則（Exclusionary Rule） 193
象徴 206
情報公開 113
小法廷 213
職業選択の自由 133
女子再婚禁止期間 146
所有 173
所有権 176
自力救済 22
知る権利 112
人格権 27
信教の自由 83
人権思想 12
人種 42
信条 42

索　引

人身の自由　128
身体的自由権　128
臣民の権利　36
推定　53
請求権（Claim）　15
政教分離　90
制限選挙　57
精神的自由権　128
成人年齢　59
生存権　161
性同一性障害　4
正当業務行為　86
正当な補償　184, 185
制度後退　172
制度的保障　94
成年後見制度　68
成年被後見人　60
性表現　104
性別不合　4, 22
責任（Liability）　18
責任能力　86
責務　13
積極的権利（Positive Rights）　163
積極目的規制　139
選挙権　59
宣誓　76
選択的夫婦別姓　156
前段　38
相関　16
遡及処罰の禁止　199
損害賠償　184
損失補償　184

た　行

胎児　157
大審院　212
大法廷　213
多数意見　152
但書　38
弾劾（Impeachment）　213
嫡出子　45
嫡出推定　147
直接選挙　64

直接民主制　218
沈黙する自由　76
通称　154
抵触法　150
定数訴訟　50
適正手続（Due Process）　201
天皇　205, 206
登記　174
動産　174
同性婚　144
統治機構　7, 204
投票価値の不平等　49
投票の秘密　65
特別裁判所　212
特別の犠牲　186
特別法　7
特別予防　195
特権（Privilege）　16
「特権」　92, 123, 131, 209
奴隷　12, 39, 176

な　行

内閣　209
　　──総理大臣　209
内心の自由　72
内容中立規制　106
二院制　207
二重の基準（Double Standard）　130
認知　47

は　行

派生的な権利　167
発禁　98
発信者情報開示請求権　127
発売頒布禁止　98
パブリック・フォーラム　108
判決理由（Ratio Decidendi）　168
判例　32
比較衡量　104
比較法（Comparative Law）　172
非嫡出子　45
人　10
表現内容規制　102

237

表現の自由　97
平等原則　3, 5, 52
夫婦同氏制　149
付加刑　200
不合理な差別　43
不在者投票　66
付審判請求　117
不逮捕特権　207
普通選挙　57
物権　173
不動産　174
不当利得　167
プライバシーの権利　27-29
プレスの自由　115
プログラム規定　164
「分子」の構造　21, 34, 65, 81, 110
平和主義　206
弁護人依頼権　192
包括的基本権　27
法義務　79
　　──の免除　80
法人　10
放送の自由　121
放送メディア　119
法定相続分　46
法定手続の保障　198
法的相関項（Jural Correlative）　17
法的反対項（Jural Opposite）　20
報道機関　118
法の支配（Rule of Law）　9
法の適用の平等　40
法の不遡及　199
法律の留保　36, 98

法令違憲判決　43
傍論（Obiter Dictum）　168
ホーフェルド，ウェスリー　15
ホーフェルドの権利図式　20, 219
本文　38

ま　行

未遂　197
未成年者　23
見做す　157
無請求権（No-right）　17
無能力（Disability）　19
明治憲法体制　41
名誉毀損　103
名誉権　27
命令　210
メディアの自由　115
免除権（Immunity）　19, 34
免責特権　208
目的・効果基準　94
目的・手段審査　38
黙秘権　21
門地　42

や・ら・わ行

「優越的地位」の理論　129
立法裁量　140, 170
立法事実　141
立法不作為　67
良心的兵役拒否　79
令状　190
労働基本権　161
わいせつ　104

《著者紹介》

城野一憲（しろの・かずのり）

1984年　生まれ（熊本市出身）。
2006年　早稲田大学法学部卒業。
2016年　早稲田大学大学院法学研究科博士後期課程単位取得退学。
　　　　日本学術振興会特別研究員（DC2・社会科学），早稲田大学法学学術院助手，鹿児島大学法文教育学域教育学系講師などを経て，
現　在　福岡大学法学部准教授。
　　　　主要な著作として，斎藤一久・城野一憲編『教職のための憲法』（ミネルヴァ書房，2020年），城野一憲「憲法上の権利と関係的・構造的な権利観」福岡大学法学論叢67巻4号（2023年）など。

憲法から始める法学入門

2024年12月20日　初版第1刷発行　　　　　　　　　〈検印省略〉

定価はカバーに
表示しています

著　者　城　野　一　憲
発行者　杉　田　啓　三
印刷者　江　戸　孝　典

発行所　株式会社　ミネルヴァ書房
607-8494 京都市山科区日ノ岡堤谷町1
電話代表（075）581-5191
振替口座 01020-0-8076

© 城野一憲, 2024　　　　　共同印刷工業・吉田三誠堂製本

ISBN978-4-623-09793-7

Printed in Japan

「法のカタチ」から考える　法学の基礎　　A5判／258頁
西田真之／著　　　　　　　　　　　　　　本体3,200円

高校の教科書で学ぶ　法学入門［第2版］　A5判／228頁
宮川　基／著　　　　　　　　　　　　　　本体2,500円

概説　西洋法制史　　　　　　　　　　　　A5判／384頁
勝田有恒・森　征一・山内　進／編著　　　本体3,200円

よくわかる法哲学・法思想［第2版］　　　B5判／224頁
深田三徳・濱真一郎／編著　　　　　　　　本体2,600円

法学部生のための選択科目ガイドブック　　A5判／266頁
君塚正臣／編著　　　　　　　　　　　　　本体2,800円

──────────── ミネルヴァ書房 ────────────
https://www.minervashobo.co.jp/